西北重镇西安

Xi'an-Place of Strategic Importance in Northwest China

史红帅 吴宏岐 著

西安出版社

「古都西安」

图书在版编目（CIP）数据

西北重镇西安/史红帅，吴宏岐著．—西安：西安出版社，2007.6
（古都西安丛书）
ISBN 978-7-80712-331-6

Ⅰ.西… Ⅱ.①史… ②吴… Ⅲ.西安市-地方史 Ⅳ.K294.11

中国版本图书馆 CIP 数据核字（2007）第 078077 号

古都西安·西北重镇西安

著　　者：史红帅　吴宏岐
出版发行：西安出版社
社　　址：西安市长安北路 56 号
电　　话：(029) 85253740　85234426
邮政编码：710061
印　　刷：西安新华印务有限公司
开　　本：850mm×1168mm　1/32
印　　张：10
字　　数：240 千
版　　次：2007 年 6 月第 1 版
2007 年 6 月第 1 次印刷
印　　数：1—2000
ISBN 978-7-80712-331-6/K·21
定　　价：20.00 元

序

崔林涛

西安是享誉国内外的历史文化名城，有着深厚的经济社会根基、丰富的文化底蕴和久远的文明传承。在中华民族发展的历史长河中，古都西安处于极为重要的地位，发挥了重大的历史作用，拓印下无比瑰丽的史诗和波澜壮阔的画卷。

“八川分流绕长安，秦中自古帝王州”。西安古称长安，是中华民族的重要发祥地和文化发源地之一。远古时代，“蓝田猿人”就在这里繁衍生息，六千多年前，半坡先民在这里种植狩猎，开掘出了别具特色的“半坡文化”。自公元前12世纪，周文王在此建立丰京，揭开了西安作为帝王京师历经千年，雄踞华夏，成为统一的多民族国家的政治、经济、文化中心的辉煌历史。西安成为与雅典、罗马、伊斯坦布尔等城市齐名的世界历史古都。直至今天，西安城中的塔与碑，城外的陵与墓，连绵的城垣与宫殿遗址，保存的大量珍贵文物以及周乐秦声、汉风唐韵等文化艺术，仍在昭示着这里曾经呈现过的尊贵和豪华、开放和风流。

“一座城市的历史就是一个民族的历史”。古都西安就像一部活的史书，一幕幕、一页页记录下中华民族的沧桑巨变，见证了“文景之治”“贞观之治”“开元盛世”的鼎盛辉煌，然而，往日这个帝王们希冀长治久安、长久平安的长安城随着朝代更迭，数遭兵燹，令人扼腕地一度衰落了。

衰落的根源值得研究汲取，怎样重新激起奋发向上的精神更应当总结和发扬。英国著名历史学家汤因比曾精辟地分析，任何文明都有其生长和衰亡的过程，而能否勇敢地接受各种挑战决定着这种文明的前途。

我们在研究文明生长的时候，发现它的过程是一连串的挑战和应战。应战不仅解决了挑战所提出来的问题，而且还在它每次胜利地解决了一个挑战问题以后，又提出了新的挑战。这样，文明生长的性质的最核心的成分便是一种新的活力、不断的创新。历史在前进，文明在曲折中发展。

西安，曾经创造过昔日的辉煌，西安也曾经历过衰落，西安又迈向创造新的文明的征途。江泽民同志在分析古希腊文明、拜占庭文明盛极而衰时说过，不能紧跟世界发展的潮流，就必将落后。他在西安论述中国实施西部大开发战略时还说过，中国曾有过盛唐时期的辉煌，但安史之乱后衰落了。现在我们的任务是要实现中华民族的伟大复兴。因此，他多次强调我们的各级领导干部和年轻一代要多学习和了解一点历史，从历史中汲取文化的养分。尤其是在改革开放和现代化建设取得巨大成就的今天，面对世界多极化、经济全球化和科学技术迅猛发展，要使中华民族在全球范围内的竞争中不断发展、走向繁荣，就要审视自己的历史和文化传统，继承和发扬民族优秀传统文化，增强民族凝聚力，学习借鉴世界文化优秀成果，始终代表先进文化的前进方向，才能与时俱进，战胜前进道路上的各种艰难险阻，立于不败之地。

先进文化是现代人集古今中外之大成、并且面向未来的创造，是传统与现代、继承与创新的产物。我们有责任大力弘扬先进文化，因为这是永葆历史文化名城活力的根本所在。研究历史，分析现状，面向未来，西安要走向世界，让世界更加了解西安，在社会主义的先进文化中保持优良的文化传统，增强民族的认同感，提高自信心，为经济发展和社会进步提供精神动力与智力支持，成功地应对前进中的每一次挑战。我想这是每一个西安人和关注西安发展的人们不断思索的命题。工作和生活在古都西安的人们要有一种气概，重开现代丝绸之路，重振汉唐雄风，把西安建设成既葆有古都风貌，又具现代文明和时代精神的大都市。

编著《古都西安》这套大型丛书，正是想让人们对西安有更深刻的了解，能够触摸到西安的历史脉络和文化特征，感受到它的灵魂，让西安走向世界，再架起一座中西文化交流的桥梁。丛书按照从古至今、全面系统的原则分篇编排。每篇或按时序，或分类论述，但总的体例大致划一，以求系统、准确、全面而又有重点地介绍西安。丛书在保证学术水准的前提下，尽可能为更广泛的读者所接受，使史学走向大众，更具有严谨的科学性、渊博的知识性和艺术感召力。

有关古都西安的著述很多，但系统地编著一部大型丛书，立体全景地展现西安历史，却是首次。我有幸在西安工作十多年，西安的文化积淀实在是丰厚，这座城市最大的魅力在于它的历史文化。在两个文明建设的实践中，我们深切地感受到，弘扬优秀传统文化，建设社会主义精神文明，有必要也有责任组织和推动一批专家、学者，编撰一部详尽介绍古都西安的大型丛书。为此，我曾多次与史念海先生等专家交流，共同策划。从制定规划、内容、体例讨论论证、专题编著分工、编审等，工作展开已近五年时间，现在要陆续出版了。本丛书的宗旨是崇尚征实，弃绝浮言，全面系统，提倡寓新颖观点于详密材料的治学风格。参与编著丛书的每位作者都在理论阐释和材料整理方面，做出了很大的努力，都有全新的开拓。这是全体作者的心血，更是史念海老先生留给世界、留给当代与后人的一份呕心沥血的遗嘱。这套由他主要审定的丛书陆续与读者见面了，而史先生却已无法全部看到。鲁迅先生曾说过，拿着故人的遗稿，就像手里攥着一把火。这套丛书的问世正是史先生传承给我们的希望之火，也是对他最好的纪念。

望着雄伟壮观的古城墙和高楼林立、华厦争辉、桥涵飞虹、通衢溢彩、万车竞速的西安，感受到汉唐雄风开阔的底蕴，体味着这方水土赋予西安人开拓创新的激情，我们有理由相信，有着强大自我更新能力、包容进取精神的西安人，在中国共产党的领导下，坚定地走有中国特色的社会主义道路，乘着西部大开发的东风，一定能够在这片土地上再创造出新的历史奇迹！

2007 年 5 月 4 日于西安

目　录

绪　论

研究重镇时代西安城的价值与意义

1. 学术价值

(1) 从“煌煌国都”到“西北重镇”

唐代之后，西安由一统帝国都城的地位一降而为区域重镇，城市发展也由“都城时代”转入“重镇时代”(或称“后都城时代”)。作为中国历史上建都时间最久的城市，西安城在“重镇时代”的发展轨迹值得深入研究。10—20世纪的西安城不仅是封建社会晚期区域中心城市的典型，也是中国为数众多的由一统或分裂王朝都城降级为区域重镇的代表。

研究“重镇时代”的西安城，有助于系统认识从都城到重镇的变迁过程及其对城市发展的影响。在我国封建时代，这一类型城市为数众多，要从纵向上把握城市发展轨迹，就应对后都城阶段予以充分重视。当前大多数论著在研究城市尤其是古都时，多注重其起源、兴盛、繁荣阶段，研究细致而且深入，但对后都城阶段的城市发展却注意不够。对10—20世纪之间西安城市发展进行探讨，在一定程度上可为“重镇时代”单体城市或区域城镇体系发展的研究提供比照和借鉴。

(2) 封建社会晚期区域中心城市发展的典型个案

目前关于封建社会晚期区域中心城市及其城镇体系的研究还主要集中在我国南部与东南地区。自唐代之后中国经济重心的南移和政治中心的东移趋势所导致的西部及西北地区城市整体发展落后于东部区域中心城市，无论是在城市面貌还是相应记载方面都要逊于东部城市。但要从宏观上进行中国城市历史地理的综合研究，就离不开对历史时期我国疆域内的各地区城市微观的基础研究。对明清西安城市地理的深入研究，可与同一时期其他城市发展进行比较，为宏观和综合地把握中国城市发展脉动提供实证案例。10—20 世纪西安城的发展变迁当属历史时期西北乃至西部城市发展的典型研究个案。

(3) 西安城市历史地理研究中相对薄弱的领域

长期以来，西安城市历史地理的研究主要集中在汉唐长安城及其周边地区城市，研究成果蔚为大观，内容涉及城市选址、空间格局、坊里街巷、城市水利、城关郊区、人居环境（园林绿化、游憩空间等）、文化空间、城市群体、自然环境变迁对城市发展的影响等城市历史地理研究的各个方面。与此形成鲜明对比的是，重镇时代（宋、元、明、清、民国）西安城市地理的研究相对薄弱，这种研究上的“头重脚轻”显然与明清西安城作为西北重镇的地位不相适应。通过资料的挖掘、分析和研究，完全可以改变过去认为重镇时代西安城除对城垣有些增补外，“甚少建设”的观念，① 在很大程度上恢复出西北重镇的城市风貌。

2. **现实意义**

重镇时代尤其是明清以来奠定的西安城格局一直留存到今天，明城墙、钟鼓楼、历史街区等均成为西安城市景观的代表，并在历史与现实之间架起了联系的桥梁，深入研究重镇时代西安城市空间发展对今天的城市与经济建设具有重要意义。当前西安市正在进行的明城区保护与建设、城市水利开发、旅游业

① 刘金声，曹洪涛：《中国近现代城市的发展》，中国城市出版社 1998 年版，第 278 页。

发展与规划、城市交通网络构建、城市风貌塑造等方面都与重镇时代西安城市地理的研究有着紧密的联系。尤其是在城市建设日新月异的今天，深入探讨和挖掘重镇时代西安城市地理的相关内容，对于增强古都西安的城市文化底蕴和特色具有重要的指导意义。

(1) 明城区历史文化街区的保护与建设

古都西安之所以能享誉中外、久负盛名，自然是因其作为十三朝帝都的辉煌历史，秦汉古韵、隋唐雄风为这座城市增添了无限的魅力，但完整保留至今并对当今西安人的生活与观念影响最深的却是明初扩建、历六百余年风雨沧桑的明城。明城区即为明代城墙范围以内的老城区，面积约为 11.5 平方公里(未含四关城)。明城区内的绝大多数街巷形成于明清时期，而且各有其鲜明的文化蕴涵，其中既有官署相邻的政治核心区和市场店铺云集的商业区，乂有学校、书院比肩的文化教育区和城墙高耸、重兵把守的军事驻防区以及风俗迥异的回族、满蒙族聚居区。由于建国后相当长时期内在城市规划建设上缺乏对历史文化街区的保护意识，以致明城区内高楼林立，城市文脉的延续性有所削弱。西安城墙作为国内保存最为完好的明城墙之一，明城区内的历史文化街区应在尽量保持明清风貌的基础上进行开发建设。

(2) 城市水系、水环境及景观生态建设

重镇时代西安城市水利建设的兴衰得失，对现今城市水利与环境建设有着极为重要的借鉴价值。自宋以迄民国，西安城市水利建设经历了由城外引水入城的内外循环系统，到主要依赖城区井水的内循环系统的转变过程，城市引水系统的兴衰直接影响城市水域景观面貌的变化。其变迁原因除军事等因素之外，更主要还在于长期以来秦岭水源涵养林的大规模破坏。对这一变迁过程的原因、规律进行总结，可为今后西安市供排水系统建设和改善城区水域景观生态提供借鉴。

(3) 旅游业规划与发展

从西安市旅游业可持续发展的角度而言，在享誉中外的以秦、汉、唐帝王陵为核心的传统文化旅游产品的吸引力和生命周期达到一定阈值时，重镇时代西安城内外遗留下的较多保存尚好的如“明十三陵”、城墙、佛寺、清真寺、城隍庙、东岳庙、历史文化街巷和民居等文化旅游资源，可为丰富西安旅游产品体系提供良好的保障。而要进行旅游产品的合理、有序开发，首先就需对10—20世纪千余年间西安城的整体风貌有系统而完整的认识，重镇时代西安城的研究可为有关这一时段文化旅游产品的开发提供认识基础。

第一章

千年重城：重镇时代
西安城市空间格局的演变

在我国古代城市发展的早期，即约自夏商至春秋战国之际，区域中心城市尤其是都城形态已经开始出现“内城外郭”的空间格局。《吴越春秋》即载“鲧筑城以卫君，造郭以居人，此城郭之始也”[①]。《管子·度地》中也明确概括城郭之间的关系“内为之城，城外为之郭”[②]。早期都城一般由城和郭两部分构成，所谓“三里之城，七里之郭”[③]，这便形成早期城市格局中引人注目的重城形态。综观汉唐以迄宋元长安城的空间格局，无论是作为煌煌一统华夏的都城，还是分裂王邦的首善之区，或是积弱王朝的军事重镇，虽然内城和外郭有大小、位置和功能的变迁，但均以重城形态为主要特征。就此而言，西安城堪称我国城市发展史上呈现重城形态历时最久、最为典型的城市。

西汉长安城秉承了春秋战国以来都城规划中重城形制的传统，成为一座由宫城和外郭城有机结合的统一整体。目前探明

---

① 《太平御览》卷一九三引，见《四部丛刊》三编，上海书店，1985年影印本。

② 《管子》卷一八，见《四库全书》子部法家类。

③ 《孟子注疏》卷四上，见《四库全书》经部四书类。

的汉长安城墙有可能是汉都长安的最外一道城墙。长安城内既有皇帝所居的正宫未央宫，又有皇后居住的长乐宫以及太子居住的桂宫、北宫、明光宫等。除明光宫还未找到遗迹外，其余四宫都进行过不同程度的勘探和发掘，具体位置和范围均已精确测定。其中长乐宫面积为6平方公里，未央宫面积为5平方公里，两宫约占全城面积的三分之一。四宫皆为多座宫殿建筑所组成的宫殿群，四周各筑有高大的夯土墙，形成一座座“城中之城”的宫城。[①] 长安城中大部为宫殿所占，以宫殿区为主体的布局突出了都城的政治功能。宫殿区之外，城内还有武库、太仓、东市、西市、京师官署以及普通百姓居住的众多闾里等。

在汉唐之间战乱频仍、纷繁动荡的十六国和南北朝时期，长安城虽然丧失了一统国家都城的地位，但各割据霸主也在长安城内先后倚恃汉代宫城兴筑名为小城、子城和皇城[②] 的内城。前秦苻坚、北魏乐安王范先后所筑的长安小城、西魏初年赵青盘踞以为乱的长安子城和北周时期的皇城都是在未央宫的旧址上兴筑的。这一时期的长安城继承了汉代的重城格局而有所衰落，其他宫城亦渐渐废毁。小城、子城和皇城作为内城，与汉长安大城墙构成双重城墙，加强了军事防御功能，同时内城也发挥了统治者居住地的政治中心区功能。

隋唐时期，都城长安的重城形态更为复杂和完善，构成罕见的“三重城”格局，从北至南依次为宫城、皇城和外郭城。[③]

---

① 史念海：《汉长安城的营建规模》，《中国历史地理论丛》1998年第2辑；王社教：《论汉长安城形制布局中的几个问题》，《中国历史地理论丛》1999第2辑。

② 史念海，史先智：《论十六国和南北朝时期长安城中的小城、子城和皇城》，《中国历史地理论丛》1997年第1辑。

③ 史念海：《龙首原和隋唐长安城》，《中国历史地理论丛》1999年第4辑。

宫城居中靠北，为天子居住之地；皇城紧邻宫城南面，为中央官署所在；外城分布有坊里、市场、寺观等。全城以宫城正门承天门、皇城正门朱雀门和外郭城正门明德门一线为中轴线，左右均衡对称。唐长安重城格局既适应了都城严格划分功能区的要求，又通过自内而外的城垣结构体现了森严的等级秩序和宫城居中的传统都城规划思想。

第一节　唐末至宋金长安城空间格局的发展变迁

一、唐末五代的新城与子城

1. 新城的重城形态

唐天祐元年（904 年）正月，拥兵北方的军阀朱温胁迫唐昭宗迁都洛阳，长安自此失去一统国都地位。加之人为破坏，宫室官署、民间庐舍、寺观祠宇等拆毁殆尽，城市人口也大量减少。为适应这种变化了的城市政治与军事状况，驻防长安城的佑国军节度使兼京兆尹韩建对长安城进行了改筑，长安城开始了由国都向重镇的转型发展。

唐末韩建改筑的长安城史称“韩建新城”，后梁、后唐、后晋、后汉、后周各朝相继沿用。韩建改筑长安城一事，正史未曾提及，但元人李好文《长安志图》卷上载云：

> 新城，唐天祐元年匡国节度使韩建[1]筑。时朱全忠迁昭宗于洛，毁长安宫室百司及民庐舍，长安遂墟。建遂去

[1] 此处“匡国节度使”应为“佑国节度使”之误，见《旧五代史》卷一五《韩建传》。

宫城，又去外郭城，重修子城（原注：即皇城也）。南闭朱雀门，又闭延禧、安福门，北开玄武门，是为新城，即今奉元路府治也。城之制，内外二重，四门，门各三重。今存者惟二重，内重其址尚在。东西又有小城二，以为长安、咸宁县治所。

以上这段文字经常被学者们所征引，但由于涉及唐末五代时期长安城的其他相关史料十分稀少，因而学界众说纷纭，尚未取得一致的看法。

笔者以为，唐末韩建“去宫城，又去外郭城”而“重修子城”的“子城”，实际上指的是京兆府或佑国军所在的衙城。清代学者陆增祥《八琼室金石补正》卷一二六中所录的金章宗明昌五年（1194年）上石的《京兆府提学所帖碑》中，就曾提到金京兆府城中有“子城厢正街”[①]。嘉庆《咸宁县志》卷四《历代疆域水道城郭宫室名胜图上·金京兆府城图》中将其绘为“京兆府署”正南的东西街，并考证云：“其子城厢则为钟楼东西街以北地。”从《京兆府提学所帖碑》中的有关记载分析可知，金京兆府城内分为五厢，安上街以东、景风街以南为“左第一厢”，景风街以北为“左第二厢”；银巷街以西、指挥街以南为“右第一厢”，广济街以西、指挥街以北为“右第二厢”；安上街与银巷街和广济街之间为“子城厢”（包括今钟楼东、西大街以南地区）。这个“子城厢”，显然是因“京兆府署”所在的“子城”而得名的。金代未曾有修筑城池之事，“京兆府署”的“子城”，只能是唐末五代长安城的遗址。其之所以称作“子城”，就是相对于由唐长安城的皇城改建来的外郭城而言的。正因韩建有“重修子城”之举，才使得新城的形

① （清）陆增祥：《八琼室金石补正》卷一二六。

制呈现出“内外二重”。

唐末五代是我国历史上又一个军阀混战、割据纷争的时代，在城中构筑衙城形成重城格局，以强化衙署的安全和增强城市整体的军事防御性，也成为城市规划建设时首要考虑的因素。如唐昭宗乾宁三年（896年）七月，“驻跸华州，为衙城为行宫”[①]。当时各军事重镇中的衙城，又被称作子城或牙城[②]，如徐州、潞州有子城[③]，越州、宣州、魏州、郓州、晋阳等有牙城[④]，都是二重城垣。有的城市，如蔡州甚至有内外三重城垣[⑤]。“韩建新城”就是大城与衙城内外呼应，通过衙城强化城市政治中心区功能的典型一例。长安虽废不为都，但作为佑国军驻地，地位仍相当重要，韩建将其由三重城垣改筑为二重城垣自在情理之中。

由于是借用原唐长安皇城作为外郭城，并且又新筑有一个子城（衙城），所谓的“韩建新城”自然就成为东西略长、南北稍窄，呈“回”字形的重城形制。更值得注意的是，韩建在改筑新城的同时，出于军事防守上的考虑，又筑有“小城二，以为长安、咸宁县治所”。即将原来设置于唐长安城外城郭内长寿坊的长安县和宜阳坊的万年县分别移置到新城的东西两

---

① 《旧唐书》卷二〇上《昭宗纪》。

② 《资治通鉴》卷二六六。

③ 《资治通鉴》卷二五一，唐懿宗咸通九年（868年）十月；《资治通鉴》卷二七二，后唐庄宗同光元年（924年）十二月。

④ 《资治通鉴》，卷二六〇，唐昭宗乾宁三年（896年）五月；《资治通鉴》卷二六六，后梁太祖开平元年（907年）正月；《资治通鉴》卷二六八，后梁太祖乾化二年（912年）七月；《资治通鉴》卷二七二，后唐庄宗同光元年（924年）闰四月；《资治通鉴》卷二七五，后唐明宗天成元年（926年）四月。

⑤ 《资治通鉴》卷二四〇，唐宪宗元和十二年（817年）九月。

侧，并各建一座小城，作为长安、万年二县的治所。这样，唐末五代时期的京兆府城与长安、万年的县城就形成了母子城的独特形态，大大增强了城市的防御能力。[①]

唐末"韩建新城"城区范围与唐长安皇城一致。关于唐长安皇城的范围，文献记载为"东西五里一百一十五步（约合今2815.5米），南北三里一百四十步（约合今1719.4米）"[②]，考古实测数据为东西2820.2米，南北1843.6米，周长9.2公里，面积约5.2平方公里。[③] 唐长安皇城为一东西略长、南北稍短的矩形结构，建筑面积约占整个长安城的十六分之一。这样，因唐皇城之旧基改建而成的"韩建新城"的面积也仅及唐长安城的十六分之一，城市规模较之盛唐时期已不可同日而语。

2. 子城的位置、形态和规模

唐末五代"韩建新城"中的子城位置、形态与规模，史料中记载匮乏，幸赖元李好文《长安志图》及其注文涉及元奉元路城中子城的形态、规模等，两者之间联系紧密，可由此向前推溯唐末五代时期长安城中子城的相关情况。

(1) 位置与形态

关于元奉元路城与唐末五代"韩建新城"之间的联系，辛德勇先生曾分析说："元李好文《长安志图》述韩建新城，对新城四面三重城门在元代的变化，尚有具体交代，而对城郭'内外二重'之制却未做任何说明，这可从侧面说明元代仍在

---

① 吴宏岐：《论唐末五代长安城的形制和布局特点》，《中国历史地理论丛》1999年第2辑。

② 《唐六典》卷七。

③ 中国科学院考古研究所西安唐城发掘队：《唐代长安考古纪略》，《考古》1963年第11期。

沿用韩建二重城垣之旧制，没有什么变化。但是在李好文所绘《奉元城图》上却见不到二重城垣的痕迹，只有一‘奉元路门’，这可以说明内城的规模较小，因此才没有明显标识。”①在这里，辛德勇先生从元人李好文《长安志图》中的有关文字叙述以及《奉元城图》上所标识的“奉元路门”看出了元奉元路城中内城的存在，可谓独具慧眼。不过，李好文所绘《奉元城图》上的信息量是相当大的，从中不仅可以分析唐末五代长安城以及宋金京兆府城和元奉元路城中的子城（衙城）的位置，还可以据之推测子城（衙城）的形态和规模。

元奉元路城中的子城（衙城）的位置，可依《长安志图》之《奉元城图》中奉元路治所的位置得到确定，大致应在今西安西大街以北、鼓楼与钟楼之间这一区域。② 如果认真审读《奉元城图》，还可以看出元奉元路城中子城（衙城）的规模虽然较小，但其形态却清晰可辨，子城（衙城）是呈南北长、东西窄的长方形，其中有东西向的隔墙将其一分为二，南部为奉元路治所，北部则由三个部分组成，中为北省（即陕西行中书省）治所，东为理问所，西为“楼”（按：即“飞云楼”）。“奉元路门”开置于子城（衙城）南墙正中，子城（衙城）北面无门，但在东西两面，却是左右对称也各开有一“门”，位置略为偏南。③ 图中这两个“门”的文字注记是清晰可认的，但从未曾引起研究者的注意。其实在《奉元城图》上只有奉元路衙署所在地注记有三个门，正好反映了子城（衙城）的存在及其

---

① 辛德勇：《有关唐末至明初西安城的几个基本问题》，《陕西师范大学学报》（哲社）1990 年第 1 期。

② 史念海主编：《西安历史地图集·五代新城图》，西安地图出版社 1996 年版，第 108 页。

③ 台湾影印文渊阁四库全书本《长安志图》所附《奉元城图》。

独特地位，因为图中的其他官廨和民居中均未有与门有关的文字注记。在《奉元城图》上，北省、理问所与标识奉元路衙署的"奉元路门"及另外两"门"是绘在一个南北长、东西窄的长方形图框中的，这说明当时的子城（衙城）的形态应当亦是南北长、东西窄的长方形，与东西长、南北窄的外城在形态上并不完全一致。元奉元路城因用的是唐末五代的韩建新城，韩建新城中的子城（衙城）的形态应当亦是南北长、东西窄的长方形，与外城形态是有所不同的。这一点，在今人所绘的唐末五代长安城以及宋金京兆府城图中均没有反映出来，不能不说是一个严重的缺憾。

（2）规模

依据《奉元城图》上所绘元奉元路和陕西行省衙署的范围，韩建新城中的子城（衙城）的范围大致是在今钟楼西大街以北、西安市政府大院以南、北院门以东、钟楼北大街以西这一区域，亦即不仅占有原唐长安皇城中的尚书省的东部，而且还包括了其北邻的左骁卫和左武卫的旧址。

唐末五代时期长安地区的行政建制随着五代政权的更替曾经发生了一系列的变化。唐天祐元年（904 年）三月朱温将原设于洛阳的佑国军移到长安，命韩建为节度使兼京兆尹。后梁开平元年（907 年）四月，改京兆府为雍州大安府，开平三年（909 年）七月又改佑国军为永平军。后唐同光元年（923 年）十一月，废永平军，以长安为西京，雍州大安府又恢复为唐朝时的旧名称。后晋天福三年（938 年）十月，又废西京称号，在京兆府设置晋昌军。后汉乾祐元年（948 年）三月，则改晋昌军为永兴军。后周沿用后汉建制，没有进行大的调整。从《奉元城图》中奉元路治所的位置来分析，唐末的佑国军和京兆府，五代的永平军（大安府）、西京（京兆府）、晋昌军（京兆府）和永兴军（京兆府），甚至包括宋金时期京兆府的衙署，大概都是安置于子城（衙城）的南部的。参照南宋绍定二年（1229 年）上石并保存至今的《平江图》中宋平江府治所在的子城的内部布局来看，唐末五代长安城中子城（衙城）的北部估计亦为其他官署、兵营、库房和宅园所在地。[①] 这样的推测虽无直接的证据，但应与当时的实际情况相去不远。

二、唐末五代长安城城门变迁及其对城市格局的影响

韩建改筑长安城时，基于防御需要，对原长安皇城城门数量做了较大调整，“南闭朱雀门，又闭延禧、安福门，北开玄武门”[②]。即由此前七门一改而为五门。其中南面封闭中间的朱雀门，保留左右的安上门与含光门（此门原三门洞，韩建封闭西、中两门洞，仅留东门洞）；东面封闭偏北的延禧门，保留中间的景风门；西面封闭偏北的安福门，保留中间的顺义门；北面之门并非新开，而是废宫城南面（亦即皇城北面）东西两侧的永安门、长乐门、广运门、重明门和永春门，保留中间的承天门并更名为玄武门。至宋元祐元年（1086 年），张礼在《游城南记》中说他曾出安上门，入含光门。可知直到北宋末年，城南仍为两门，且沿袭唐代名称。至元代，含光门已被全部封闭。含光门被全部封闭的时间，武伯纶先生推测“可能

① 宋平江城是典型的重城结构，府治所在称子城，在城市的中央略偏东南。内分六区，有府院、百司、兵营、住宅、库房和后面的大花园。这一组建筑群系由院落、厅堂、廊庑等组成，主要建筑物布置在一条明显的轴线上。参见同济大学城市规划教研室编《中国城市建设史》，中国建筑出版社 1982 年版，第 51—52 页。

② （元）李好文：《长安志图》。

在南宋时期”[1]，马正林先生认为“当在北宋以后”[2]，马得志先生则说，“李好文《长安志图》中奉元路城已无含光门，而只有安上一门。发掘证明，元代已将含光门封闭，其封闭的时间当在仁宗皇庆元年（1312 年）改安西路为奉元路，城名‘奉元城’之前”[3]。另外，辛德勇先生又提出一种说法，认为元顺帝至正中有建城事，“含光门的封闭时间只能是在至正元年至二年（1341—1342）这两年时间内”[4]。其说详而有征，基本上是可信的。

从唐末韩建改筑长安城以来，五代的长安城、宋金的京兆府城、元安西路城和元至正二年（1342 年）以前的奉元城，均开五门，元至正二年以后确立东、西、南、北四门的布局。

唐末五代长安城区除府衙外，还有学校、市肆、寺观、民居等一系列建筑，府衙所在的子城居中而略偏东北，太庙院建在城东南，大社坛建在城西南隅，北市位于城北。[5] 这样的布局特色已与唐长安城大异其趣。

从整体上而言，由于唐末韩建改筑的新城时五个城门不是对称开设，导致城市内部布局欠缺规整。顺义门与景风门之间的大街（此街东段称景风街，西段在宋金元时期称指挥街）贯穿全城，形成东西向的中轴线。承天门街、安上门街和含光门街这三条南北向的街道均系沿用原唐长安皇城的旧街道，但已

① 武伯纶：《西安历史述略》，第 283 页。

② 马正林：《丰镐—长安—西安》，第 90 页。

③ 中国社会科学院考古研究所西安唐城工作队：《唐长安皇城含光门发掘简报》，《考古》1987 年第 5 期。

④ 辛德勇：《有关唐末至明初西安城的几个基本问题》，《陕西师范大学学报》（哲社）1990 年第 1 期。

⑤ 史念海主编：《西安历史地图集》第 108 页《五代新城图》，西安地图出版社 1996 年版。

不如原来交通方便。朱雀门的封闭使得承天门街南口不通，南北中轴线已不明显；安上门街和含光门街的北端均未开门，亦影响了城市的南北交通。就安上门街和含光门街比较而言，因韩建封闭了含光门两个门洞，仅留东门洞以供出入，故安上门街的交通似比含光门街略显畅达。这样，除东西向的景风街外，由承天门街北段、子城南面东西大街（金代称子城厢正街）和安上门街北段所构成的折形街道，就成为城内最重要的南北交通线路。也正因如此，城内比较知名的建筑设施如府衙、府学、文庙、北市、菜市、草场、太庙院、樗里子庙、真武庙、迎祥观、天宁观、开元寺、香城寺、资圣院、仁王院、杜祁公庙、显圣侯庙等均分布在城市的中北部或东南部。①

三、北宋京兆府城“三城一体”格局及其影响

北宋京兆府（永兴军）城外部形态与内部格局大致延续五代以来“新城”格局，大城与衙城仍构成内外重城形态，大城两侧大年、长安两小城拱卫左右，依旧呈现出军事防御性较强的“子母互卫”、“三城一体”形态。11 世纪前期，曾任陕西都司的范雍对长安城进行过修缮，嘉靖《陕西通志》载范雍“知永兴军，岁饥，赈恤有方，筑城浚池”②，但城市空间形态并未有变化。

由于大年、长安两县城分立长安城外，长安城本身亦为东西向长方形，长安城整体交通一改隋唐长安时期以南北交通为主的格局，而以东西方向为主，城市整体发展呈现东西向的趋势。隋唐长安城区以南北向朱雀大街为城市最大通衢，而宋金

① 史念海主编：《西安历史地图集》第 108 页《五代新城图》，西安地图出版社 1996 年版。

② 嘉靖《陕西通志》卷二〇《文献八·名宦》。

元以迄明清时期，城市主干道为东西大街。长安城整体发展朝向由南北向改为东西向，始自唐末新城的改筑与两县县城的独立成区。无论是元代在奉元路城东北建立安西王府城，还是明代向北、向东扩展城池，均是这种东西向城市发展趋势的延伸。

第二节　元奉元路城空间格局的发展变迁

一、“圆角方城”奉元路城

元初改京兆府城为安西府城，元仁宗皇庆元年（1311 年）改称奉元路城，但习惯仍称京兆府城或京兆长安城。就奉元路城与宋京兆府城外部形态相较而言，其最大区别在于元代出现半圆形城角。关于元代奉元城曾出现四个半圆形城角的史实，值得深入探讨。

1. 城角之变：从方到圆

自汉长安城以迄宋京兆府城，无论城区是否为规则方形，但城角均为方形，这当与传统版筑方式有关。而今天所见西安城墙西南角为半圆形，与其他三方形城角迥然不同。虽然学者关于这一圆形城角的建造时段尚未有定论，但普遍认为系元代改建，这可基于安西王府城形态和遗留至今的西南圆形城角加以推测。

1957 年春，中国科学院考古研究所对位于奉元路城东北的安西王府遗址进行了勘测，探明安西王府“城的四角均向外突出，突出部分的平面近半圆形，直径在 29 米—30 米左右，从其形制及附近堆积的砖瓦来看，城的四周可能有角楼一类的建筑”[1]，这说明安西王府城四角均为半圆形。

作为与安西王府城同时存在的奉元路城，其四角形态也极有可能与安西王府城相同，即出现四个半圆形城角。现今遗留下来的西南城角可作证据之一。而最为有力的证据来自于考古发现，考古工作者在玉祥门豁口以南环城林地内，发现了元代奉元路城墙西北角的半圆形角台遗址。[2] 也就是说，在元代，地方政府与元安西王家族可能对宋金以来的长安城四个方形城角进行了改建，从而形成“圆角方城”的形态。之所以现今只看到西南城角为半圆形，那是因为至明初向东、北两个方向扩大城垣之后，西南城角作为扩建基点而得以保留，原来西北、东北、东南三个圆形城角被拆除，以便继续向前延伸城墙之故。待明初城墙扩展完成，重新构筑的城角又回复到元代之前的方形城角，形成“一圆三方”的四个城角。

应该指出，虽然元末陕西行台治书侍御史李好文在《长安志图》中所绘制的《奉元城图》四角均为方形，但这仅是作为示意图而已，并未有准确的比例关系，其所绘四个方形城角也不能推翻元代就已经出现半圆形城角的事实。尽管至清代地图绘制技术已经有了大幅改进，在光绪十九年（1893 年）中浣舆图馆所绘的《清西安府图》上，仍将西南半圆形城角绘制为与其他三个城角相同的方形城角，可见以封建时代所绘舆图探讨城市局部形态，尚需结合当时文献、考古资料等进行综合研究。

① 马得志：《西安元代安西王府勘查记》，《考古》1960 年第 5 期，第 20 页。

② 西安市地方志编纂委员会编：《西安市志》第 2 卷《城市基础设施》，西安出版社 2000 年版。

2. **有关圆形城角的功能**

有学者认为，半圆形似蒙古人祖辈居住的蒙古包，是蒙古“房屋”的缩影。半圆形角台既是一种建筑风格，又象征蒙古族对中国的统治。① 这一说法带有很大的想象成分，并未有史料支持。如果元代统治者采用城墙形态来仿造蒙古包形制并象征蒙古族对中国的统治，应该在元代的广大统治区域内出现大量圆形城角的城市，但实际上并未如此。对一座规模庞大的城市而言，能够体现“蒙古包”建筑特点或“蒙古族对中国的统治”的城市要素很多，为何惟独选取奉元路城四角作为体现之地，而在城区其他建筑却似乎并未有类似情形出现。所以圆形城角的采用与否，与“蒙古房屋”或者“蒙古族对中国的统治”没有必然联系。因地制宜、强化城墙军事防御功能，才是导致城角由方改圆的根本原因。

从城市军事防御体系的角度而言，西安城的半圆形角台实际上可视为在城角处向外突出的“变形”马面，它使得城墙上的防御者的视野和可打击的范围增大。半圆形角台在军事防御上的特点在于：半圆城角向墙外凸出，守城者视野更为开阔，便于兼顾防御各个方向的攻击，而方形角台则容易遮蔽防御者某一方向的视线；圆形城角相比方形城角，更难攻击，尤其是元代军事战争中大量火炮的运用，方形城角较为脆弱，而圆形城角由于其内夯土更为厚实，外观为圆弧形，也使得火炮攻击威力有所消减；圆形角台对于敌军攀爬也构成相当困难。

正是由于圆形城与半圆形城角在军事防御上有着独特功能，因而采用这种形制的城市在南、北各地不同历史时期均有出现，其中如正圆形的安徽桐城、北京的乾隆跑马厅椭圆形的

---

① 辛玉璞：《试解西安半圆城角谜》，《华夏文化》2003 年第 1 期。

城、北海团城以及卵形的山西翼城县城等。[1] 这也可反证前述认为半圆形角台形制属于仿蒙古房屋的说法有误。

就我国封建时代城市外部形态而言，即有方形小抹角城（如浙江台州府城）、方形折角城（如河北正定府城）、尖角形城（如浙江余姚县城）、椭圆形城（台湾恒春城）、条形城（内蒙古多伦诺尔城）、曲折形城（如河南阌乡县城）、一面曲折城（河南渑池县城）、四圆角城（归德府城，今河南商丘城）、半圆曲折城（广州旧城）、圆角梯形城（浙江定海城）、圆形曲折城（浙江金华城）等[2]，由此产生了多样化的城角形制，其中圆角城——归德府城与元代奉元路城外部形态最为相似。这些形态各异的城墙及其城角的产生，主要是基于具体的地形、地势兴建，也充分考虑到军事防御的需要。半圆形城角象征“蒙古房屋”或“蒙古族对中国的统治”的说法尚需更多的文献和考古资料支持。

二、奉元路城的内部格局

据元李好文《长安志图》可知，奉元路城内的官署区集中分布于全城中部的衙城内及其周围，其中衙城内主要有奉元路治、北省（即陕西行中书省）和理问所，衙城北有掌膳局和左作局，东北有台察院和怯连总府，南有税使局、惠民局和狱，东南有提举司和杂造提举司，西有录事司、纹绵局和旧廉访司，西南有屯田府和义济院（见图 1－1）。

奉元路城的商业区主要集中于全城的西半部，西北部设置

① 张驭寰：《中国城池史》，百花文艺出版社 2003 年版，第 304—306 页。

② 张驭寰：《中国城池史》，百花文艺出版社 2003 年版，第 316—318 页。

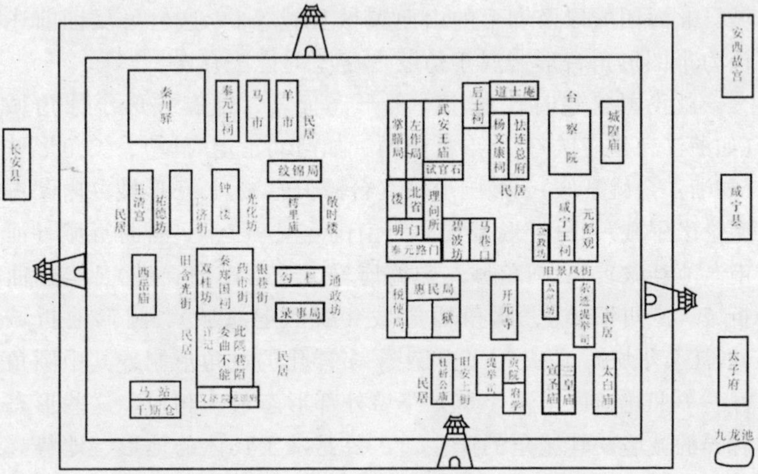

图 1－1　元奉元路城图

的马市和羊市，近邻北门，交通便利，应是重要的商业中心；城西偏中部有银巷街和药市街，当是颇具特色的商业街道。值得一提的是，《长安志图》在城西录事司之北还有注记有“勾栏”字样，这当是全城的娱乐区所在。城西南角有马站和千斯仓，城西北角有秦川驿，均是奉元路城中重要的交通或货运中心。奉元路城中宗教场所较多，主要分布于城内东半部官署区的外围，以道教场所和地方性宗教场所为主，城东有元（玄）都观、咸宁王祠，城东北为城隍庙、后土祠、道士庵和武安王庙，城东南有开元寺、三皇庙、太白庙和宣圣庙。城内西半部宗教场所较少，城西有秦郑国祠、西岳庙和玉清宫，西北有奉元王祠。奉元路城中的文化区主要在城东南部，有奉元路的教学机构府学和负责考试的贡院。奉元路城内的居民区分布较为分散，主要在官署区的四周和临近城门的地方，相对来说，城东南部居民区比较多一些，但也呈现出与官署区、宗教区、文化区相混杂的情况。[1]

三、元安西王府城的建造

1. 奉元路城安西王府的兴建及其与开成安西王府的比较

奉元路城东北安西王府是与位于六盘山下的开成（今宁夏固原市原州区南15公里的开城乡境）安西王府同时起建的，二者之间关系紧密。至元十年（1273年）“诏安西王益封秦王，别赐金印。其府在长安者曰安西，在六盘者曰开城，皆听为宫邸。”[2]“王府冬居京兆，夏徙六盘山，岁以为常。”[3]

早在至元五年（1268年），刘好礼曾向忽必烈上言：“陕西重地，宜封皇子诸王以镇之。创筑都城，宜给直以市民地。……帝是其言，敕中书施行。”[4] 至元九年（1272年）冬，忽必烈“封皇子忙哥剌为安西王，赐京兆为封地，驻兵六盘山”[5]。安西王府即于至元十年（1273年）开始建造，并以商挺为王相，立王相府。[6]

至元十年至十五年（1273—1279）六年间，元军与南宋军队在四川等地的战争仍在继续。如果说在与南宋交战之际六盘山东麓开城安西王府直接控制着四川的战局[7]，那么到承平之际，则无论从地缘优势、自然环境，还是文化传统、经济发展

① 朱永杰：《五代至元时西安城市地理的初步研究》，陕西师范大学硕士学位论文，2002年。
② 《元史》卷一八〇，《诸王表第三》。
③ 《元史》卷一六三《赵炳传》。
④ 《元史》卷一六七《刘好礼传》。
⑤ 《元史》卷七《世祖纪》。
⑥ 《元史》卷一五九《商挺传》。
⑦ 薛正昌：《元代六盘山与开城安西王府》，《内蒙古社会科学》1995年第2期。

等各方面而言，京兆安西王府的重要性要远远高于略显偏僻的开城安西王府。

忙哥剌时，安西王府统辖地域广大，包括今陕西、四川、青海、甘肃、宁夏、西藏等省区全部以及山西、云南、内蒙古等省区的部分。早期的安西王府拥有很大的政治、经济权力，“凡河东、河南、山之南与陕西食解池盐地，皆置使督其赋入，悉输王府”①，“其大如军旅之振治，爵赏之予夺，威刑之宽猛，承制行之。自余商贾之征，农亩之赋，山泽之产，盐铁之利，不入王府，悉邸自有”②。安西王相府代替了当时行中书省的职能，总领陕、甘、川蜀军民之政，成为节制川蜀军事的枢密中心。

奉元路城东北的安西王府与开成安西王府相比，有两大区别：一是西安城东北安西王府建筑相对集中，建有高大墙垣保护，而开城安西王府建筑分散，占地广大，其规模显然已超过奉元路城安西王府，但考古勘查尚未发现遗址区外围有整体城墙加以保护；二是王府选址的地形条件有很大区别。开城安西王府位于坡地，各建筑之间似无规整的分布规律可循，也缺乏明显的中轴线等，而奉元路城安西王府则分布在浐河下游西岸的平原上，地势平坦，旷野平畴，亦有中轴线。开城安西王府“依山”，而奉元路城安西王府“傍水”，这与两者之间的“避暑”、“越冬”的设计初衷在一定程度上正相吻合。

2. 奉元路城安西王府的选址与规模

安西王府位于奉元路城东北旷野平畴之地，占地规模较大，俨然一座独立城池。忙哥剌未在奉元路城内选址，而在东北郊浐河西岸平原上建造王府。从马可·波罗的记述以及开城

① （元）姚燧：《牧庵集》卷一八《提举太原盐使司徐君神道碑》。

② （元）姚燧：《牧庵集》卷一〇《盐厘寺碑》。

安西王府的选址等综合分析，当出于以下原因：

首先，京兆府城区较小，若在其中建造城周为4.5里或更大规模的宫城，势必要拆除城中大量建筑、迁徙居民，易激发汉族、回族与蒙古族之间的民族矛盾；其次，开城安西王府与京兆府安西王府同时起建，从二者分别为安西王夏宫、冬宫的不同功能而言，京兆府安西王府选址于浐河西岸的平原地带，周边有众多川、河、湖、沼、泉等水域，可调节温度、湿度，对于京兆府宫城承担“冬宫”的功能大有裨益；再次，对于在元朝前期掌握重兵、治权崇高的安西王而言，在郊外建造安西王府城，周边驻扎下属重兵，城中附设王府官僚机构，这样不仅使得安西王府城与京兆府城和咸宁、长安二县城在空间上相互独立，在功能上也保持专属和专一性，而且可以更好地行使安西王的军事、政治、经济等权力，减少干扰。安西王宫城、京兆府城和咸宁、长安两县县城分别行使不同的行政、军事等权力，在政治地位上也处于不同的层级。此外，在郊外另筑宫城，周边驻扎大量军队保护，与京兆府城遥相呼应，亦有利于增强城市体系的整体军事防御。

安西王府的占地规模颇大，《肇域志》“安西王城”条云，“在府城东北二十里。元世祖以子忙哥剌为安西王，开府京兆，镇秦防留凉之地。置城，今俗名斡耳朵，故址尚存”[①]。“置城”当即指专为安西王兴建府城，而且有可能依据通行的“城池”标准加以建造。据考古实测数据，安西王府城墙周长达2282米[②]。元代时来华游历的意大利人马可·波罗述其所见云：“（京兆府）城甚壮丽，为京兆府国之都会。昔为一国，甚富强，有大王数人，富而英武。惟在今日，则由大汗子忙哥剌镇

① 顾炎武：《肇域志》，上海古籍出版社2004年版，第1257页。

② 马得志：《西安元代安西王府勘查记》，《考古》1960年第5期。

守其地。大汗以此地封之，命为国王。……城外有王宫，即上述大汗子国王忙哥剌之居也。宫甚壮丽，在一大平原中，周围有川湖泉水不少，高大墙垣环之，周围约五哩。墙内即此王宫所在，其壮丽之甚，布置之佳，罕有与比。宫内有美丽殿室不少，皆以金绘饰。此忙哥剌善治其国，颇受人民爱戴，军队驻扎宫之四围，游猎为乐。"[①] 此处所述安西王府城墙长度为"五哩"，约合 8 公里。其他译本中亦有"五迈耳"[②]、"八公里"[③] 等表述。依据上述考古数据约为 4.5 里，与马可·波罗记载的城周 16 里相差较远。一般而言，游记所述难免会有夸大，但可说明安西王府城占地规模之大在时人认知上的震撼。

四、奉元路城市体系："一大三小"的"四城联合体"

元代京兆府城西北部更建有规模宏大的安西王府城，从而形成了由一大三小共四座城池群构成的各自独立但又属于同一整体的城市空间格局。

自唐末五代以来，大年（即后来之咸宁）、长安两县县城分布在长安城外东、西两侧，与大城构成"子母互卫"形制，既能在军事防御上与长安城相互呼应，又使两县能各有驻防城池，彼此拥有独立城市辖区。以往研究者多探讨长安城自唐之后城区面积大为缩小，实则并未将大年、长安两县县城区域包括在内。两县县城的独立建成，事实上也是一次城区的扩大过

① 〔意〕马可·波罗著，冯承钧译：《马可波罗行记》，中华书局 2004 年版，第 431—432 页。

② 〔意〕马可·波罗著，冯承钧译：《马可波罗游记》，商务印书馆 1936 年版。

③ 〔意〕马可·波罗著，陈开俊等译：《马可波罗游纪》，福建科学技术出版社 1981 年版。

程。因为三城相距极近，虽然各自有城墙围起，但大年、长安两县县城宛若长安城的东西关城，交通便利，可视为“三城一体”。但由于文献舆图从未记载或表明两县县城占地大小，无论古人所绘《长安志图》《奉元城图》，或今人编制历史时期长安城市图幅，虽多标出大年、长安两县县城所在，但均为示意图，仅表明两县县城与长安城中间的大致方位关系，无从借以判断两县县城之占地面积。目前亦尚无关于两县县城的考古勘探成果，也就难以准确计算两县县城的面积。

至元代奉元路城东北安西王府城建成，唐末至宋代的“三城一体”城市格局转变为“一大三小”的“四城联合体”，即以奉元路城为核心，在其周边分布有三座小城，其间相互呼应、共同防御的军事功能较之宋金时期大为增强。

第三节 明清时期西安城市空间格局的发展变迁

明清时期是西安城市建设史上后都城时代最重要的阶段，在此期间，西安城继承了宋元以来西北军政重镇的地位并逐渐发展成为西北最大、最重要的区域中心城市。受军事、政治、文化、经济等因素的交互作用与深刻影响，明清西安城市空间结构经历了巨大变化，其最显著的特征就在于由明代以秦王府城为中心的重城格局演变为清代以满城和南城占据城市约一半区域的城市格局，这一变化又同时影响到城市各功能区的分布、城市交通、城市水利、关城发展等城市空间基本要素的变动。深入探讨明清时期西安城市空间结构的演变、原因及其影响，有助于系统认识西安城从国都到重镇的城市空间发展脉络。此外，西安城市空间结构在明清时期的发展变迁在很大程度上几乎可视为中国封建社会晚期西北乃至整个北方地区区域中心城市格局变迁的一个缩影，复原并深刻揭示西安城市空间结构的变动过程及其规律，也能为这一时期北方地区中心城市的空间结构研究提供较好的比照。

一、明代西安的重城形态与秦王府城的内部布局

1. 明初西安大城的拓展与秦王府城的兴建

明初西安大城在宋京兆府城和元奉元路城的基础上加以扩筑拓展，与此同时，又在城内兴建规模宏大、城高池深的秦王府城，王城与大城构成了内外双重城的城市空间格局，这是明清西安城空间结构的第一次重大变化（见图 1－2）。

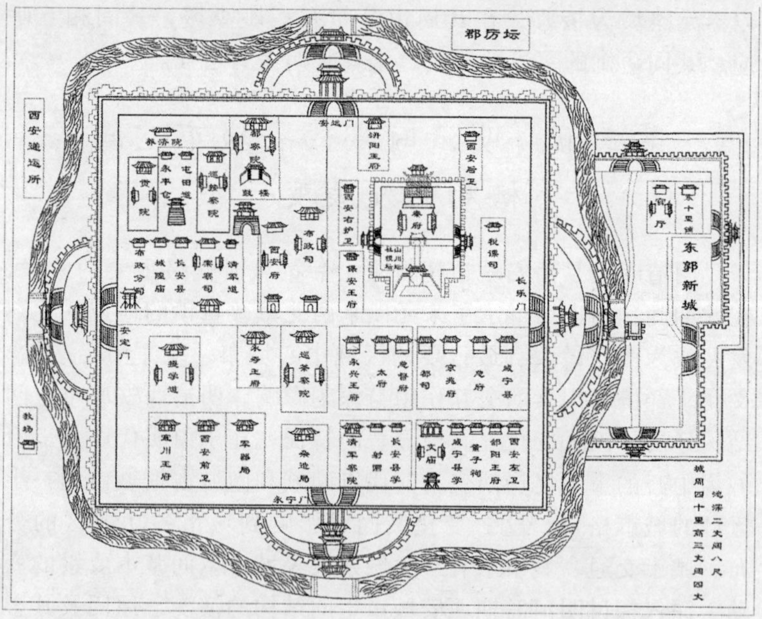

图 1－2　明代西安城图

（1）明初西安大城拓展的背景

明初西安大城的拓展有着深刻的时代背景，其在西北地区重要的军事、政治地位是中央与地方政府大力拓展城池的根本原因，洪武二年（1369 年）的“迁都之议”则加速了西安大城拓展工程的实施，而秦王定藩西安在城中兴建秦王府城更是西安大城拓展的直接起因。明代西安城从军事地位上而言堪称维系整个西北地区安危的核心所在，为西北边防重镇之首。明初定天下之时，元朝蒙古贵族被迫退出中原，但盘踞在西北的扩廓贴木儿集团仍拥众数十万。从大都出逃应昌（今内蒙古赤峰市克什克腾旗境内）的元顺帝不仅仍拥有一定的军事实力，并且仍然是整个蒙古贵族统治集团的政治共主，正所谓“引弓之士，不下百万众也；归附之部落，不下数千里也；资装铠仗，尚赖而用也；驼马牛羊，尚全而有也……元亡而实未亡耳！”[1] 因此陕北、宁夏等西北边地时时还有为之侵袭的隐患。

明代西安城的政治地位在西北地区乃至整个中国西部都处于最高层次。这不仅表现在明洪武二年（1369 年）曾把西安作为都城的选址之一，而且还反映在朱元璋将其次子朱樉派往西安，封为号称“天下第一藩封”的秦王。洪武二年（1369 年）三月，明大将徐达攻占元奉元路，旋即改奉元路为西安府。九月，朱元璋置临濠（今安徽凤阳）为中都时曾对建都问题进行过讨论。据《明鉴》记载：“帝召诸老臣，问以建都之地，或言关中险固……”[2] 此次西安虽因漕运供给不便、“重劳其民”等问题而未被选中，但却足见它在当时政治上的重要影响力，这在一定程度上促进了大城的扩展工程。此后，为巩固全国统治并确保北方边地安全，“许修武事以备外侮”[3]，遂

① （清）谷应泰：《明史纪事本末》卷一〇，中华书局 1977 年版。

② （清）托津等辑：《明鉴》，嘉庆二十三年（1818 年）精刊本。

③ 《明太祖实录》卷一〇三。

大封诸子至各军政重镇为藩王。秦王作为明初北方边疆受封的藩王之首，“富甲天下，拥赀千万”[①]。因而其府城规格也最高、规模最大。但元奉元路城空间相对局促狭小，秦王府城的选址与兴建便对西安大城的拓展提出了迫切的要求。

(2) 西安大城的拓展方向与起止时间

明初在宋元旧城东北隅兴建秦王府城时，基于朱元璋“秦用陕西台治”的营建要求[②]，即依奉元路城东北隅元代陕西诸道行御史台署旧址兴建，以减少营作的工程量。秦王府城的选址从根本上决定了西安城的整体拓展方向，即向东、向北拓展大城以便将秦王府城环护其中。而如何将秦王府城置于城市基本中心的考虑则在一定程度上决定了大城向东、北拓展的具体规模和长度。

《明太祖实录》洪武六年（1373 年）秋七月条内详记长兴侯耿炳文、陕西行省参政杨思义、都指挥使濮英等为修西安城一事呈奉朱元璋的奏表：“陕西城池已没，军士开拓东大城五百三十二丈，南接旧城四百三十六丈。今又再拓北大城一千一百五十七丈七尺，而军力不足，西安之民耕获已毕，乞令助筑为便。中书省以闻。上命俟来年农隙兴筑，仍命中书省考形势，规划为图以示之，使按图增筑，无另过制，以劳人力。”[③]从上述奏章可知，至明洪武六年，西安东大城拓筑工程早已开始。从现有资料来分析，大城的开拓与秦王府城的修建大致同时进行，也即明洪武四年（1371 年）开始兴建秦王府城之际，也正是大城拓建之时。

雍正《陕西通志》卷一五《公署》载云：“长安县署，在

---

① （清）谷应泰《明史纪事本末》卷七八，中华书局 1977 年版。

② 《明太祖实录》卷五四。

③ 《明太祖实录》卷八四。

布政司西，唐天祐年间韩建筑西郭小城为县治，宋、金、元皆因之。明洪武四年移建今治。”“咸宁县署，在布政司东南三里许……天祐间韩建筑东郭小城为县治，宋金因之……明洪武初因拓城移建今治。”[①] 由此也可推知大城向东拓展始于洪武四年（1371 年）。开拓北大城的时间则如耿炳文奏章中所言始于洪武七年（1374 年）。

大城向东拓展的目的就在于将秦王府城置于大城东西长度上近似中心的位置，南北方向上的拓展也将秦王府城置于南北长度上中心偏北的位置。应当说大城的扩展是围绕秦王府城的兴建而进行的。

（3）秦王府城的选址与兴建

前已述及，秦王府城的选址遵循了明太祖的要求，并直接决定了大城的扩展方向和规模。据《明太祖实录》载：“（洪武三年秋七月辛卯）诏建诸王府。工部尚书张允言：‘诸工宫城宜各因其国择地，请秦用陕西台治，晋用太原新城，燕用元旧内殿……’上可其奏，命以明年次第营之。”[②] 可见秦王府城与其他藩王府选址借用原有城市大型建筑基址一样，即所谓“国之亲王府基……要之必取郡地之最广与风气最适中者用之”[③]。遂在元代陕西诸道行御史台署旧址的基础上进行建设。这在当时天下初定，民力尚未恢复的情况下可减少军民役作。秦王府城的兴建与西安大城向东、北的扩建当有统一的规划，又几乎是同时开工建造，同时竣工完成。秦王府城自洪武四年（1371 年）开始兴建，至洪武九年（1376 年）基本竣工，在洪武十一年（1378 年）秦王就藩西安时已完全竣工。

① 雍正《陕西通志》卷一五《公署》。

② 《明太祖实录》卷五四。

③ （明）朱国祯：《涌幢小品·王府条》，中华书局 1959 年版。

2."天下第一藩封":秦王府城的规模与内部布局

明代西安秦王府城与大城内外呼应,共同形成两道城河、三重城墙的典型重城结构,这是西安城作为明代西北军事、政治重镇的重要景观特征之一。秦王府城作为十四世秦王所居之地,内部布局肃穆严整,建筑庄严华美,园林景致冠绝西北。

(1)秦王府城的规模

秦王府城的庞大规模主要体现在其占地面积、城墙高厚、城河深广与宫室间数等方面。弘治八年(1495年)兵部尚书马文升就曾指出:"洪武年间,封建诸王,惟秦、晋等十府规模宏壮,将以慑服人心,藉固藩篱。"①

据嘉靖《陕西通志》载,明秦王府内城为砖城,外有萧墙,"萧墙周九里三分;砖城在灵星门内正北,周五里,城下有濠,引龙首渠水入"②。而当时明西安府城号称"周四十里",实际大城(不含东关城墙)周长约为13.9公里,由此可见其规模。秦王府城规模之大,不仅成为西安城最大的建筑群,而且也令其他城市诸藩王府难以望其项背。

西安大城城区面积约11.5平方公里③,现以此为比照对象考察近年来有实测数据的明代秦王府内城——砖城的占地规模,见表1-1。

暂以砖城为规整长方形,依表中数据计算,则面积约为0.3平方公里。按照明1里长度为572.4米,砖城"周五里"应为2862米,比最大实测数据2316米尚多500余米,这正可说明砖城并非规整长方形,历次实测数据均未包括砖城向南凸出部分,从而出现误差较大的情况,表中历次所测长度均小于

① (清)龙文彬:《明会要》卷七二《方域二·亲王府》。
② 嘉靖《陕西通志》卷五《封建下·皇明藩封》。
③ 张永禄主编:《明清西安词典》,陕西人民出版社1999年版。

砖城的实际长度，因而其面积应不少于0.3平方公里，即不少于西安大城面积的1/38。

表1－1　明秦王府砖城实测数据一览表

数据来源	形制	具体数据	据以推算的周长与面积
《明秦王府建置考暨现状调查》①	长方形	东、西墙应长731米，南、北墙应长427米	周长2316米（约为明4里），面积约为0.31平方公里
《秦王府北门勘查记》②	长方形	长671米，宽408米	周长2158米（约为明3.8里），面积约为0.2平方公里
《中国文物地图集·陕西分册下》	长方形	南北长约700米，东西宽约430米	周长2260米（约为明3.9里，面积约为0.3平方公里

嘉靖《陕西通志》载秦王府砖城“高二丈九尺五寸，下阔六丈，女墙高五尺五寸，城河阔五丈，深三丈”。由此可知，秦府城仅有一道城河。秦府萧墙当为素土单体墙，外未砌砖。砖城则为先建土墙体，后包砖面。砖城实际高度约在11.5米左右，比规定高度高出2米余，实测城墙上宽6.5米左右，底宽11.5米左右。上阔与规制基本相符，下阔则窄于规制宽度，墙体的这种实际结构，较规定更加高耸，且墙壁略呈梯形，坡度大为减小，从而有利于防守，更适于作战的防御需要。③

明秦王府城的宫室规模可从与同一时期敕封起建的燕王府相比之中见其梗概，据《明太祖实录》记载，燕王府“门楼廊

① 卢晓明，景慧川：《明秦王府建置考暨现状调查》，1989年油印本。

② 陕西省考古研究所北门考古队：《明秦王府北门勘查记》，《考古与文物》，2000年第2期。

③ 张永禄主编：《明清西安词典》，陕西人民出版社1999年版，第63页。

庑二百七十二间；中曰承运殿，十一间；后为圆殿，次曰存心殿，各九间；承运殿之两庑为左右二殿，自存心、承运周回两庑至承运门，为屋百三十八间；殿之后为前、中、后三宫，各九间，宫门两厢等室九十九间。”① 明人朱国祯在《涌幢小品》中亦载：“亲王府制……正殿基高六尺五寸、月台五尺九寸，各有定数，而殿之尺寸不著。秦府殿高至九丈九尺。韩府止五丈五尺。大相悬绝，岂秦、晋、燕、周四府，乃高皇后亲生，故优之，诸子不得与并耶。”② 可见秦府规模在诸王府中居于首位。

（2）秦王府城的重城形态与内部布局

秦王府城在与西安大城构成重城形态之外，其本身也是内外重城结构。按照明代亲藩府宅的统一规定，藩王府城池均为重城结构，内城为王府城的宫城，其外皆有周垣。从嘉靖《陕西通志》、康熙《陕西通志》和雍正《陕西通志》的城图中，可以明显看出，秦王府城的城郭形态是呈内外二重城垣，东西窄、南北长，并且南面稍向外凸出的倒“凸”字形。

秦王府城内区域依其职能可分为三大区，自南而北可分别视为祭祀区（砖城西南部、萧墙灵星门西北）、宫殿区（砖城内大部区域）与园林区（主要在砖城内东、西部及后半部）（见图 1－3）。

秦王府城各主要宫殿与砖城四门名称，均照洪武七年统一规定而称呼，即“亲王国所居前殿曰承运，中曰圆殿，后曰存心；四城门南曰端礼，北曰广智，东曰体仁，西曰遵义。上曰：‘使诸王能睹名思义，斯足以藩屏帝室，永膺多福矣。’”③

① 《明太祖实录》卷一二七。

② （明）朱国祯：《涌幢小品·王府》，中华书局 1959 年版。

③ 《明太祖实录》卷八七。

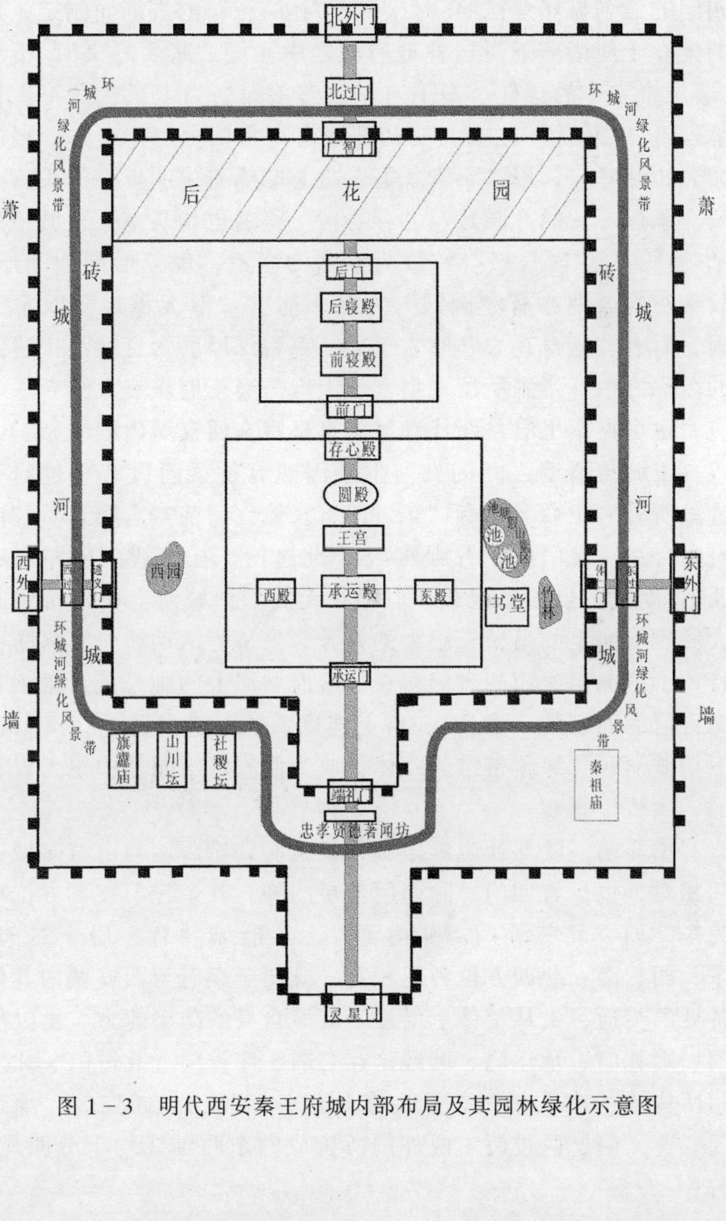

图 1－3　明代西安秦王府城内部布局及其园林绿化示意图

四门的命名显然是按照“仁、义、礼、智”的古训而制定，目的就在于使诸藩王身居各地府城之中而能“睹名思义”，不忘“藩屏帝室”的重任。秦王府城王宫前殿名为承运，其正南设承运门，“承运”之名与明初都城南京宫城中之“奉天”殿的命名相互呼应，以“奉天承运”之意昭喻着朱明天下的长治久安；承运殿后的“圆殿”、“存心殿”得名也均与南京宫城中的“华盖殿”、“谨身殿”有极为紧密的联系，华盖形制为圆形，故秦王府城中亦有“圆殿”之名，前有“奉天承运”取意于天，后有“谨身存心”昭告于人，都将深厚的含意融注于建筑的名称之中。帝王所居之皇宫三大殿与秦王府城三大殿一一对应，也可见秦王府是明代都城南京皇宫在西安城内的缩影。

王城与萧墙之间的城河上还因建有桥梁而设有“过门”，皆以所处方位命名，有“东过门，在体仁门前左右廊东”、“西过门，在遵义门前左右廊西”、“北过门，在广智门前左右廊北”。南过门虽未见记载，但存在无疑。护城河上所建桥梁与大城护城河上的吊桥有很大的差异，吊桥为活动桥，军事防御特色十分突出，而四过门所在的秦府城河上的则是极具景观观赏价值的固定的“廊桥”，桥上建廊，既可遮风避雨，又与桥下护城河园林绿化带结为一体，成为西安城市园林中绝无仅有的“廊桥”景观。

据嘉靖《陕西通志》记载，秦王府外城萧墙与内城砖城四门相对，也设有四门，除南门灵星门外，其余三门按其方位称为东、西、北三外门。从内到外，秦府城共有三层十二门，东、西、南、北四方位各门相对，既便于秦府与西安城内其他各处的交通，又从整体上增强了府城自身的防御能力。由灵星门、端礼门、承运门、圆殿、存心殿、广智门、北过门、北外门所构成的南北轴线，及由东外门、东过门、体仁门、承运门、遵义门、西过门、西外门所构成的东西轴线均十分明显。

承运门与砖城南门端礼门之间（即今新城广场）、端礼门与萧墙灵星门之间、灵星门与西安城东大街之间各有一广场。三个广场纵向次第排列，强化了南北中轴线的作用。

在南北轴线的南端两侧为秦王府城的祭祀区，众多礼祀建筑分布其中。嘉靖《陕西通志》记载的礼祀建筑就有“忠孝贤德著闻坊，在端礼门前”；“山川坛，在砖城外西南隅”；“社稷坛，在砖城外西南隅，与山川坛相近”；“旗纛庙，在端礼门外西南”；“秦祖庙，在灵星门内东北”；“宗庙，在后宫之左”。除宗庙在砖城内北部之外，其余均在萧墙与砖城之间的南部，即一进入秦王府城就可首先感受到庄严的王府氛围。用以祷祝国泰民安、皇权永固的“山川”、“社稷”二坛东西相邻，位于砖城之“右”，用以祭祀朱氏先祖的“秦祖庙”则位于砖城之“左”，这种格局无疑受到了中国古代都城规划思想中“左祖右社”原则的影响，同时也与南京宫城的规划布局相应。《明史·礼志六》中记载了祖庙的房屋间架数，“礼部尚书陶凯等议定，王国宫垣内，左宗庙，右社稷。庙制，殿五间，寝殿如之，门三间”①。

砖城之内则为秦王府城的主体——宫殿区，由政务区和寝宫区组成，自南而北在中轴线上依次布设处理政务的承运殿、王宫、存心殿、圆殿和供秦王日常休息所用的前寝殿、后寝殿。嘉靖《陕西通志》载云“承运殿在承运门正北，南向，九间，高九丈九尺九寸”。承运殿作为秦王府城中正殿，面南背北，高阔皆依据最高等级的宗室宫殿尺寸营建，可称当时西安城中最庄严宏伟的建筑。秦府王宫居中，王妃西宫居右，世子承庆宫居左的宫室格局，则与隋唐长安宫城的内部布局略相吻合。

---

① 《明史》卷五二《礼志六》。

秦王府城从整体上看宛如一座大花园，号称“府城外内，水陆草木之花甚多”①，而府城北部的后花园更是秦府园林的精华所在。

萧墙与砖城之间的区域也较为广阔，如弘治八年（1495年）马文升奏“乞敕工部转行湖广、江西诸省修盖各王府官员，如系地狭人密之处，周围墙垣不必比照北方王府规式，徒使府内空地太多”②。在这一砖城外围区域，布设着秦王府下设的典簿厅、纪善所、良医所、典善所、审理所、奉祀所、典宝所、工正所和典仪所等众多官署机构，以随时听候秦王差遣，为其日常生活服务。此外还驻有一定数量的秦王护卫军，使秦王府城在政治中心区之外，还兼有军事中心区的功能，正所谓“城郭宫室亚于天子之都，优之以甲兵卫士之盛”③。

二、钟楼的移建与“四隅”空间的强化

明初西安城池的大规模拓展带来了城市布局的第一次重大变化，也初步奠定了城市内部空间四隅格局的形成。万历年间钟楼的移建则引起了明代西安城空间格局的第二次重大变化，形成了我们今日所看到的以钟楼为中心四隅格局的城市结构。固若金汤的大城城墙和矗立在城市中心的钟楼，作为两次变化的实体反映均堪称明清时期西安城市发展变迁过程中的里程碑。

1. 移建钟楼的原因分析

钟楼原在今西大街以北广济街口迎祥观内，建于洪武十七年（1384年），与鼓楼东西对峙。万历十年（1582年）陕西巡

① （明）朱诚泳：《小鸣稿》卷九《瑞莲亭记》。

② ③（清）龙文彬：《明会要》卷七二《方域二·亲王府》。

抚龚懋贤与咸宁、长安二县县令共同主持移建钟楼于现址[①]，从而形成以钟楼为中心绾系四条大街的城市四隅格局，即龚懋贤在《钟楼碑记》中所谓“章木德兮奠四隅”，这种面貌一直保存到今天。值得注意的是，从明初向东、北扩展西安城起到万历十年移建钟楼，其间已历时近 200 年，缘何要至此时移建钟楼，使得城市四隅空间格局大为加强。

钟楼的移建绝非偶然为之，而应同万历年间城市发展过程中普遍出现的社会矛盾联系起来进行考察。到明代中后期，城市经济（商业、手工业）等都有了很大的发展，而朝廷对这些行业的横征暴敛也日益加剧，同时民间贫富分化与社会危机也随之积累起来，由此引起城市中反抗因素的不断积聚。至万历年间，明王朝所派的“矿监税使”的沉重经济压迫更在全国许多城市激起了一波又一波的抗争，钟楼的移建正是在这个动荡不稳的社会环境中发生的。虽然史志中没有明确记载钟楼的移建缘由，但通过上述分析仍可推测，将位于城西的钟楼移建于四门大街交会处，使之“岿然临于四衢之上”[②]，应是出于防范城市内部“民变”的目的，从“瑰伟雄杰”的钟楼上可瞭望全城，观察市民动向，若有变故，便于迅速击钟鸣警作出反应；同时钟楼设有四门，成为绾系四门大街、沟通四座城门的枢纽，有力地控制着四条主干道的交通。[③] 钟楼在清代作为满城西南城楼驻防八旗军兵，在民国抗战期间也曾驻扎军队[④]，

① 民国《咸宁长安两县续志》卷五《地理考下》引龚懋贤撰《钟楼碑记》，民国《续修陕西通志》卷一三一《古迹一》。

② 民国《咸宁长安两县续志》卷五《地理考下》引乾隆五年（1740 年）陕西巡抚张楷撰《重修楼钟记》。

③ 田凹：《从钟楼谈起》，《碑林文史资料》第 7 辑，1992 年。

④ 鲁涵之，张韶仙编：《西京快览》第 4 编《名胜古迹》，西京快览社，1936 年。

有强烈的军事堡垒色彩，了解这一点有助于认识钟楼的移建原因及其用途。

2. **移建后钟楼形制的改变及其用途**

龚懋贤在《钟楼碑记》中云“西安钟楼故在城西隅。徙而东，自予始。楼唯筑基外，一无改创”。这一说法影响深远，后世学者多以为钟楼自迎祥观移至四街中心后的形制未有改变[①]，实则移建前后钟楼形制变化甚大。以绘制较为精细的万历《陕西通志》“陕西省城图”分析，此时广济街口迎祥观钟楼尚未移至四条大街的交汇点，其形制约与鼓楼相近，为二重檐式歇山顶楼阁，基座无南北向门洞，可能开有东西向门洞或仅一个门洞以供上下，这与其作为宫观钟楼的功能是相吻合的。

归纳起来，钟楼移建前后的形制变化主要表现在三方面：一是钟楼基座由无门洞或仅有东西向门洞改为开设东、南、西、北四门洞，以适应“在四街中衢”的交通需要；二是钟楼顶部由类似鼓楼歇山顶式改为现在可见的攒顶式，以从视觉上增加其高度；三是原为二重檐式，移建后外观则为三重檐式楼阁，但内为二层可登临。龚懋贤在钟楼移建工程未完之前已调离西安，“不及观其成”[②]，因而并未亲见钟楼形制在最后封顶工程阶段的改变，其所称的“楼惟筑基外，一无改创”也就不可全信。

移建后的钟楼除其本身的报时之功外，还以其处于四隅中心的位置而在城市防卫中兼具指挥中枢的功能。此外，明清之

---

① 周生玉，张铭洽编：《长安史话·宋元明清分册》，陕西旅游出版社1991年版，第92页。

② 民国《咸宁长安两县续志》卷五《地理考下》引龚懋贤《钟楼碑记》。

际还兼有风水上的用途。乾隆五年（1740年）陕西巡抚张楷在《重修钟楼记》中云：“楼既虚，昔人以祀文昌，盖即《周礼》之司命，其典秩自古为隆。”[①] 在钟楼上祭祀文昌神亦始于万历年间，据康熙《咸宁县志》卷二《建置》载“明万历间布政朱改建钟楼不利，巡抚赵可怀移钟旧楼像文昌于上”。由此钟楼又成为拜祭专司“主持文运，翊赞武功”[②] 的文昌神之所，希冀能使西安城“文运蒸起，抑且风化美仁矣”。而钟楼自此又有“文昌阁”之别名。康熙《陕西通志》“会城图”及康熙《咸宁县志》“会城图”均以“文昌阁”名标示钟楼，又康熙《长安县志》卷二《祠祀》载“文昌阁，在县治东，省城正中”。正说明钟楼在意象空间上的中心地位还为风水学所利用，钟楼的这一用途大大加强了城内东南隅文教区以多座高耸的塔、阁为天际线和空间标志物的文教、祠祀功能及其氛围。

3．移建钟楼对城市空间格局的影响

首先，自明代初年形成的四条以城门命名的大街，即东门、西门、南门、北门大街一改而为以钟楼为方位中心点的东、西、南、北大街，即钟楼东大街、钟楼西大街、钟楼南大街、钟楼北大街，而以东、西、南、北大街简称。位于四条干道交会处的位置与四门大街命名上的转变逐渐强化了钟楼在西安城居民主观感知中的城市中心地位，这种空间观念一直影响到今天。

其次，钟楼设有四门洞，与四座城门相望，原来的四门大街不再是从南门到北门、从东门到西门贯通无阻的大道，无论从东门到西门，或是从南门到北门，走干道就只有穿过钟楼。

① 民国《咸宁长安两县续志》卷五《地理考下》。

② 民国《续修陕西通志稿》卷二一〇《文征十》，引嘉庆年间张鹏飞撰《重修文昌阁记》。

这就大大加强了城市四隅的空间格局，城市空间的隔离性更为突出，也即以钟楼为中心的四条大街所分隔的四区更具整体性，清初在修建满城时将钟楼作为角楼，占用东大街与北大街的一部分兴建城墙就是对这种空间隔离性的利用，这就有便于在城市建设和规划时突出某一方面的特征，使四区的发展相对独立，从而在一定程度上促进了城市内部功能分区的发展。

三、清初西安重城格局的重建

1. 西安满城的选址、兴建及其影响

1644年清军挥师入关、定鼎北京之后，其精锐之旅八旗兵除集中屯戍京师外，另有大约半数的八旗兵相继被派驻于全国各大战略城市和水陆冲要。所谓“我朝定鼎以来，虑胜国顽民，或多反侧，乃于各省设驻防兵，意至深远也”[①] 即言此。为防止满族为汉族所同化、阻隔满汉交往，也为了强化八旗驻防兵镇压汉族和其他民族反抗斗争的力量，从而维护其统治，与八旗驻防制度相应，在各驻防城市纷纷兴建供八旗军兵及其眷属居住的满城。

新建满城或在原有城市之内划地分治，形成“城中之城”，如西安、太原等，或在原有城市之外另筑新城，形成“子母城”，如银川满城[②]，规模虽各异，但均是以禁止汉、回等其他民族普通市民进入的军事禁区形式存在。在西起伊犁，东抵江宁、南京，南达广州，北至瑷珲的广袤土地上，分布着数量

① （清）刘锦藻：《清朝续文献通考》卷二二〇《兵考一》，浙江古籍出版社2000年版。

② 马正林：《中国城市历史地理》，山东教育出版社1998年版，第291页；贺吉德：《银川市新满城探述》，中国古都学会，银川古都学会编：《中国古都研究》第9辑，三秦出版社1994年版。

众多的满城，由此构成清朝控制全国的八旗驻防网络，满城也因之成为清代城市体系中引人注目的组成部分。西安作为宋元以来维系西北安危的军事重镇，也在此大背景下兴建了当时诸八旗驻防地中规模位居前列的庞大满城。[①] 顺治二年（1645年）正月，清军攻克西安城。清世祖福临指出西安乃“会城根本之地，应留满洲重臣重兵镇守”[②]，在这一指导原则下，开始兴建满城。清雍正之前全国八旗驻防地中设有将军一职的只有盛京、吉林、黑龙江、江宁、京口、杭州、福州、广州、荆州，连同西安共十处，由此也反映出不仅在西北地区，就是整个中国西部也以西安的军事地位最为重要。

西安满城占据整个城东北隅的原因在于，满城的兴建一方面需要较大空间驻扎五千马甲及其家属，共约三万人左右，另一方面则考虑尽可能少地驱逐、迁徙原住居民、商户等，从这两方面而言，东北隅比其他三区更符合建立“城中城”的要求。城东北隅作为自明代以来的新扩城区，虽然其面积约占城市三分之一强，有明一代主要为秦王府城、保安王府、临潼王府、汧阳王府以及秦府所属军兵营地占据外，居民住宅、寺宇庙观、商贸市场等建筑物数量总体而言与城市其他三区相比要少。由于偏离城市传统商贸区和官署区，加之受制于城市渠道供水在东北隅较为困难的状况，人口反而并不密集，发展较缓，空地较多，这种状况在嘉靖、万历二《陕西通志》所附《陕西省城图》、雍正《陕西通志》所附《西安府龙首、通济两渠图》[③] 中均有所反映。

① 刘小萌：《青州旗城——一部驻防旗人的实录》，《满族研究》2000年第4期。

② 康熙《陕西通志》卷三二《艺文·制词》。

③ 雍正《陕西通志》卷三九《水利一》附图。

清初从顺治二年（1645 年）开始划定城东北隅为驻防城范围，至顺治六年（1649 年）满城筑成，原明代城内东北隅内的汉族居民、商户等均被迫迁往满城以外的区域，即所谓“汉城”，可以相信，这一名称是从清前期满汉民族隔绝政策所引起的城市格局稳定之初就开始出现了。虽然目前尚未发现顺治初年修建西安满城时将民户、商户等汉人迁出城东北隅的史料记载，但从北京在其内、外城所实行的满汉分隔政策可大致推测当时西安的情形。满人入居北京之后，曾分别在顺治元年（1644 年）和顺治五年（1648 年）两次将汉人由内城迁往外城，尤其是在 1648 年下移城令，驱汉人迁出内城，到外城居住。“此实参居杂处之所致也。朕反复思之，迁移虽劳一时，然满汉各安，不相扰害，实为永便。除八旗投充汉人不令迁移外，凡汉官及商民人等尽徙南城居住。”[①] 西安满城的兴建正是在此期间，势必会受到京师满汉隔绝政策的影响，原来居住于城市东北隅的居民被迫迁往其他三城区或关城居住。城市格局的变动也使得城市内部人口的居住分异发生很大的变化。

2. **西安满城的规模与布局**

嘉庆《咸宁县志》载云：“自顺治二年分城内东北隅地，自钟楼东至长乐门南，北至安远门东，因明秦府旧基筑八旗驻防城。”[②] 清初所筑满城并非完全占用明秦王府城的旧基，由于新筑了西、南两道城墙，占地范围远比明秦王府城大得多，以致工程量相当之大。因此修城之事历时约近四年，至顺治六年（1649 年）满城才基本竣工。西安满城的北墙和东墙均借用了西安大城的城垣，只有南墙和西墙为新筑，其中南墙是从自钟楼东南角起沿东大街南侧直抵西安大城东门长乐门的南

① 《清世祖实录》卷四〇。

② 嘉庆《咸宁县志》卷一〇《地理·城池》。

侧，而北墙是从钟楼东北角起沿北大街东侧直抵西安大城北门安远门的东侧（见图 1－4）。

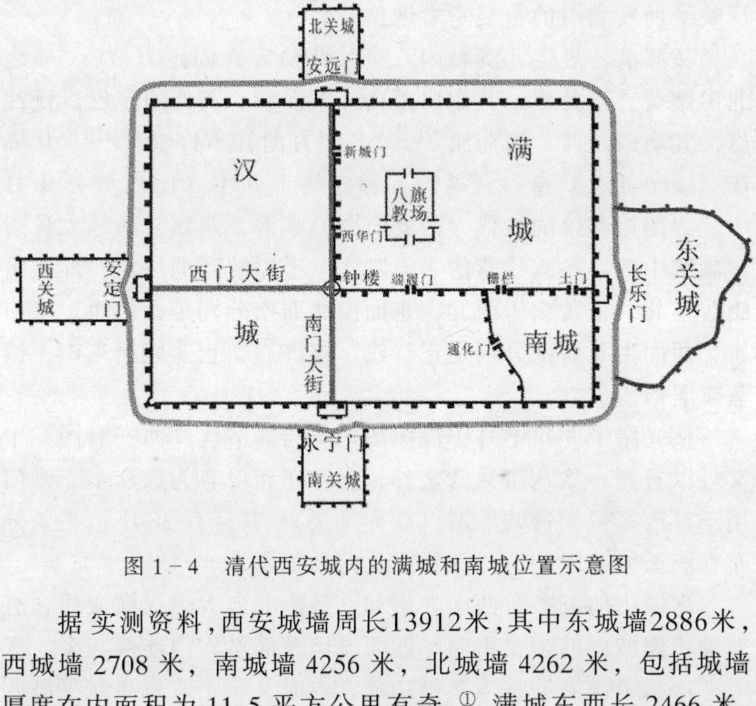

图 1－4　清代西安城内的满城和南城位置示意图

据实测资料，西安城墙周长13912米，其中东城墙2886米，西城墙 2708 米，南城墙 4256 米，北城墙 4262 米，包括城墙厚度在内面积为 11.5 平方公里有奇。[①] 满城东西长 2466 米，南北宽 1917 米。[②] 据此推算满城面积为 4.72 平方公里，约占到西安大城（不含东关城）面积的 41％。作为城内军事重地，满城的兴建在很大程度上提高了西安的整体防御能力，同时也

① 向德等主编：《西安文物揽胜》（续编），陕西科学技术出版社 1997 年版。

② 朱仰超：《西安满族》，西安市政协文史资料委员会编：《西安文史资料》第 18 辑，1992 年。

有利于清朝统治者防止和镇压来自城市内部的民族抗争。

满城规模还表现在驻扎军兵的数量上，西安满城在有清一代设置的除北京内城以外的所有满城中，驻扎军兵最多，这也反映了西安满城的重要军事地位。

按照清廷规定，满城内八旗兵驻防皆有固定方位，“城之北曰镶黄、正黄旗，其东曰正白、镶白旗，其西曰正红、镶红旗，其南曰正蓝、镶蓝旗”①，“各照方向，不许错乱”②。从嘉庆《咸宁县志》卷一《城图》和光绪十九年（1893 年）十月中浣舆图馆测绘的清代《西安府图》来看，八旗驻防地大致居于满城中部，各旗兵营的布设基本上遵循清廷的规定，即镶黄旗居东北，正黄旗居西北，东面由北而南分别是正白旗、镶白旗，西面由北而南分别是正红旗、镶红旗，正蓝旗居东南，镶蓝旗居西南。

从光绪十九年十月中浣舆图馆测绘的清代《西安府图》中又可以看到，除八旗兵营之外，满城还布设有为数众多、专门用于存放军械物资的堆房（亦称堆拨），共计有 38 座，主要分布在满城城墙内侧沿线和八旗兵营驻地附近。

满城内的五条东西向大街和三条南北向大街纵横交织，有效地将满城内的主要街巷、四面城墙及满城六门连接起来，极大地增强了满城的整体防御功能，同时又便于八旗兵在汉城区出现变故时迅速出击，镇压反抗。辛亥革命之后，满城城墙被拆毁，但城东北隅的街巷格局时至今日并未有太大变化。③

---

① 《大清会典》卷八四。

② （清）佚名：《满洲实录》卷三。

③ 吴宏岐，史红帅：《关于清代西安城内满城和南城的若干问题》，《中国历史地理论丛》2000 年第 3 辑。

3. 南城的兴建与废弃

清初满城的兴建极大地强化了西安作为西北军事重镇的地位，但清政府为了镇压不断涌起的反清浪潮和农民反抗斗争，又于康熙二十二年（1683 年）向西安增驻左翼八旗汉军，在满城之南修筑“南城”作为其驻防城，就更将其西北军事桥头堡的地位推向极至。类似西安这样一座大城内同时兼容两座军事驻防城的城市格局在有清一代都属罕见，也从一个侧面说明了西安的军事地位在西北地区确为重中之重。南城与满城关系之紧密，不仅表现在因位于满城之南而得其名，更主要是从选址、规模等方面都体现了其为满城之附属和补充。在城东南隅划地为南城时，就是为了北、东、南三面依赖大城和满城的城墙，仅新筑一道西城墙。

以嘉庆《咸宁县志》卷一《疆域山川经纬道里城郭坊社图》所附《城图》和《县治东路图》对照今西安城区地图来分析，康熙二十二年（1683 年）始筑南城时，大致是北墙借用了满城南墙的东南段（尚德路南口以东），东墙借用了西安城东门以南的城墙，南墙借用了西安大城今和平门以东的城墙，新筑西城墙的位置约为今马厂子、东仓门一线，其城墙并非由北一直向南，而是呈西北—东南走向。从整体上看，南城的形状大致呈北长南短、东直西斜，并且西南角缺失的不规则梯形。

康熙二十二年（1683 年）始筑南城时，为加强与满城的沟通，在其北墙（亦即满城之南墙东段）开设栅栏（大菜市）和土门。这样一来，南城与满城实际上连接成一个防御整体，将西安全城的地形制高点尽括其中。由于南城的东、南、西三面皆无城门，只有北面二个门可以出入，对于南城官兵来说不是十分方便，所以后来又在西墙开设一门。据嘉庆《咸宁县志》记载："乾隆四年于新筑墙开门一，曰通化。"[①] 从嘉庆《咸宁县志》卷一《疆域山川经纬道里城郭坊社图》所附《城图》和《县治东路图》来分析，乾隆四年（1739年）新开的通化门虽说开置于"新筑城垣适中处"，但并非位于南城西城墙的正中间，而是稍偏北一些，具体的地点大致应在今马厂子街南口一带。

由于仅居住左翼汉军八旗军兵人数相对较少，因而南城的占地规模要比满城小得多。据今西安城区地图量算可知，南城北城墙的长度约为1公里，南城墙长度约为0.75公里，东城墙约为0.6公里，西城墙（斜线）长度约0.75公里，总面积大致只有0.53平方公里，约占西安大城面积的1/20左右。如果以南城与满城作比较，南城的占地面积也仅及满城的1/9左右。

南城面积较小，内部的布局就相应简单一些。以嘉庆《咸宁县志》卷一《疆域山川经纬道里城郭坊社图》所附《县治东路图》并结合光绪十九年十月中浣舆图馆测绘的清代《西安府图》分析，汉军驻防地主要集中在城的西北部，由大差市向南的街道为中轴线，呈东西向整齐排列，街东自北往南依次有头道巷、二道巷、三道巷、四道巷、五道巷、六道巷、七道巷、八道巷和九道巷，街西自北往南依次亦有头道巷、二道巷、三道巷、半截巷、小庙巷、回回巷和观音寺巷。南城东北部为左翼汉军副都统署，因用明嗡阳王府旧址，中有南北街，布局严整，规模较大。其地在乾隆四十五年（1780年）"汉军出旗"以后一度荒废。两侧各有一条南北向短街，其中西街约为当今建国路北段，北口接头道巷，并隔墙与满城小差市相望；东街约在今东先锋巷一带，北口亦与头道巷连接，并有土门可北通

① 嘉庆《咸宁县志》卷一〇《地理》。

满城。南城北部另外还有集贤庵（在通化门内北侧）、旃檀林（在通化门内南侧）、万寿庵（在今和平路中段东侧）、五火庙（在今和平路中南段西侧）、火药库（在今建国路中南段东侧）、关帝庙（在今建国路中南段西侧）和真武庙（在左翼汉军副都统署正东，紧临南城东城墙）等。

四、明清西安重城格局的主要特征及其影响

1. 明代西安重城形态的主要特征及其影响

明代以秦王府城和大城所组成的“回”字形重城格局在五代以来首次实现了城市格局的规整化，一改宋元城市布局相对杂乱、功能分区不明晰的状况。城市内部空间结构上的显著变化还在于与重城结构相适应的四条大街连接四门，城区自然划分为四隅，并未受到西安府城附郭咸宁、长安二县在城区行政分界线的影响，这为城内各功能区的逐渐形成与发展奠定了良好的基础。

明代西安的重城格局在以秦王府城突出政治中心功能的同时也兼顾了军事功能。对于身处砖城内的秦王而言，就有了砖城、萧墙、大城三重城、两道护城河的防护。秦王府城位于城市空间的近似中心，既与其作为政治中心的地位相适应，在钟楼移建之前也同时构成了西安城的意向空间中心。

作为城市生活开展的舞台，明代西安重城格局对城市交通、水利、各功能区发育、分布及东关城的兴建扩展等都产生了重大影响。

(1) 对城市交通的影响

随着明初西安城的扩展，元代奉元路城四门不对称以及由此导致的城市主干道不明显的状况也发生了根本的变化。明西安城四门对称，并由此出现四门大街，即东门大街、西门大街、南门大街、北门大街，城市由此被划分为四隅。值得注意

的是，西安城四隅大小并不相同，这种状况的形成实际是由秦王府城的位置而引起的。若需四隅大小相同，东门大街与西门大街这一东西主干道势必要从秦王府城南部穿过，这在当时显然是不能实现的。与成都蜀王府、长沙吉王府、大同代王府在各自城市中的位置相比，明西安城东西主干道向南移以避免穿越秦王府城正是兼顾了实现规整的十字城市格局与使秦王府城成为城市中心的双重目的，既实现了城市交通的顺畅，又在城市格局与市民心理上将秦王府城置于城市中心，这是较之成都、长沙、大同藩王府布局高明的地方。秦王府城的各门直接决定了城市东北隅交通系统的框架，这些道路向其他城区的延伸也均成为明代西安城道路体系的重要组成部分。

(2) 对城市水利的影响

在西安大城拓展和秦王府城兴建完成之际，西安城便开始自城东引龙首渠水入城，供全城官民汲引。自洪武十二年（1379年）十二月开凿龙首渠[①]，至成化元年（1465年）通济渠开通，龙首渠便成为西安城市发展的命脉所系。龙首渠的开凿与西安城地下水苦咸紧密相关之外，很大程度上受到了秦王府城位于城东区的影响。陕西都御史项忠在开凿通济渠时称："龙首渠引水七十里，修筑不易，且利止及城东。"可以认为是秦王府城的位置最终决定了自城东引龙首渠水入内。尽管在明初扩城前后总体上城西部人口要多于东部，但并没有选择自城西开渠引水就很能说明问题。龙首渠供水网络主要集中在城市东部，向城西也只延伸到西北的莲花池，虽然这从根本上是受其引水量的限制，但其供水重心集中在城东区的特点却很明确。

(3) 对东关城兴建的影响

① 《明史》卷八八《河渠志六》。

西安城的四个关城作为城市空间扩展的一种途径，虽然兴建时间上有先后，其中格局和规模大小也有区别，但从根本上来说首先都是基于军事要素而兴起的。四关城构成对城市最外围的保护，在攻防频繁的战争时代，关城发挥了重要的军事价值。东关地处东出城市之孔道，其中城东高地——长乐坡素为军事要地，在此兴建关城与大城连为一体，不但从军事地理的角度而言具有重要意义，同时也对城市命脉——刚刚开浚的城市水源的近城部分渠道能够形成有力地保护。在明初西北军事形势仍相对紧张的情形之下，虽然秦王府城与西安大城已经构成了双重城的防御格局，但是对于"天下第一藩封"的秦王来说，保障其安危仍显得不够，因此在扩筑大城的同时，也兴修了东关城。从嘉靖、万历二《陕西通志》所附《陕西省城图》可以看出东关城的南北长度占到整个东城墙的一半多，这就构成了对新扩的东城区更有力的外围防护。以秦王府为中心来看，防护体系就有府城内城（砖城）、府城护城河、府城外城（萧墙）、大城、大城护城河、东关城等多圈层防护网，从而能使秦王府城处于最为安全的地位。

四关城中东关城兴建最早、规模最大，而其兴建的具体时间与规模前辈学者则未见考述。从嘉靖、万历二《陕西通志》"陕西省城图"及其附文所云明初增筑后的西安"城周四十里"分析，东关被称为"东郭新城"，为城区的重要组成部分，因此"城周"应包含西安大城和东关城两部分的城墙长度。这从明人的记载中也可得以推断，王用宾记嘉靖五年（1526 年）修城事云："明太祖肇基洪武，疆理天下，命都督濮英增修之，广袤四十里。"[①] 成化元年（1465 年）陕西都御史项忠《新开

① （明）王用宾：《重建城楼记》，康熙《咸宁县志》卷八《艺文》。

通济渠记》称西安“城围阔殆四十里许”[1]，从“广袤”、“围阔”等语辞推断，“四十里”必然是将东关城包括在内。从性质、功用上分析，东关城与西安大城为真正意义上的防御整体，二者互相依恃，共同防御外来侵扰，因而将东关城墙长度计入西安城周长中是符合情理的。可以认为明洪武四年（1371年）至十一年（1378年）拓筑大城和兴建秦王府城的同时，也兴建了东关城，兴建时间当在大城城墙基本完工之后，即约在洪武十一年前后。其城墙高阔、形制构造当逊于大城城墙，因而所需工期也相对较短。东关城建设工程完成的次年——洪武十二年（1379年），即开浚了经东关入城的龙首渠，也从侧面说明了东关城工程完成的最后期限。

(4) 对城市各功能区形成与分布的影响

明代中前期城市内部功能区已经开始朝着有序化的方向发展，东西、南北主干道连接城市四门的格局对于城市内部街巷、官署、寺庙、学校、府宅等的布局产生了直接的影响，元代市容混杂的状况得以改变，城市功能分区随之逐渐形成。明代西安城内以东南隅关中书院为中心的文教区，西北隅以化觉巷清真寺为核心的回族聚居区，以西大街东段北侧布政使署为核心的官署区等都形成一定的规模。这些功能区均受到西安自明初以来所形成的重城结构的影响并最终成为“重城”空间格局的组成部分。

2. **清代西安重城形态的主要特征及其影响**

有清一代，满城城墙不仅成为军事意义上的分界线，也成为满族与汉、回族居住区的分界线。自明初城池扩建以来形成的四隅相对独立的城市格局到清代则发展为城市东、西部的隔绝状态。从明代城中之城的“回”字重城结构到清代一城两区

[1] （明）项忠：《新开通济渠记》，陕西师范大学图书馆藏碑拓本。

的东西隔离空间格局，便是大城之中建造军事驻防城的直接后果。满城与南城的内部建设，如齐整的街巷、多样的宗教信仰等都呈现出与大城其他区域迥然不同的特点。因有八旗军兵家属居住其中，满城在作为军事区之外，还兼有满人生活社区的职能，而且还是相当庞大的一个功能相对完善的社区，除军事设施以外，其中众多的祠宇庙观可以满足满人的信仰需要，学校等则供其子弟读书。

以钟楼为中心的东、西、南、北四条大街形成的十字格局随着满城的兴建而消失，钟楼成为满城的一座角楼，无论对于汉城还是满城来说，都已失去中心的地位，汉城开始以南、北院官署区为其中心发展。如果说明代的西安城还有秦王府城作为形式上的中心，那么到清代则连这一形式中心也最终消失，城市格局因军事性质的增强而显现出畸形、失衡的空间特征。

西安满城没有像宁夏满城那样建于城外，与原有城市相对独立，也没有像太原满城那样在城内形成独立的城堡，构成典型的重城结构，而是采取了折中的方式，即使城东北隅满城范围内与大城其他区域在军事部署、生活习俗、宗教习惯等方面相对独立，又可在军事布防上通过大城城墙的联系形成一个统一的整体，这样在城市形态上就是一种重城结构的变形，在南城兴建之后也只是这种变形的发展。这样，整个西安城就由三个相对独立的部分组成，即汉城、满城和南城[①]，总体上构成“一城两区”（汉城区与驻防城区）的空间态势。

（1）对城市交通的影响

满城和南城的兴建最直接的影响便是对城市交通产生了重大影响，一改明代以来的城市交通格局。与明代相比，城市四

① 吴宏岐，史红帅：《清代西安城内的满城和南城》，《中国历史地理论丛》2000年第3辑。

条大街仅余两条半（即南、西大街保留原貌，北大街的一半为满城西墙所占，东大街完全为满城南墙占据），内环城马道则被满城和南城隔断。这种完全出于军事需要而不考虑城市其他功能发展的城市建设，在很大程度上违背了城市通过自身商业贸易、文化、社区等因素的发展综合塑造城市面貌的规律，是一种畸形的城市发展过程。当极度强调城市的某一功能时，为强化这一功能所进行的城市建设从长远来看，并不利于城市的全面发展。

(2) 对城市主要功能区分布的影响

满城与南城作为具有隔离性的军事重地，在一定程度上打乱了明代较为合理的城市功能分区。由于共占据了约 45% 的城市空间，因而在挤压各功能区空间的同时，也促进了其集中化的趋势，功能区的分布和发展逐渐稳定下来，城市空间格局日益条理化。满城和南城的兴建使明代时官署分布较多的东大街南侧地区交通不便，空间狭小。清代除咸宁县署等极少数低级官署位于满城南墙南侧外，其他官署均在城西择址，以“南、北院”为中心布设。清代山陕总督（后又有陕甘、川陕总督之名）府位于今南院门西安市委大院，陕西巡抚署则沿袭了明代旧址，位于今西大街东段鼓楼之北的“北院”，二者南北相对，形成了西安城内政治核心区，至慈禧太后与光绪皇帝庚子年（1900 年）避难西安时以北院作为“行宫”，成为全国的临时政治中心时达到其巅峰。众多各级官署在其周边呈团状分布。城内商业区不断向南、北院门邻近地区聚拢，也是考虑到靠近南门，交通便利，同时这一地区的消费能力显然要高于其他地区。1900 年北院作为行宫后，随同慈禧太后和光绪帝陆续自北京抵达西安的达官贵人、商贾富户纷纷聚居周边地区，全国各地进贡的银两、物品也汇聚于此，银铺、商号等如雨后春笋般开办起来，这一地区的商业呈现出前所未有的繁荣。由于满城和南城阻滞了自城东入城的通道，东关城便作为东来货物的集散地而在清代发展成为城东的商业集中区，“地当大道之冲，左近有各行店，生理甚盛，凡东北南各路大宗货物，若布匹绸缎京货杂货药材等项，其来或入城，或投行局，实为之枢纽”①。关城内厘税总局和数个厘卡的建立也从一个侧面反映了这一状况。

文教区向以关中书院和文庙为中心的城东南隅集中，主要有西安府学、咸宁县学、长安县学、咸长考院、崇化书院等，这里虽然地处一隅，交通不便，稍显偏僻，但对于读书习艺，安谧的环境还属难得。

(3) 对东关城的影响

满城的兴建对于城市交通的负面影响，却无意中促进了东关城的迅速发展。

满城基于其军事堡垒的形制和功用，其内部规划并没有商业区的设计，可知的市场仅是其南墙外的大、小菜市，虽然汉人进入满城受到限制，但是这并不妨碍满人在汉城及东关城中的日常采购、娱乐等活动，长乐门作为满城东部的唯一一门，直接将满城与东关城联系起来，满人的日常所需直接促进了东关的发展。从满城的内部格局来分析，可知其中军事重点区域在西半部，而旗民居住区主要是在满城的东部，这也就是为什么偏于满城东部的大、小菜市能迅速发展的原因之一。在清代，东关城的不断发展是与满城的消费需求紧密联系的。清代东关城的空间拓展也是基于一城两县政区划分平衡的结果，由于满城与南城占据了咸宁县三分之二以上的传统辖域，加之明代以来的商业中心区位处长安县境，咸宁县在城内仅余的东南

① (清) 陕西清理财政局编：《陕西清理财政说明书》下编《岁入厘金类说明书》，宣统元年（1909年）排印本。

部又为文教区，其商业重心便不得不向东关城转移。同时满城和南城作为军事区对城内空间的占据转化，为城市边缘空间——关城不断扩大的推动力，从而为东关商业区的发展提供了空间基础。

第四节　民国西安城市空间格局的发展变迁

民国西安城先后经历了北洋政府和国民政府统治。在北洋政府统治时期，虽然有 267 年历史的满城城墙在民国初年被拆除，城市空间恢复到明末一城八区的格局，但在城市建设方面少有成就。在抗战时期，西安成为大后方的重要城市，在以西京筹备委员会、西京市政建设委员会等为主的省、市机关领导下，西安城在道路、水利、环境等方面进行了一系列建设活动，城市面貌较之封建时代有了很大进步。

一、东北城区的变迁与城门的增辟

1. 满城的拆除及其影响

1911 年，辛亥革命在武昌爆发。西安作为最早响应革命的省会城市之一，陕西革命党人联合哥老会在 10 月 22 日发动武装起义。起义军当天就占领了满城以外的西安城区，经过与八旗驻防军兵两天的激战，23 日满城被攻克，满清封建统治在西安被彻底推翻。由于革命军与八旗军在满城内外进行了惨烈交战，战火之后的满城内官署、营房、寺宇、民宅等建筑以及城墙遭受严重破坏，满蒙族人口也因战争伤亡、迁移流徙而急剧减少，昔日森严雄伟的军事驻防城渐至荒凉破败。

由于满城内荒芜空旷，人烟稀少，“除三二古庙外，满目荒凉，不见人影之处居多”[①]，西、南两面城墙又占据着东大街和北大街，这种状况不仅妨碍东北隅与其他城区的沟通，也阻碍了城市整体的发展。民国元年（1912年）9月，陕西都督府下令拆除满城西、南两面城墙，将墙基重新恢复为东大街和北大街。自1645年起建，至1912年拆除，存在了267年的西安满城自此消失。满城城墙的拆除是明初扩城以来西安城市格局的又一次大变化，这一变动使城区重新回复到明末一城八区的状态。东、西、南、北四条大街重新连通四座城门，钟楼居中绾系四条大街，其四个门洞与四座城门洞相望，甚而与四关城居中郭门相望无阻，城内各区的联系重又畅通。满蒙族的军事禁地已不复存在，汉、回族人口又逐渐进入东北隅居住生活。

2. 从皇城到新城

1931年，省政府重新迁回北院门，但西安绥靖公署却设在了新城，内设营房、办公厅、军需处、参议处等机构。此后新市区内一直设有省级或市级的行政机构，新城成为西安的行政中心。

尽管民国初年满城西、南两面城墙已被拆除，但原满城中基于秦王府内城而兴建的八旗校场四周城墙仍保留下来，并长期作为民国时期省、市行政机关的驻地，又有红城、新城等名称。从这一层面而言，民国时期的西安城仍然还具有重城的形态特征。

清末民初，秦府砖城故址往往被称为皇城，此系由王城讹变而来。上世纪30年代编印的《西京指南》载：“（新城）为明秦藩故城，清为满洲教场。民国初年辛亥之役毁于火。十年

① 刘安国：《陕西交通挈要》，上海，中华书局，民国十七年（1928年），第31页。

冯玉祥督陕，重建新城，恢复旧观。”冯玉祥1921年第一次督陕时，在秦王府旧址盖了一些平房。[①] 1926年于右任与冯玉祥一同从苏联回国，11月28日击退刘镇华军，解除了对西安长达八个月之久的围困。于右任以国民联军驻陕总司令的名义进驻西安，主持陕西军政。1927年1月9日，根据于右任的提议，联军总司令部开会决议将西安皇城改名为红城，以示革命。大概也是在这一时期，冯玉祥的部队拆下了红城墙外的包砖，修筑了新城黄楼（在新城北门里）等建筑物。[②] 但未过多久，随着政治形势的突变，红城又改名为新城。关于改名的缘由，据民国十六年（1927年）11月陕西省政府主席石敬亭起草、宋伯鲁书写刻石的《陕西新城记》中云："吾辈处维新之世，为革命之举"，所以取《大学》"苟日新，日日新，又日新"之意，"易所居红城曰新城"。在改换城名的同时，又将四门重新命名：西曰"前进"，东曰"奋斗"，南曰"努力"，北曰"自新"。[③] 而西安民众仍沿袭旧称，"皇城之名卒未改也"[④]。

民国间，新城一直作为省政府、西安绥靖公署等省市行政机关驻地，成为西安城的行政中心。

3. **城门的增辟及其影响**

随着满城西、南城墙的拆除，城区内豁然开朗，联系便利。民国时期，为便于城区与城郊的交通往来，以及在抗战期间为防空需要，又相继开通了多座城门。

① 单修治：《难忘新城》，《西安晚报》2004年6月15日第23版。

② 武复兴：《"新城"春秋》，载所著《汉唐长安风采》，陕西人民出版社1993年版。

③ 孙恒文：《秦王·秦王府·新城》，《三秦文史》1990年第3辑。

④ 王翰章：《一方记载明秦王府几次更名的碑石》，《说古道今》1994年第2期。

民国西安城（含关城）前后共设立24座城门，其中内城12座，四关12座[①]，其中大城区除原有四门外，又增加了中山门、玉祥门、中正门以及井上将门（即井勿幕，陕西辛亥革命的领导人之一），以适应城区发展和街巷建设的实际需要。

在各门之中，以小南门（即后来的井上将门）开辟最早。民国元年（1912年）满城被拆除，西安东城门得以恢复交通。为方便居民出入，开通了小南门。小南门位于永宁门西侧、四府街南口。因陕西辛亥革命元老井勿幕生前寓所位于该条街道，民国二十七年（1938年）以后正式取名勿幕街，小南门也因之改名勿幕门（亦称井上将门）。勿幕门向北经四府街、琉璃庙街与西大街相通，在民国时期的38年中，一直是沟通城西南隅这一居民最密集地段与郊区的唯一捷径，直到20世纪80年代初依然如此。

民国十五年（1926年），冯玉祥在将皇城改为红城后，年底又在红城正东面的大城墙上开辟了中山门。中山门位于长乐门（东城门）北侧1公里，俗称小东门，由两个并列券洞组成，北为东征门，南为凯旋门。此后直至20世纪50年代中期，由西安东去的汽车、马车，多由中山门出城斜向东北，经十里铺过浐河桥、灞桥东行。券洞至今也保存完好。

民国十七年（1928年），陕西省政府主席宋哲元下令在西城墙安定门（今西城门）北侧开辟了玉祥门，这是民国时期所开的第三处新城门。玉祥门南距唐安福门遗址约200米，只有一个能容两乘马车并行的券洞，上建瓦房3间供守城士兵居住。玉祥门开辟后，城内由城门到老关庙什字一段道路也被改名玉祥路。由于这一带长期地处偏僻，民宅不多，所以玉祥门

① 西安市档案局，西安市档案馆编：《西安解放档案史料》，陕西人民出版社1989年版，第6—7页。

自开辟后甚少使用。抗战时期，西安城人口骤增，城西北隅日渐繁荣，玉祥门也被正式打开，以适应城市交通发展需要，沟通城区与西北郊。但城外仍然是一片荒野，甚至成为处决人犯的刑场。因此，解放前的玉祥门一直被西安人视为不祥之地，“出玉祥门”成了一句犯忌的口头语。直到1959年拓宽修建莲湖路时玉祥门被拆除，扩大为一处约100米宽的豁口；玉祥路也成为莲湖路的西段，并延伸到城外环城西路什字。①

1934年冬，陇海铁路通车西安后，又在安远门（今北城门）东侧，尚仁路（今解放路）北口正对火车站的北城墙上开通了中正门（今解放门）。1936年《西京小游》载：“中正门在城之东北隅，为陇海路车站所在。”② 这是民国西安开通的第四处新城门，形制与玉祥门相仿。1952年扩建解放门火车站广场时城门被拆除。③

抗战爆发后，西安成为西北的军政要枢，迁移避乱的人口也大为增加，工业企业开办日多，为抗战提供了巨大的支援，因而也成为日军飞机的长期轰炸目标。自1937年11月13日日军飞机首次轰炸西安开始，到1944年止，日军对西安共进行了24次轰炸，市民的生命、财产等遭受巨大损失。据非官方不完全统计，日军对西安进行长达7年之久的轰炸中，共投弹3440枚，造成1244人死亡，伤1245人，毁坏房屋合计6783间，一次造成死伤百人以上的轰炸多达6次。仅在1939年5月24日西大街桥梓口防空洞洞口被炸塌的轰炸中，就有

① 郗琳：《西安的城门》，《说古道今》1996年第3期。
② 庄泽宣：《西京小游》，《新中华》1936年第4卷第24期。
③ 郗琳：《西安的城门》，《说古道今》1996年第3期。

千余平民被活活闷死。①

为便于市民在日军轰炸时迅速撤出城区，南、北两面城墙又增开防空门四座。防空门设置简易，亦没有正式命名。民国时期城门的增加与城市内部街巷的开辟以及抗战形势有紧密的对应关系，对日后道路网络的构建具有深远影响。

1947年署名孤鸿的作者在《长安访古》游记中就西安的城门写道："民国以后，又增辟三门，一在旧东门之北曰中山门，一在旧北门之东曰中正门，一在旧西门之北曰玉祥门，抗战以后，又在旧南门之西增辟一门曰南便门，现在共有八门，比从前增加了一倍。……长乐门三个字写得那么遒劲而秀美，底子是白石，字用绿色嵌着，镶在那建筑雄伟堪与北平城楼相媲美的城楼上，格外显得古雅。"② 这里提到的南便门实为井上将门。

二、陪都西京的设立与新市区建设

1. 陪都西京及西京筹备委员会的设立

1931年日军发动九·一八事变，悍然侵占了我国东北广大地区。1932年一·二八事变日军进攻上海后，南京国民政府被迫迁都洛阳。1932年3月5日，国民党第四届中央委员会第二次全体大会决定以西安作为陪都，改名为西京。同时设立西京筹备委员会，由张继任委员长，负责西京建设。陪都西京计划的出台，既与当时紧迫的政治军事形势有关，也有以西安为依托加速开发大西北的意图。1932年11月间，蒋介石等向国民党中央第47次常会提议，"长安改为行政院直辖之市，兼负建设陪都之专责。根据陪都计划，划定适当区域为市区，并由

① 吴飞：《西安大轰炸的集体记忆》，《西安晚报》2005年7月7日第11版。

② 孤鸿：《长安访古》，《旅行杂志》1947年第21卷第5号。

国库筹拨经费”。经中央政治会议第337次讨论，形成了如下相关决议：

（一）西京应设直隶于行政院之市。

（二）西京市之区域，东至灞桥，南至终南山，西至沣水，北至渭水。

（三）西京市之经费，暂由国库拨发，每月三万元。

（四）西京市设市长，其下先设测量处，办理全市地形测量事项；次设土地处，办理土地估价等事项；次设工程处，办理筑路、水利等事项。俟办理具有规模时，再将长安县并入。

（五）西京筹备委员会为设计机关，西京市为执行机关。

上述决议基本上明确了西京市的地位与性质、西京市政区范围和西京筹备委员会职能与工作任务。不过由于陪都西京的筹备工作并未像国民党中常会设想的“从本年三月起，以一年为期，筹备完毕”，而是一直处于筹备阶段，所以作为“执行机关”的西京市也就始终没有正式成立。西京筹备委员会在其存在的13个年头里，也一直担纲“设计机关”与“执行机关”的双重角色。

自1932年西京市成为全国大行政院辖市后，1933—1935年的行政院、内务部和陕西省政府的公文和行政区划表册均称西安为西京市。当时出版的《中国疆域沿革史》（1938年商务印书馆）、《中国行政区域志》（1947年内务部编印）和中学地理教科书，均将西京市列为全国六大行政院辖市之一。但是，西京市市政府始终未成立，市的设置未成现实。[①] 1940 年 11 月，重庆被定为陪都。1941 年 12 月底国民政府行政院训令撤销西京市建设委员会，西安城区为陕西省辖市。紧接着于 1942 年 1 月 1 日成立西安市政处，代行市政府，驻原西京建设委员会旧址（西大街公字 13 号，今陕西省文化厅招待所）。1944 年 6 月 30 日，国民政府行政院训令，改西安市政处为西安市政府。1945 年 4 月 24 日，陕西省政府接行政院令撤销西京筹备委员会。

1932 年 3 月至 1945 年 6 月，直隶于国民政府的西京筹备委员会前后存在了 13 年之久。在这期间，为了加快陪都西京的建设进程，西京筹备委员会又与陕西省政府、全国经济委员会西北办事处合组成立了西京市政建设委员会。西京市政建设委员会从 1934 年 8 月成立到 1942 年 1 月裁撤，前后存在了 7 年多时间。西京筹备委员会与西京市政建设委员会共同开展了一系列城市建设工作，并进行了城市规划的设计与论证。[②]

2．新市区开发

1928 年，“旧满城所有地”被划定为新市区，早先由陕西省民、财、建三厅及长安县政府、省公安局、西安市政工程处所合组的西安新市区土地整理委员会负责开发事宜[③]，后主要

① 葛慧：《“西京市”始末》，《说古道今》1996 年第 2 期。

② 吴宏岐：《抗战时期的西京筹备委员会及其对西安城市建设的贡献》，《中国历史地理论丛》2001 年第 4 辑。

③ 《西京筹备委员会工作报告（节录）》（中华民国二十二年七月至中华民国二十三年二月），西安市档案局，西安市档案馆编：《筹建西京陪都档案资料选辑》，西北大学出版社 1994 年版，第 171 页。该书以下均简称为《西京档案》。

由西京市政建设委员会工务科和总务科负责研究执行。[①]

三四十年代，西安市政府、西京市政建设委员会等在原满城八旗驻防地基础上，将新市区划分为30个平均约50亩大的街坊，标价拍卖空闲荒地。1934年8月，西京市政建设委员会成立。随即着手新市区土地估价与开发，制定了《西京市新市区公有土地处理办法》[②]，并在1934年12月间，相继完成了新市区土地估价规则、招标规则以及地价区等级图。[③]《西京市新市区公有土地处理办法》规定："西京市政建设委员会为适应新市区之发展，凡经新市区土地整理委员会整理后之公地，除保留三百亩作为公用土地外，其余编订字号，分段放领"；"依本办法处理之土地，由西京市政建设委员会与土地有关系之机关组织估价委员会估定各级地价，招标出售"；"依本办法所得之价悉充西京市政建设之基金，不得移作别用，得另组织西京市新市区公有土地收价保管委员会专管之"[④]。至于新市区土地估价规则和招标规则也另有详细之规定[⑤]。当时绘制的大比例尺新市区公有土地地价区等级图上，已划分各区用途，其中"着有红色者为商业区，黄色者为公用地，绿色者为

① 吴宏岐，严艳，阎希娟：《抗战时期西京市政建设委员会的城市建设工作与都市规划》，待刊稿。

② 《西京市政建设委员会第五次会议纪录（节录）》（中华民国二十三年十一月七日），《西京档案》第238—239页。原文"公"作"官"，疑误。

③ 《西京市政建设委员会第七次会议纪录（节录）》（中华民国二十三年十二月十九日），《西京档案》第239—240页。

④ 《西京市新市区公有土地处理办法》，《西京档案》第273—274页。

⑤ 《西京新市区公有土地估价规则》《西京新市区公有土地招标规则》，《西京档案》第376、377—378页。

住宅区”[1]，已是具有现代意义的城市区域土地利用规划图件。

1935年6月，鉴于“新市区二、三等地内深坑、涝池不一而足，有碍标卖”，西京市政建设委员会工务科会同市政工程处将“所有修路等工程余土，酌加运费，尽量移垫新市区深坑、涝池”，凡坑池深度距地面下二公尺半以上者，“利用垃圾移垫，惟垃圾上至少垫盖净土二公尺半”[2]，后来又多次强调新市区的土地平整工作，要求“将各路土基提先修筑，树立路牌，并利用余土运填就近深坑，以促进新市区繁荣”[3]。对于新市区以外的洼地，西京市政建设委员会则采取了不同的处理办法，如东大街菊花园一带地形低洼，流水不能外泄，就建议工务科会同市政工程“不填土”，而“用暗沟或掘深坑”的方法办理。[4]

从30年代初到40年代末，在新市区陆续开辟多条干道，它们排列纵横有序。从北新街到东城墙之间由西向东的街道依次称作尚平路、尚智路、尚德路、尚仁路（今解放路）、尚俭路、尚勤路、尚爱路；东西方向街道从火车站到中山大街（今东大街）由北向南依次为崇耻路（今东八路）、崇廉路（今东七路）、崇义路（今东、西六路）、崇礼路（今东五路）、崇信路（今东、西四路）、崇忠路（今东、西三路）、崇悌路（今东二路）和崇孝路（今东一路）。新市区内的交通骨架初步构建

① 《西京市政建设委员会第七次会议纪录（节录）》（中华民国二十三年十二月十九日），《西京档案》第239—240页。

② 《西京市政建设委员会第二十四次会议纪录（节录）》（中华民国二十四年六月十九日），《西京档案》第255—258页

③ 《西京市政建设委员会第三十五次会议纪录（节录）》（中华民国二十四年九月四日），《西京档案》第266—269页。

④ 《西京市政建设委员会第二十六次会议纪录（节录）》（中华民国二十四年七月三日），《西京档案》第258—261页。

完成。民国西安的导游书《西京快览》即介绍说："中山门内，今定为新市区，业地产者争购此处空地，备建新式市房。数年后，西南城之繁荣，行将移于东北角矣。"[①]《西京小游》亦载："东北一角，已辟为新市场区，住户本最疏，但将来必繁盛；近已广辟道路，地价高涨矣。"[②] 1930年，西安市政府设立了新市区管理处，负责新市区的建设和管理。市政府撤销后，隶属于陕西省建设厅。

三、陪都西京市区建设规划

1. 民间学者的规划方案

陪都西京开始筹建不久，1934年2月，民间学者季平在其《西京市区分划问题刍议》一文中，根据英、美、日等先进国家都市分划制度之法令实例，并结合自己对西安城市发展状况的"实地之考察"，提出了西京市区的选定首先应注意"交通之便利"、"给水之便利"、"排泄之便利"、"天灾之防避"和"有扩展之余地"五个要点，并提出了市区之分划更应注意的九项原则。在此基础上，他对西京市的城市功能分区提出了一整套设想：

关于商业、工业区，季平认为"如不假人力之节制，听其自由发展，即将来之商、工业中心，似以现在车站迤东铁道线南、北两方，最有可能"，但"现车站迤东地带，局促窄狭，既不足供整个市区之应用，复有人谓东北一带为西安最频风之上方，颇不适于工场之建筑"，所以"如舍此而另谋相当之地点"，"旧汉城一带，实最适于商场之建筑。汉城以西，自三桥

① 鲁涵之，张韶仙编：《西京快览》第4编《名胜古迹》，西京快览社，1936年。

② 庄泽宣：《西京小游》，《新中华》1936年第4卷第24期。

镇西进，夹于铁道线与渭河中间带地区，宜为工业之中心。”

关于文化、风景各区，季平认为“浐、灞两水之滨，柔丽轻倩，韦、杜二曲之际，深秀雄伟，在在足为园林游观之建置，高尚性格之陶冶。曲江、樊川之盛，既有前例，山水风物之美，无须他求矣。故城郊一带，高等教育机关之设置，幽居、别业之创建，自为适当地点。”关于行政区，季平认为“若夫一市总枢之市政府，在理应位于市中心地带而以应附之局所附丽之，以成其为小小之政治区域。然西京既曰陪都，将来有关政治建筑自不在少数。如须另寻适当场所，则西关迤西现崇仁寺一带，定为行政区域亦自堂皇。使将来铁道线南之商业区果须增辟者，此亦正为全市之中心焉”①。

上述季平的西京市区分划方案，是目前所见有关西安的最早的具有科学意义的城市规划设计方案。这个城市规划方案至少有三点值得肯定：一是借鉴国外先进的城市规划理论，首次将西京（西安）市划分为商业、工业区，文化、风景各区以及行政区；二是在具体的城市功能分区中，充分考虑了当地的交通条件、山川地形状况和气候特点；三是颇具前瞻性，首次提出了城市新旧分制的思路，摆脱了旧西安城区的束缚，将新市区规划在旧城区之西北、西部和南部，这也是季平方案最值得称道之处。因为中国近 50 多年的城市规划实践证明，“脱开旧城建新城”，对于历史悠久、文物遗存丰厚的城市而言，是最为理想的模式。② 当然这个城市规划方案也有其不足之处，主要是未充分考虑西安的历史文化名城特点，甚至于将未来的西京商业区规划在西安城西北的旧汉城遗址一带。正因如此，季

① 季平：《西京市区分划问题刍议》，《西京档案》第 74—88 页。

② 朱兆雄：《脱开旧城建新城——洛阳模式》，中国城市规划学会主编：《五十年回眸——新中国的城市规划》，商务印书馆 1999 年版。

平的西京市区分划方案后来基本上未被西京筹备委员会采用。

除季平之外，易俗社孙经天在1934年10月也发表了《西京市政建设计划之准则》一文，主要是从宏观上提出西京市政建设“不应西洋化”，而要“田园化”、“教育化”、“市民思想统治化”“人才专门化”①，但全文基本上未涉及西京分区规划，可操作性不强。

2．**西京筹备委员会的规划方案**

对陪都西京进行城市规划设计，是西京筹备委员会的基本任务之一。这一点，“筹会”在其成立之初所制定的《工作大纲》中已有明确的规定。《工作大纲》共列工作任务二十一条，其中之第八条即为“都市设计”。但当时的想法是先行测量，都市设计“俟测量完竣再办”②，加之比较专注于兴办道路、植树绿化等实务，所以西京筹备委员会正式的西京都市规划研制工作，一直到1937年3月才开始启动。召开了西京市区计划第一次会议，确定了陪都西京的分区方针。约五年后，即在1941年后半年推出了两套西京城市分区方案，这就是《西京规划》和《西京市分区计划说明》。现就1937年3月西京市区计划第一次会议的基本情况、《西京规划》和《西京市分区计划说明》分别提出的西京城市分区方案的基本内容分述如下。

（1）筹会与建会的西京分区计划

1937年3月24日，筹会与建会正式召开了西京市区计划第一次会议。会议以决议的形式，初步拟定了西京市区分区方针。即将“西京市区拟定为行政区、古迹文化区、工业区、商业区、农业实验区、风景区等六区”，“工业区与古迹区应先严

① 孙经天：《西京市政建设计划之准则（节录）》，《西京档案》第88—91页。

② 《西京筹备委员会工作大纲》，《西京档案》第153—154页。

定界线”，“所定各区土地为限制使用区，余地为自由使用区。其行政、工业、商业、农业、风景等五区凡有古迹者，均限制其他使用”①。这个规划方针虽然比较简略，未形成相关的分区草图和计划草案文字，但已明确提出要将未来的陪都西京市区划分为行政区、古迹文化区、工业区、商业区、农业实验区、风景区等六区的设想，并且对于古迹文化区给予了特别的关注，这对后来的城市规划正式方案的研制和提出具有一定的指导意义。

(2)《西京规划》

在 1937 年 3 月 24 日筹会与建会形成的西京市区计划第一次会议决议中，当时曾说明会后“先行拟绘分区草图，由建设委员会工务科绘制”，“关于本计划草案文字，由建设委员会总务科整理，报告第二次会议”，并且“定在下星期二（三月十日）上午九时召开第二次会议”。可是从目前所掌握的档案，讨论西京市区计划的第二次会议似乎并未如期召开。目前所能看到的第一套官方研制的西京分区计划，只在由建会牵头完成的名为《西京规划》的长篇报告书中有所反映。

在西安市档案局、西安市档案馆编《筹建西京陪都档案史料选辑》中，收录有建会与筹会有关专家共同编写的《西京规划》。《西京规划》共 4 万多字，全文共分四章，其中第一、二章分别为《西京沿革》和《市区观况》，系对西京历史政区沿革和当时自然地理与社会经济发展状况的调研资料汇编；第三章为《计划区域》，是对当时西京市行政区划分的拟案；第四章为《分区使用》，篇幅不长，但却是整个《西京规划》的重点所在，提出了一整套关于西京城市功能分区的方案。

关于《西京规划》的完成时间，原规划书中未明确注出，

① 《西京市区计划第一次会议纪录（节录）》，《西京档案》第 93 页。

但可以肯定是在1939年12月20日建会第132次会议召开后才开始由各专门委员分头撰写的。1942年1月，西京市政建设委员会奉令结束[①]，所以《西京规划》的完成时间不会晚于1942年1月。即《西京规划》当是在1939年12月至1942年1月间完成的。在《西京规划》中引用了陕西省会警察局民国三十年一月编制的“省会各区联保组织一览表”[②]，并多次提到“三十年四月间辟筑东、西自强路八条，南、北抗战路九条及建国路八条”、“卅年春辟筑抗战、建国、自强等路”等事[③]，可进一步推测《西京规划》大致是在1941年后半年完成的。

由建会所属专家龚洪源草拟的《西京规划》中的第四章《分区使用》，是官方提出的第一套比较系统的有关西京市区分区计划方案，这个方案虽然比民间学者季平在1934年2月提出的西京市分区方案晚了近8年时间，但却比后者更为完善。

龚洪源的西京市区分区方案，基本贯彻了1937年3月24日“西京市区计划第一次会议”所确定的城市功能区规划方针，将西京市划为行政区（龙首原古汉城东隅）、古迹文化区（省城西北、北、西、西南、东南之“历代古迹之所在”地）、工业区（西安车站路一带）、商业区（西安省城）、农业实验区（南郊神禾原、子午镇一带）、风景区（终南山）六区。国民政府五院各部会设在“行政区之中心地点”，市政府则“设在城内商业区中心地点”，而“各国公使馆暂不设立，俟将来国府奠定后，再行指定地点”。并绘制了相关的分区地图，图文并

① 《国民政府为办理西京市政委员会结束宜事给西京筹备委员会之训令》，《西京档案》第63页。

② 《西京档案》第126—127页。

③ 《西京档案》第130、147页。

茂，使人一目了然。

(3)《西京市分区计划说明》

在西安市档案局、西安市档案馆编《筹建西京陪都档案史料选辑》中，收录有一份《西京市分区计划说明》，作者及时间均不详。但就其分区内容而言，与《西京规划》中的第四章《分区使用》多有雷同之处，说明两者之间有相互借鉴，完成的时间也大致同时。《筹建西京陪都档案史料选辑》一书将《西京市分区计划说明》置于《西京规划》之前，似乎其完成时间要较后者为早。然而实际上的情况可能与此相反，因为《西京市区分区计划说明》中提到“本会曾于三十年春辟筑建国、抗战、自强等路二十余条，现在大华纱厂、华峰面粉厂等，均有伟大之建筑在焉”，所引用资料的时限并不比《西京规划》为早。另外，《西京规划》各章均以个人名义拟就，似是由当时西京“都市计划委员会”各专门委员合作完成的草案本，而《西京市分区计划说明》未署作者名，文中则屡见“本会”字样，表明是以西京筹备委员会名义发布的正式分区计划方案。从一般情理可以推知，《西京市分区计划说明》不仅晚出，而且是在《西京规划》第四章《分区使用》的基础上重新拟定出来的，正式公布的时间估计也在 1941 年后半年度或稍晚。[①]

西京筹备委员会是专门负责陪都设计的机关，制定西京分区自然是其本职工作，所以在由西京市政建设委员会牵头的西京“都市计划委员会”研制《西京规划》的同时，西京筹备委员会也颇欲有所作为。1941 年 1 月间筹会秘书主任龚贤明就

① 关于此西京市区分区规划方案的正式提出时间，西安市地方志编纂委员《西安市志》第 2 卷《城市基础设施》第 22 页（西安出版社 2000 年版）认为是在民国二十六年（1937 年），误。

曾给同仁们说："关于西京都市建设的设计，本人已经拟就大纲，正在整理之中。本会技术设计，为技术组主管工作，总要尽可能的设计周密。"① 这说明龚贤明对建会龚洪源草拟的西京分区方案一直比较关注。《西京市分区计划说明》估计当是龚贤明与筹会技术组有关成员合作完成并以筹会名义发布出来的。作为筹会实际负责人的龚贤明同时长期担任建会的执行委员，肯定参加过《西京规划》的讨论，对龚洪源草拟的西京分区方案的优点与不足当有比较全面的认识，所以才能提出更为周密合理的西京分区计划方案。

西京筹备委员会的《西京市分区计划说明》开篇即揭示自己的分区依据："查西京市区域南以终南为屏障，北有渭河之濒绕，西有沣滈之襟带，东有浐灞之雄抱，集崇山峻岭、高原平川于一地，而为历代首都者达一千七百余年，气象雄深，殆非其他都会所能及。本会爰就山河形势及名胜古迹之所在，划分为六区。"其所划分西京各功能区的数目与名称大致与《西京规划》，即亦是将整个西京市区分为文化古迹区、行政区、商业区、工业区、农业区和风景区这六个区并绘制有相应的分区图，但在整体规划安排上却有自己的独到之处，其具体的分区方案与论证如下：

（一）文化古迹区

在省城西北十余里之汉城，系惠帝所建，西魏、北周亦皆建都有于此，隋更建新都，此城遂废，惟城基尚在。再西有太液池、阿房宫、镐池、昆明池等；城北有唐代之含元殿，其南一里有丹凤门（即今之丹凤公园也）；城之

① 《龚贤明在"总理纪念周"上之讲词（节录）》，《西京档案》第15页。

东南八里有大雁塔、唐曲江池等，均系历代文化所在，是当妥为保存，以留古迹，并栽种树木，加以整理，以增厚游览兴趣。图中着红色者是为文化古迹区。

（二）行政区

西安城南凤栖原居高临下，距城十余里，面积六万一千余平方市亩，南连翠华，北近商业市区，东至蓝田，西① 达鄠县，交通公路三条，综错其间，于此建设各级官署最为适中。图中着有黄色者便是。

（三）商业区

西安城为历代首都，昔日周、秦、汉、唐昌隆之地，素称繁盛，为西北商业之中心，惟以交通不便，至成旧式京华。自陇海铁路通达西京后，东来商客云集，并经各主管机关在市内各马路及四郊，宽辟康衢，日见繁容（荣），并将城之东部扩充，以备商业发展之需要。如图着有蓝色者，是为商业区。

（四）工业区

自民国二十二年春陇海铁路通过西京后，各业逐渐发展，东来客商于此集中，市内日见繁盛，各工厂先后在四郊林立，对于市容及管理均感不便。本城北郊系车站所在，北郊荒僻，设立工厂，在运输堆卸方面均十分便利。本会曾于三十年春辟筑建国、抗战、自强等路二十余条，现在大华纱厂、华峰面粉厂等，均有伟大之建筑在焉。故车站之北郊定为工业区，如图所注② 淡黑色者是矣。

（五）农业区

西京南郊神禾原、子午镇一带，土地肥沃，平坦广

① “西”，原作“北”，误。

② “注”，疑为“着”字之误。

阔，素为产稻之区，且东临沣河，西濒大浴[①] 河，北滨潏河，南至终南山脚，灌溉便利，为天然耕种之区，因利乘便，于此设立农业实验区域最为适宜。如图着淡黄色便是。

（六）风景区

横亘于西京市之南者，曰终南山，系秦岭之一部，为市南之屏障。其山脉来自鄠县东南圭峰山，入境至蓝田县西南终止，占长安南界之全部，东西约长八十余里，其间清华、翠微、五台、翠华等山，连绵起伏，山清水秀，林木丛茂，多有建筑，风景绝佳，为历代名胜之区。图中着有绿色者，是为风景区。

如果与《西京规划》中的分区方案稍事比较就不难发现，《西京市分区计划说明》的分区计划，在依托本区“山河形势及名胜古迹”条件的同时，还充分考虑到了西京城市发展的现状与未来发展需求，设计周密，论证严谨，因而更具科学性和可操作性。除此之外，在具体的分区计划中，也有以下几点颇值称道：

一是将文化古迹区的划分放在整个分区规划首要位置，即将省城西北十余里之汉城及其以西的太液池、阿房宫、镐池、昆明池等，城北唐代之含元殿及其南一里的丹凤门（丹凤公园），城之东南八里大雁塔、唐曲江池等，均划为文化古迹区，“妥为保存，以留古迹，并栽种树木，加以整理，以增厚游览兴趣”。显示出本方案对西安历史文化名城特色以及这个城市旅游业发展前景的重视。

二是行政区的安排作了较大的调整，即在西安城南凤栖原

① “浴”，当为“峪”字之误。

规划为行政区，“建设各级官署”。前已述及，《西京规划》第四章《分区使用》的西京分区方案是将行政区设在省城之北龙首原古汉城东隅，以安排“国府五院各部会”，同时又将西京市政府安排在“城内商业区中心地点”，而“各国公使馆暂不设立，俟将来国府奠定后，再行指定地点”，省政府则未曾言及，这既有摊子铺得过大之嫌，又不够科学周密。而《西京市分区计划说明》在行政区的设置上作了相当大的调整，将行政区规划在西安城南凤栖原，吸收了民间学者季平抛开旧城另行规划行政区的思想。这个行政区规划方案继承了我国历史上的传统城市规划手法，充分利用山川地形特点以突出行政区的政治职能，并以行政区为中心进行城市平面布局，这样既比较完善地解决新旧城的矛盾，又使整个城市规划表现出宏伟壮观，气势磅礴。

三是利用西安旧城的已有商业基础布设商业区，并在预测自陇海铁路通达后，西安城的商业中心可能要向城东转移的趋势后，相应提出要在将西安旧城规划为商业区的同时，“并将城之东部扩充，以备商业发展之需要”。这比《西京规划》既将西安省城规划为商业区，又拟在旧城内安排西京市政府机关的设计方案，要更科学合理一些。

当然，《西京市分区计划说明》也有不足之处，主要是与《西京规划》一样，未充分规划西京市作为西北地区的最大的中心城市和未来的陪都所应发挥的文化教育功能，没有像季平方案那样，在整体城市分区规划中设计出专门的文化教育区。

总之，从整体上来看，西京筹备委员会的《西京市分区计划说明》所提出的西京城市分区规划方案，是目前所见抗战时期关于陪都西京的最为完善的都市规划方案，这个方案思路清晰，论证周密，设计宏伟，也颇有前瞻性，近几年来新制定的西安城市发展远景规划与其有诸多相似之处。[1] 可惜因不久国民党当局取消了西京陪都计划而未能付诸实施。由于认识上的不足和偏见，《西京市分区计划说明》所提出的城市规划方案在西安解放后也未引起城市规划部门的足够重视。

① 西安市城市规划局，西安市城市规划设计院编印：《西安市城市总体规划（1995—2010）》，1999 年 10 月。

第二章

文修武备：重镇时代西安城文教空间的发展变迁

文教区及其附属功能区是城市空间的组成部分之一，文教空间的发展变迁能够反映出城市在区域范围内文化教育地位的重要性。宋、元、明、清及至民国年间的西安城，文教机构类型不断扩展，不仅有传统的文科学校及其考试机构，也有专为武举而设的演武考场、培养军事人才的武备学堂、陆军学堂等，文教机构数量也随城市发展和人口增长而渐次增加，在西北地区的文教影响也逐渐扩大。西安城在作为西北军政重镇的同时，在文化教育方面也显现出“文修武备”的文教重镇风貌，汉唐都城时期积聚的深厚人文渊源和悠远文化传统在这一时期又重新焕发出新的光彩。限于宋元时期文献记载的匮乏，本章着重对明清民国时期文教空间的类型、数量、分布、格局、规模等加以论述，在追溯相关学校源流时也会简要论及宋元之际的发展过程。

第一节　明清西安城文教空间及其发展变迁

一、文教机构的基本类型

明清西安城文教机构依其职能的不同，大体可分为教学

（府学、县学、书院、社学）和考试（贡院、考院）两大类，此外城乡亦有若干文教附属设施。

1. **教学机构**

这一时期西安城内学校，基于教学内容侧重点的差异，可分为传统儒学教育和伊斯兰清真寺经堂教育。

（1）传统儒学学校

从学级高低、生徒多少、影响地域等方面考察，传统儒学学校又有书院、府学、县学、义学、社学等。

明清西安城内书院的开设多受到名儒的影响，而由官方为之创建。由于书院主事者多延请名士大儒住校主讲，因而往往吸引大量外地学生前往就学，在生源的地域性上远较府学、县学广。西安城内的书院不仅对西北各地的学子具有强烈吸引力，甚而成为东南、西南等省学子的就学选择之地。书院教学内容多为主讲教习本人推崇之学术流派和主张，师徒之间学术承继性较强。就本质而言，书院与府学、县学校的教学宗旨一致，即力求使学子高中功名为主，但学术思想较府、县儒学更为活跃。

西安府学和两县县学作为地方官府举办的学校，府学等级高于县学。学生来源仅限于本府和两县各自辖区，生源地空间范围狭小。加之明清两代西安府和咸宁、长安两县辖区均有不同程度的缩小，如明代西安府辖 31 县，至清代则仅辖 15 县，由此也直接影响到生源地的盈缩。官府举办的学舍、义学、社学等级又比县学低，在城乡多有分布，学生来源范围仅限于若干坊社和村落。

明代西安城宗室数量众多，在秦王府和郡王等宗室宅邸中一般均设有宗学，为宗室子弟读书之所。“凡宗室年十岁以上，入宗学，教授与纪善为之师；诸郡王府教授廨，在各郡王府内。”[①] 秦王府亦设有专管教学的官署“教授廨”。明代西安宗学规模不大，但数量较多，因此在教育体系中也占有重要地位。由于学生来源较为特殊，明朝灭亡后，西安城内宗室逃散，宗学也随之消失。

（2）清真寺经堂教育

在明嘉靖之前，回族教育由清真寺阿訇住持，以宗教内容为主。明嘉靖(1522—1566)年间，陕西咸阳渭城人胡登洲客居北京，学习伊斯兰教经典，后返回故里，倡导“经堂教育”。清真寺设学之风由此渐兴，拉开了我国伊斯兰经堂教育的序幕。

经堂教育的特点在于“经汉两通”，在宗教内容之外，也对坊中子弟进行伊斯兰文化和传统汉文化教育，如学习阿拉伯文等。此外，经堂教育注重学问的“精而专”，强调伊斯兰教先哲的思想理论研习，明代陕西的清真寺因而被誉为“念经人的教场”。至明末清初，经堂教育已遍及全国各省清真寺。[②] 辛亥革命前后，西安回族仍以经堂教育为主。[③] 以洒金桥清真寺为例，道光至光绪年间洒金桥清真寺内主讲刘老阿衡“悟彻性成，是主专为教授后学而生也。前我坊延聘三次，主讲十数余年。但见学不拒……不惟亲炙者咸被春风，即私淑者莫不均霑化雨”[④]。可见经堂教育对于穆斯林的重要意义。

（3）城郊附属功能区

封建时期的官办学校一般均有学田作为日常开支的经费来源，明清西安城内书院、府学、县学、义学等学校也在郊外有

① （清）龙文彬：《明会要·职官》，中华书局1956年版。
② 马士年：《西安地区的回族》，《西安文史资料》第11辑，1987年。
③ 哈雒岐：《陕西回族教育管述》，《莲湖文史资料》第8辑，1995年。
④ 清光绪三十二年（1906年）无名碑，存洒金桥清真寺。

数量不等的田地，以田租收入维持学校的发展。从这一层面而言，郊区学田可视为城市文教空间的附属区域。城区学校及其郊区田产是城乡紧密联系、供给与被供给关系的例证之一。明清西安城文教空间在郊区的延伸还表现在慈恩寺和荐福寺成为文武科举中试者的题名地。在陕西贡院三年一次的考试之后，考官、地方政府官员与文科、武举中榜者均要分别前往城南慈恩寺大雁塔、荐福寺小雁塔前刻碑题名，形成“文题大雁塔，武题小雁塔”的传统。城南慈恩寺和荐福寺在一定程度上又属于城市考试机构在郊区的附属功能区。

2. **考试机构**

对封建教育而言，学校只是学习过程的承载空间，这一过程的终结往往需要在考试场所中实现。考试机构是明清西安城中与教育设施同样重要的职能空间。

明清西安城所举办的文科考试由陕西贡院和咸长考院承担。陕西贡院为陕甘乡试考场，考生来自西北各地，时常多达五六千人，而中榜者仅五六十人。[①] 咸长考院为咸宁、长安两县县学考场，考生亦仅来源于两县。

由于“甘省有督无抚，有镇无提，乡会试附于陕西，并无专额”[②]，因而来西安参加考试的西北考生不仅人数众多，而且地域来源极为广泛。以道光二年（1822 年）路德撰《道光壬午科陕甘乡试题名碑记》中所列的考生籍贯为例，在包括陕南、陕北和关中各县之外，还有来自今甘肃境内的兰州府、巩昌府、张掖县、武威县、陇西县、凉州府、狄道州等以及今宁夏境内的宁夏府、中卫县等地的考生，这尚且仅是少数考中者

① （清）路德：《道光壬午科陕甘乡试题名碑记》，陈景富主编：《大慈恩寺志》，三秦出版社 2000 年版，第 358 页。

② 佚名：《兰州风土记》，《小方壶斋舆地丛钞》第六帙。

的来源地。从考生地域来源之广可知西安城作为西北文教中心的地位在明清两代始终未曾动摇。从留存下来的大量题名碑中，亦有来自甘肃、宁夏、青海等地众多县份的考生，其中甚至还有远从迪化镇（今新疆乌鲁木齐）来者。就西安城的考试职能来说，为当之无愧的西北文教重镇。

明清西安的武举乡试考场设在城西北角的习武园，即西教场。民国《咸宁长安两县续志》即载“习武园即演武场，巡抚循例大阅之所，历科武闱乡试校士在此。科举停，遂专为校阅地”。此外，清代满城内的铁旗杆庙则在考试之际充为八旗西安将军考选满汉翻译人才的考场。

二、文教机构的空间分布

按照学校类型和教学内容的不同，明清西安城文教机构的发展可分为“旧学”与“新学”两个阶段。旧学阶段即明代与清代前、中期传统儒家教育和清真寺经学教育繁荣发展的时期，新学阶段为清末实行新政后到民国初年，西安城内兴建起大量新型学校。新学无论从课程设置、教学方法，或是学校内部格局、建筑物样式等都与旧学迥然不同。清后期西安城内学校分布渐趋均衡，学生人数大为增加。旧学与新学既有“量”上的差异，也有“质”的区别。旧学注重应试，而新学讲求应用。清末西安兴建的众多高等专业学校更进一步加强了西安作为西北文教重镇的地位。

1. 书院与府学、县学

(1) 书院

正学书院始建于元，其学术渊源可上溯到北宋的关中理学。关中理学大师张载（号横渠）曾在永兴军府城讲学，倡导正学，以礼为教，主张“学贵于有用”，注重实际，不尚空谈。这成为当时“关学”区别与其他学派的鲜明特点。蓝田三吕

（大忠、大防、大钧）为张载之辅，关学彰显一时。正学书院的始建与元代名儒许衡（号鲁斋）曾在西安城内讲学有密切关系。明人李东阳《重建正学书院记》载云："正学书院为道学而作也，院在陕之西安，盖宋横渠张子倡道之地，门人吕大钧辈皆得其法。元鲁斋许公来主学事，亦多造就。后省臣建议为书院，合祀横渠、鲁斋及其乡贤杨元甫，而聚徒讲学其间，朝廷赐以经籍，给之学田。"①

正学书院在许衡辞世（1282 年）之后开办，由元朝廷赐给经籍、学田，规模较大。至元末书院废毁，这种状况一直持续到明代前期，"入国朝百余年，遗址为兵民所据，"惟"坊名尚存"②。明成化年间，陕西提学副使戴珊、娄谦"欲复弗果"。弘治九年（1496 年）提学副使杨一清再次倡建，巡抚都御使张敷华、巡按御使李翰考虑到正学书院原址多居兵民，"业久不可夺"，遂命参政汪奎、副使马龙"督府卫别度吉壤"，以风水卜地之法"得诸城之正申，为秦府隙地，秦王闻而捐之"③。秦王府位于城东北隅，内有砖城，外有萧墙，两重城墙之间又有一宽阔护城河，为一封闭区域，正学书院当然不会兴建于秦府之中。实则据秦简王朱诚泳记此事云："（兵民）恒业卒难动迁，度省城隙地一区，弘敞明丽，可建书院"，这一基址原为保安郡王府一镇国将军的产业，由秦简王与之交换而来。秦简王"以兹事为斯文盛举，遂命长使司拨以给之地"④。可见"秦府隙地"实是秦王府城外的一处地产，秦简王朱诚泳喜好诗赋，文采斐然，在"明代亲藩中以文学著名者要，必以

① 万历《陕西通志》卷三二《艺文》。
② 万历《陕西通志》卷三二《艺文》。
③ 万历《陕西通志》卷三二《艺文》。
④ （明）朱诚泳：《小鸣稿》卷九。

诚泳为称首焉”[①]。且“好士礼贤”[②]，有此捐地兴教之举实在情理之中。此次选定的正学书院基址位于今正学街。[③]

弘治十年（1497 年），左布政使汪进、巡按御史张巘等人“议以克合”[④]，开始重建正学书院，“遂檄所司鸠工聚材，诹日将事命西安府经历许谨、西安府前卫知事朱范董其役，而杨公暨、严君则往来督察之。”可见官府对这座当时西安城内唯一的书院的重建相当重视。与此同时，“镇守太监建宁刘公琅、都督同知金台陈公瑛以祠前地不展，谋诸御史张公图市民居为开拓计”，筹划“贸地为南门”[⑤]，以扩展书院南门及其前空地，时逢“永寿王府奉国将军诚滕以所居敝陋，方欲他徙，而患莫售，遂命侍人以其情通有司，请于上官出重价市之”，从而使南门的扩展成为可能。又“易地以益之，而其域始广”，“以弘治戊午夏四月落成，距经始之总七阅月耳”[⑥]。正学书院自弘治九年（1496 年）杨一清倡建，弘治十年（1497 年）九月兴工起建，至次年（1498 年）四月落成。[⑦] 在官府的支持和筹划下，正学书院才得以有此兴复之役，且与祭祀先贤的正学祠及主管学政的提学分司并列一处。这一时期是正学书院发展的黄金时期。此后则由于西安城内文教中心向东南移徙而渐显颓势，尤其是关中书院兴起后这一颓势就更为明显。弘治年间，提学王云凤又于正学书院建藏书楼，广收书籍，以资诸生

---

① 《四库全书》1260—169，集部六，别集类五《小鸣稿·提要》

② 《四库全书》1260—169，集部六，别集类五《小鸣稿·提要》引朱彝尊《诗话》。

③ 乾隆《西安府志》卷一九《学校志》。

④ （明）朱诚泳：《小鸣稿》卷九。

⑤ （明）朱诚泳：《小鸣稿》卷九。

⑥ （明）朱诚泳：《小鸣稿》卷九。

⑦ （明）朱诚泳：《小鸣稿》卷九。

诵览。

清康熙初年，陕西巡抚贾汉复为振兴陕西教育，重修明末以来毁败的正学书院。康熙六十一年（1722 年）因南院衙署扩建，以正学书院与其相近而占用其基址，遂把已显衰颓之势的正学书院并入蒸蒸日上的关中书院，这一兼并措施是清代集中建设书院门一带文教区的步骤之一。

关中书院是明清两代在全国范围内都享有盛名的书院，在西安诸书院、学校中影响最大，历时最久，院址也最为稳定，一直位于今书院门西安师范学校基址。

关中书院作为明代中后期西部最为著名的书院之一[①]，因名儒冯从吾在此主讲而声名远播。冯从吾为陕西长安人，曾官至工部尚书，后遭排挤，回到家乡后“绝径杜门，研精耽道”，专心学问。明万历三十六年（1608 年）起，开坛设教于西安城内宝庆寺，“一时缙绅学士执经问难，即农、工、商、贾亦环视窃听，宝庆寺至不能容”。因前来就学者不断增加，“几千余人”，而宝庆寺地方狭小，仅“可暂借而难垂久远”[②]，万历三十七年（1609 年）得布政使汪可受按察使李天麟，参政杜应占、闵洪学，副使陈宁、段猷显等大力支持[③]，就宝庆寺及其以东小悉园址创建关中书院。

关中书院不但规模宏大，环境幽静，而且能吸引延聘到当时的名士前往讲学，甘、川、豫、鄂等邻省负笈前来就学之士

---

① （清）孙承泽：《书院考跋》，《畿辅通志》卷一一二。

② 民国《续修陕西通志稿》卷三六《学校一》引冯从吾《关中书院记》。

③ 民国《续修陕西通志稿》卷三六《学校一》。

络绎不绝，“环而听者，常过千人，坛台之盛，旷绝千古”[①]。然而，这一教坛盛况在明代未能持续多久，即遭逢“天启五年八月壬午诏毁天下书院”[②] 之厄运，“东林、关中、江右、徽州各书院俱行拆毁”[③]。关中书院在明天启五年（1625 年）之后，名存实亡。这充分说明了书院易受政治因素影响的脆弱性。康熙三年（1664 年）关中书院在陕西巡抚贾汉复的倡建下得以恢复，同时又是督学使署所在地。至康熙六十一年（1722 年）督学使署移驻三原，且由于南院总督衙门扩建占用正学书院基址，正学书院旋被并入关中书院，二院合一，院事复又渐次振兴。[④] 雍正十一年（1733 年）关中书院得清廷赐帑银一千两以增师生膏火。[⑤] 乾隆二十一年（1756 年）得御赐“秦川浴德”匾额，关中书院之声势较前更为高涨。

乾隆三十六年（1771 年）毕沅任陕西巡抚伊始，“即念移风易俗，教化为先因，重事修建”[⑥]。延请江宁进士戴祖启讲学其间，又于通省生徒中选择潜心向学者入内，“旬有试，日有课。不数载，关中乡会中式、膺馆选者大半皆书院之士，一时称盛事。”[⑦] 为关中教育事业贡献颇巨。此后，“越嘉道，历事增修，咸同军兴，教育停顿”[⑧]。咸丰、同治年间关中的战乱使关中书院的发展受到很大影响。光绪年间书院时有修葺，

① 向德主编：《西安文物揽胜》（续编），陕西科学技术出版社 1997 年版，第 178 页。

② （清）龙文彬：《明会要》卷二六《学校下》，中华书局 1956 年版。

③ （清）龙文彬：《明会要》卷二六《学校下》，中华书局 1956 年版。

④ 乾隆《西安府志》卷一九《学校志》。

⑤ 民国《续修陕西通志稿》卷三六《学校志》。

⑥ 乾隆《西安府志》卷一九《学校志》。

⑦ 乾隆《西安府志》卷一九《学校志》。

⑧ 民国《续修陕西通志稿》卷三六《学校志》。

光绪三十二年（1906 年）陕西巡抚恩寿、藩司樊增祥改关中书院为两级师范（设有优级选科和初级完全科），是为陕西创办师范学校之始；民国元年（1912 年），易名为陕西第一师范学校，房屋总计 370 余间，总面积约 130.39 亩。[①]从正学、关中两大书院的发展变迁来看，由官府倡建、名儒主办的书院常因各种主客观因素尤其是政令的影响，易造成书院发展的跌宕起伏。

鲁斋书院创建于元延祐二年（1315 年）。在御史赵世延倡议下，邑人王庭瑞应议拆住宅而建书院。建筑包括夫子燕居殿、讲堂，格物、致知、正心、诚意四斋。书院内祀著名学者许衡。“以志先生之志，学先生之学。”以成开物成务之材，勉励诸生，事闻，赐名鲁斋书院，谕陕西省给田、命官、设禁。清嘉庆八年（1803 年）并入养正书院。邑人王纯敬捐资于原学舍立义学一所。光绪三年（1877 年），复建书院，建正殿三楹，文昌庙一座，因经费不足而止。光绪七年（1881 年），盐法道黄翔东捐资续建而成。延贺瑞麟主讲，阐扬关学，听讲者百余人。[②]

养正书院约建于乾隆、嘉庆时期，道光（1821—1850）时易名崇化书院，位于西安府城卧龙寺巷。光绪十七年（1891 年），西安知府责成咸宁、长安两县县令焦云龙、胡升猷监督将崇化书院移建于东厅门考院旁[③]，约今东厅门路北西安高级

① 向德主编：《西安文物揽胜》（续编），陕西科学技术出版社 1997 年版，第 178 页。

② 陕西省教育厅编：《陕西教育志资料选编》（下），陕西人民出版社 1988 年版，第 137 页。

③ 陕西省教育委员会编：《陕西教育志资料续编》引《西安高级中学校史篇》，三秦出版社，第 470 页。

中学东侧。光绪二十四年（1898 年），崇化书院与其西侧的咸长考院，改办为游艺学塾。

少墟书院在西门外，本青门学舍旧址，光绪十六年（1890 年）巡抚陶模奏请重修冯从吾专祠，并设少墟书院。[①]

（2）西安府学与咸宁、长安县学

明清西安府学、咸宁县学、长安县学是科举教育的主要场所，在来自官方的一贯重视和支持下，学校得以稳定发展。明清西安府学仍承宋元府学旧址[②]，历两代未有更易，在今碑林西侧。咸宁、长安二县学的移徙则是明代西安城内学校分布与变迁中的一件大事，可视为明清历任官府集中建设书院门一带文教区之始。

明成化九年（1473 年）以前，咸宁、长安二县学并没有分列西安府学东西两侧，而是相去甚远，其位置据《古今图书集成·职方典·西安府学校考》载云："长安县儒学，旧在县治西，即今分守道署。"清代分守关内道署在"布政司西"[③]，可知长安县学原本约在今西大街北侧中段（今城隍庙西侧）。另据万历《陕西通志》载："长安县儒学，旧在县治西，成化九年巡抚马文升议徙府学西。""咸宁县儒学，旧在县治西，成化七年提学副使伍福奏徙府学东。"[④] 可知咸宁县学旧址当在今菊花园东侧一带。

此次移徙二县学于府学两侧之缘由，据明代大学士商辂

① 民国《续修陕西通志稿》卷三七《学校志》。

② 《古今图书集成·职方典》卷五〇〇《西安府部汇考十·西安府学校考》。

③ 《古今图书集成·职方典》卷四九九《西安府部汇考九·西安府公署考》。

④ 万历《陕西通志》卷一五《学校》。

《重修西安府学文庙记》载："先是君以附郭长安、咸宁二学僻从县治，去（文）庙甚远，师生朔望艰于行礼。乃命所司徙长安学于庙之东，咸宁学于庙之北，而府学旧在庙西，是庙岿然居中。"[①] 即为了便于两县县学师生就近在府学文庙参拜孔子，才有移徙之役。实则这只是原因之一，同时也是出于集中建设文庙附近文教区的目的。明人周宇《修学记》即盛赞这种三学一庙比邻布局之妙，"吾西安居省会，郡一邑二故学三，而庙一。庙当城南门之东，宅巽离中，郡学掖而右，咸宁邑治在东，故学亦东，长安邑治西，学亦在西"。"一庙三学，翼比朋翔，乔木联荫，清泮通流，宏规壮观，盖凡为学宫者，或鲜其俪。"[②] 三学汇聚一处，便于学子之间互相问学交流，因此学风得以昌盛，其南侧之街亦以三学所在得名三学街，至今仍沿用其名。

文庙在明清时期均是作为西安府学的一个重要组成部分，因为时人认为"孔子万世师，凡建学育才，必严庙祀，所以感人心，敦化本，诚治道所当先者"[③]。因而文庙的修治亦可视为府学的修治。据载，从明正统年开始，到清乾六年先后对府学、文庙修建22次之多。

(3) 义学和社学

义学的设立是府学、县学、书院教育的重要补充，也是官立学校的重要组成部分。除两县政府设立义学和社学之外，西安城中八旗和绿营军队也设营立义学，教授营伍子弟和地方贫困学生。据有关资料，明清西安城内义学共有20所。

① 万历《陕西通志》卷一五《学校》。

② 康熙《咸宁县志》卷八《艺文》。

③ 民国《续修陕西通志稿》卷一六三《金石二十九·重修西安府学文庙记》。

义学在城区的分布以西北、东南隅最多，反映了明清西安城西北穆斯林文教区和东南传统儒学文教区相互呼应的状况。其他四关城义学的分布虽然数量较少，但是相对均衡，便于城区各处学童就学。

（4）宗学

明代西安作为秦王府城所在地，同时又有8所主要的郡王府，此外，尚有大量的镇国将军、辅国将军等各个等级的宗室分支，人口众多，府宅广布于城内，以至明代西安城堪称“宗室之城”。秦王和各郡王府邸中都设有宗学，作为子弟读书之处。秦王府城内并设有专门的教授廨。在秦简王朱诚泳的文集当中，“书堂”一词的出现频率极高，可能就是宗学教学场所的读书地之一。明代西安城内的宗学与王府的分布一致，即东北3所，东南3所，西南3所，西北城区还分布有较多镇国、辅国将军府邸，当亦有宗学之设。

（5）经学

经堂教育集中在城西北隅回族聚居区内。作为清真寺内部格局的一个组成部分，经学学舍设立于各清真寺内，因此经学学校与明清两代清真寺的分布略相一致，即都集中在城市西北部，以化觉巷清真寺和大学习巷清真寺为最重要。各寺中经堂已成为建筑中不可或缺的一部分，“建修礼拜寺大殿、南北厅、头门、贰门、沐浴所、学社、师徒住房共叁拾贰间”[①]。大学习巷清真寺中亦有“寺内省心阁、大门、两庑、南北学舍、牌楼及寺外照壁”[②]。回族学生也有参加县学学习者，在小皮院清真寺所存的万历四十二年（1614年）马之骐撰《重修真教

① 明永乐九年（1411年）《大皮院清真寺始建石碑图》拓片，存该寺。

② （清）乌日章：《重修长安县新兴坊清真寺内省心阁等处碑记》（光绪十六年，1890年）。

寺记》中就有咸宁、长安两县县学回族庠生十人的名字，可见经堂教育与府县儒学教育相互补充。

清同治、光绪年间，左宗棠“又令提款给回民设立义塾，则令儿童读书”[①]。清末“自义塾开办以后，而家塾相继并起，颇极一时之盛。嗣后教育改变方针，而新式学校接踵成立，今已有学校十余处，或官立，或私立，多附设于清真寺内”。洒金桥街清真西寺内经学学堂于“光绪三十二年改为回教国民小学校，教育儿童，历有年所”[②]，对回族启蒙教育发挥了重要作用。

（6）满城内学堂

清代西安满城内设有官学（或称义学、学堂、学房）和私学，官学较私学出现早。据《续修陕西省通志稿》载，西安文、武旗学自嘉庆年间已设立。满城内八旗每旗设5佐领，共40佐领。每个佐领属下都设有官学房（堂），由此西安满城内共有官学40个，每学堂学生约20至30人不等。比较而言，满城内学堂数量要较其他城区为多，也因与八旗驻防营地等相联系而更显均衡。八旗学堂所学科目包括武艺、满文和汉文。私学则由私人创办，至清末满城已设有30多处私学堂，多为满汉合办。师生中既有满族、蒙古族，亦有汉族。学生学成考试合格，可担任满汉翻译或“笔帖式”。至光绪年间，满城内也兴建了几所新型官立高等小学校和八旗小学，约有70多名

① 马光启遗著，冯增烈校正：《陕西回教概况》。马长寿等：《同治年间陕西回民起义历史调查记录·西安市长安县调查记录》附《陕西文史资料》第26辑，1988年。

② 马光启遗著，冯增烈校正：《陕西回教概况》。马长寿等：《同治年间陕西回民起义历史调查记录·西安市长安县调查记录》附《陕西文史资料》第26辑，1988年。

学生。[①]

2．考试机构的分布变迁

明清西安城内的府、县儒学及各书院为三秦教育作出了重要贡献，陕西贡院作为考试之所，其性质虽与学校及书院不同，但“隐系一省文风之盛衰”，亦受到地方政府的高度重视。建筑规模日益扩大，规划设计思想亦融入风水观念，在明清西安城内众多大型建筑物（群）中以其号舍众多，占地之广独领风骚。

陕西贡院系“明景泰间左布政使许资奏建”[②]，位于西门内北侧今儿童公园址，一改元代奉元路城贡院（原与西安府学在一处）位于城东南隅的布局，而是设在与南、北院门官署区较近的西门内。一方面，西门内北侧居民不稠，可适时扩大贡院基址，以适应考生日益增多的趋势。另一方面，这一区域西临城墙，相对僻静，宜于做好考试时的保密、防范工作。

光绪三十一年八月四日（1905 年 9 月 2 日），清政府下令自丙午（1906 年）科开始废止所有科举考试。自此贡院失去了存在的价值，终成历史的陈迹。当今的贡院街即是因正对贡院南大门而得名；东、西举院巷以位于贡院东、西两侧而得名；早慈巷拓于明景泰元年（1450 年），因紧邻贡院考试之区，为防止越墙舞弊，在墙头插满枣刺，日久得名枣刺巷，1917 年雅化为早慈巷。[③] 从这些留存下来的地名依稀可见当年

① 《陕西省西安市满族社会历史调查报告》，《满族社会历史调查》，辽宁人民出版社 1985 年版，第 142—143 页。

② 《古今图书集成·职方典》卷五〇〇《西安府部汇考十·西安府学校考》。

③ 西安市地名委员会，西安市民政局编：《陕西省西安市地名志》（内部资料），1986 年。

贡院的宏大规模。1900 年“庚子之变”时，慈禧太后和光绪帝避难西安，随行政府机构众多。贡院以其占地广大、房宇众多而成为朝廷六部办公之地。当年游历西安的伍权萃在《北游日记》中载“六部堂官至者多住贡院，遂以贡院为六部公所”[①]。

咸长考院为咸宁、长安两县学子的考试机构，位于今卧龙寺巷北，规模、等级均逊于陕西贡院。

在文科考试场所之外，西安城内的习武园则专用于明清武举乡试。习武园在城西北角，占地面积广大。曾长期作为明清西安城校阅军队的教场，亦在乡试之期充当武生童骑马射箭的试场。

清代满城作为相对独立的军事区，八旗人才的教育和选拔与府学、县学等有所不同。其拣选人才的试场位于满城内大铁旗杆庙，平日作为拜祭场所，考试之期则充试场之用。考试由西安将军主持，挑选精通满文汉语的翻译人才。[②]

3．乡试会馆的选址、创建及其管理

西安府属各县出于为本地考生提供食宿的目的，纷纷在西安城中兴建乡试会馆，借以为本地人才辈出、“科第蝉联”、“腾踏直上”[③] 提供最大支持。咸阳会馆就是由清嘉庆时“家

① （清）唐晏纂，刘承干校：《庚子西行记事》，《中国野史集成》编委会，四川大学图书馆编《中国野史集成》，第 47 册，巴蜀书社 1993 年版。

② 朱仰超：《西安满族》，《西安文史资料》第 18 辑，1992 年，第 169—182 页。

③ （民国）张道芷等修，曹骥观等纂：《续修醴泉县志稿》卷四《建置志》，民国二十四年（1935 年）铅印本。

赀百万”的富商李星斋捐建，“为乡试诸生侨寓地”[1]。醴泉（今礼泉）会馆是在光绪年间由“邑人罗、陈二绅捐址，醵资创修”[2]。乡试会馆的选址均以邻近贡院、交通便利为原则，因而陕西贡院周边地区分布有众多乡试会馆。渭南乡试会馆与贡院最近，“中置便门以与试院为邻。临试启之，以便出入”[3]。

乡试会馆的兴建均由本县乡绅大贾捐资、购地创置，因而其修缮具有较强的世袭性，往往由创建者的后人继修，也有本地乡绅捐资重修的。如泾阳乡试会馆在同治四年（1865 年）为泾阳人候补道吴蔚文创置之后，光绪十一年（1885 年）由其孙吴念昔重修。三原会馆也是如此，由“李廷佐、贺旼士、余从善同建，而廷佐累世又时补修云”[4]。

乡试会馆即为本地人士捐资创建，其日常管理、资金支出和修缮往往也就成为家族事务。以咸阳会馆为典型，“每逢试期，馆内灯、席、茶水及随时修补各费，皆李氏接辈予备，客至如归，便孰甚焉。咸同以后，李氏迭经兵燹，家忽中落，此事几虑不继。至光绪时，幸有星斋公玄孙茹周出而经手，其供给亦如前，而管理尤较周密，邑人士每津津乐道之”[5]。但至

① （民国）刘安国修，吴廷锡，冯光裕纂：《重修咸阳县志》卷二《建置志·教育》，咸阳市秦都区城乡建设环保局编印，1986 年。

② （民国）张道芷等修，曹骥观等纂：《续修醴泉县志稿》卷四《建置志》，民国二十四年（1935 年）铅印本。

③ （清）曹季凤：《创建渭南乡试新馆记》，碑存化觉巷清真寺。

④ （清）焦云龙修，贺瑞麟纂：《三原县新志》卷二《建置志》，清光绪六年（1880 年）刊本。

⑤ （民国）刘安国修，吴廷锡，冯光裕纂：《重修咸阳县志》卷二《建置志·教育》引民国元年（1912 年）《重修碑记》，咸阳市秦都区城乡建设环保局编印，1986 年。

清末民初，由于科举考试的废除，乡试会馆多由本地士绅或旅省同乡会收归管理，咸阳和醴泉会馆均如此。醴泉会馆于民国二十二年（1933年）“交由醴泉旅省同乡会保管”[①]。

作为重要的文教附属设施，乡试会馆与学校、书院之间的联系也相当紧密，如醴泉乡试会馆就曾“让售于嵏南书院名下”。

4. 城郊文教附属区

（1）慈恩寺和荐福寺

“雁塔题名”起自于唐代，五代、宋、元一度沉寂，至明清之际，“雁塔题名”相沿不绝。与唐代长安进士题名不同，明清时期的题名者为乡试中榜者。题名形式也有了很大变化，不再在塔内题名，而将题名刻石树碑，罗立于塔下。所谓“名题雁塔，天地间第一流人第一等事也”[②]，对举子来说具有无上的荣光。“今关中士子每秋闱放榜后，镌名塔下，列同年姓名以垂永久，犹唐人遗意也。”[③]“雁塔题名”作为西安城科举考试所特有的惯例，也使慈恩寺和荐福寺作为文教附属区的地位更加突出。经长期演变，逐渐形成“文题大雁塔，武题小雁塔”的传统。[④]清代碑刻记载荐福寺“面对终南，北倚长安。历唐迄今千余禩，为关中名览胜地。武科乡试题名于此，骚人逸客往往浏览寄寓焉”[⑤]。慈恩寺内至今留存明清乡试举人题名碑73通，其中明代30通，清代43通。荐福寺小雁塔院内

① （民国）张道芷等修、曹骥观等纂：《续修醴泉县志稿》卷四《建置志》，民国二十四年（1935年）铅印本。

② （明）喻茂坚：《嘉靖十九年陕西乡试题名碑记》，陈景富主编：《大慈恩寺志》，三秦出版社2000年版，第281页。

③ （清）顾皋：《嘉庆丙子科陕西题名碑记》，陈景富主编：《大慈恩寺志》，三秦出版社2000年版，第356页。

④ 陈景富主编：《大慈恩寺志》，三秦出版社2000年版，第250页。

⑤ 清雍正十二年（1734年）赵酉撰：《荐福寺来原》，存荐福寺。

至今保存有明清武举题名碑共17通。

(2) 郊区学田

郊区学田为城内学校发展提供长期而稳定的经济来源[①]，元代碑刻就曾指出学田与学校之间的关系，“崇学习所以育人才，锡土田所以裨教养”。而西安城内的学校田租收入又往往较其他府县更高，“奉元，陕西之名郡县，行省行台之所临莅，其田土租入视他郡颇多”[②]。明清西安府县学、书院等均在郊区有所属学田，其田租收入作为学校日常维持开支之用。[③] 如明代关中书院就有官员“为书院置公田”，有了雄厚的经济基础，学校也就能延聘到有声望的名师，吸纳更多的学生，从而促进文教的发展。[④]

5. **清代后期新兴学校的特征与分布**

基于“以中学为体，以西学为用，必明体乃有益于身心，必达用乃有裨于家国”[⑤] 的教育目的，自光绪二十九年（1903年）清政府颁布《奏定学堂章程》（即“癸卯学制”）新政始，各地新型学校纷纷兴建，而西安在全国各城市中走在了前列。这一时期的学校多借助原有文教机构基址，进行改建和扩建。“自科举废而学校兴，本省学堂亦渐发达。”[⑥] 新型学校的出现

① 明洪武十五年（1382年）王廉撰：《大明西安赡学田颂》，存西安碑林。

② 元至正六年（1346年）贾仁撰：《赡学田记》，存西安碑林。

③ 乾隆九年（1744年）杨毓芳撰：《长安学义田记》，存西安碑林。

④ （明）冯从吾撰：《关中书院记》，道光十二年（1832年）《关中两朝文钞》卷十三，守朴堂藏版。

⑤ 《谕折汇存》，光绪壬寅四月二十四日（1902年5月31日），《陕西巡抚升允奏章·陕西大学堂章程》第一条。

⑥ （清）臧励龢编：《陕西乡土地理教科书》（初等小学堂第一学年用）第16课《教育一》，陕西学务公所图书馆，光绪三十四年（1908年）。

和发展为城市面貌和景观的改善带来了新的活力，西安城内新型学校若雨后春笋，纷纷兴建起来，在城区的分布更加强了文教机构均衡化的趋势，使西安城作为西北文教重镇的地位更为巩固，这一影响直至今日。

（1）新兴学校的基本特征

清代后期，西安城学校类型、层级较前更为齐备，在师范和普通教育方面，“养成中小学教员者有师范学堂，授普通之知识学问者有西安府中学堂及高等小学堂，谋国民教育普及者有初等小学堂”①。在培养专业人才方面，“教养官吏预备行政之任使者有法政学堂，教养警察保卫地方之治安者有警察学堂，实业界又将有工业、商业各学堂之设”②。

学生来源地也较以前的府学、县学更广。西安中学堂、中等实业学堂等“虽由西安府设立，其收考学生不限于西安一府”，原因在于“斯郡为首善之区，宦籍、客籍侨人甚多，变法兴学，首贵普及，非若前此考试时代之严分畛域，禁止冒籍焉”。“首贵普及”的办学理念有利于宦籍、客籍学生在西安城中的就学，确为“文明进化之一端”③。

新型学校因为适应了社会的发展需要，由政府或者军队支持，资金基础雄厚，因而规模较大，人数相应较多，开设课程也中西结合。如光绪二十四年（1898 年）开办的游艺学塾，“举凡天文、地舆、兵、农、工、商与夫电、化、声、光、重、

① （清）臧励龢编：《陕西乡土地理教科书》（初等小学堂第一学年用）第 16 课《教育一》，陕西学务公所图书馆，清光绪三十四年（1908 年）。

② （清）臧励龢编：《陕西乡土地理教科书》（初等小学堂第一学年用）第 16 课《教育二》，陕西学务公所图书馆，清光绪三十四年（1908 年）。

③ 民国《续修陕西通志稿》卷三七《学校志》。

汽，一切有用之学”[1] 都在课程之内。1906 年陕西高等学堂的课程也包括中文、英文、日文、历史、算术、理化、体操、地理、传统经典等科目，可谓融汇古今，兼通中西。

（2）新兴学校的发展概况

陕西大学堂的选址与创建 清代后期，在“京师设立大学堂，天津、上海等处奏设头等学堂，其东南各省或另立书院讲求实学，或就现有书院更变章程，纲举目张，均有起色”[2] 的教育变革背景下，光绪二十八年（1902 年），陕西巡抚升允创立陕西大学堂。“原议学堂基宇就省城东考院改建，该处与西安府之崇化书院相邻，本有号舍三四十间，可以合并为一，其余隙地尚多，亦足供拓充斋舍之用。”[3] 东考院即咸长考院，与崇化书院合并之后，占地规模更大。光绪三十一年（1905 年），巡抚夏时按照朝廷要求改为陕西高等学堂[4]，为城区级别最高的学校。

陕西大学堂创办之初就积极借鉴如北京、上海及东南各地开办新学的经验，学堂条规也“略仿山东”[5]，学堂建筑则参照湖北学堂融合本土与西洋风格[6]，而且教学中还聘用外国教

① 陕西省教育委员会编：《陕西教育志资料续编》，三秦出版社 2000 年版，第 471 页。

② 民国《续修陕西通志稿》卷三六《学校志》。

③ 《谕折汇存》，光绪二十八年四月二十四日（1902 年 5 月 31 日）陕西巡抚升允奏章。

④ 民国《续修陕西通志稿》卷三六《学校志》。

⑤ 《谕折汇存》，光绪二十八年四月二十四日（1902 年 5 月 31 日）陕西巡抚升允奏章。

⑥ 陕西省教育委员会编：《陕西教育志资料续编》，三秦出版社 2000 年版，第 489 页。

习[1]，这些都表明了当时西安在兴建新学方面的开放性和先进性，在全国各城市中走在了前列。

存古学堂 存古学校的创设目的在于“以崇正学而保国粹”。湖北、江苏等省均于高等学堂之外，设立存古学堂，以讲求中学。有鉴于“关中为两汉经师渊薮，宋元以来尤多守道笃学之士。近来风气渐开，好博矜奇或吐弃故常，偏重新籍，而学堂分科肄习钟点有限，于本国经史文学难求深造”的弊端，宣统元年（1909 年），“就省城贡院旧址，建设存古学校一所，讲求经史词章各学，辅以舆地、算术。……其学生则就举贡生员及中学堂毕业生中，择优考取，学额暂定五十名”[2]。存古学堂的设立对当时“偏重新籍”、轻视国学的教育误区具有积极的纠偏作用。

武备学堂 光绪二十四年五月（1898 年 6 月），陕西巡抚魏光焘在省城西关救济院创立武备学堂。“收武举、武生、武童入堂，改习洋操，练学枪炮，整军经武，以图自强。又增设随营学堂……光绪二十八年巡抚升允将旧二学堂合并，随营名目统名曰武备学堂”[3]。当年又改为陆军小学堂[4]，“建筑之规模，悉本武备之基址，大加扩充。虽未足称壮丽，而亦略具梗概。”“陆军第二小学堂亦设于此，今尚未成立，新疆、四川、

---

① 《考察日本学务兴平县知县杨令宜翰致学务处提调书（附聘请教习合同）》，见《秦中官报》丙午年二月（1906 年 3 月）第 3 期。

② 《华制存考》，宣统元年二月初一日（1902 年 2 月 20 日）陕西巡抚恩寿奏。

③ 民国《续修陕西通志稿》卷三六《学校志》。

④ （清）臧励龢编：《陕西乡土地理教科书》（初等小学堂第一学年用），第十七课《教育二》，陕西学务公所图书馆，清光绪三十四年（1908 年）。

甘肃及本省之毕业于陆军小学者皆升入焉。"① 武备学堂及其后陆军小学堂的创设，强化了西安作为"文修武备"文教重镇的地位。

女子师范学堂 清末西安城中的女子学校颇为引人瞩目，各校均以先进地区的学校规制作为建校模本，并在基本学科外，结合女子特点开设相应课程。"其宗旨，在养成家庭教育为根本；其成绩，在授以知识操作所必需。"② "仿京师女子师范学堂办法先开简易科。案女子学科略同男子，惟有烹饪、缝纫等科是其异者。"③ "在省城仿照天津女塾规制，建筑学堂一所，聘定女教习二人。"④

尊德女校和神道学校 英国基督教浸礼会于1903年在东关开办了尊德女校和另一所专门培养华人传教士的神道学校。⑤ 神道学校（后称乐道学校）位于路东，尊德女校位于路西。尊德中学开办初期校名暂定为尊德女子学校，先办妇女识字班，教成年妇女教友识字，唱赞美诗。后改为中学，学生大部分为教友之女，还有一部分来自三原县东乡福音村的美丽书院。教材既有古文，如《古文观止》《四书》，亦加道课，讲读《圣经》和宗教信仰，还讲授一些简单科学知识，重视英语口

---

① （清）臧励龢编：《陕西乡土地理教科书》（初等小学堂第一学年用），第十七课《教育二》，陕西学务公所图书馆，清光绪三十四年（1908年）。

② 《华制存考》宣统元年十一月二十五日（1910年1月6日），陕西巡抚恩寿奏章。

③ 民国《续修陕西通志稿》卷三六《学校志》。

④ 《华制存考》宣统元年十一月二十五日（1910年1月6日），陕西巡抚恩寿奏章。

⑤ 黄云兴：《尊德中学五十年》，《碑林文史资料》第2辑，1987年12月，第87—99页。

语的练习。校务全由英国女教士、修女、牧师主持。辛亥革命后，定名为尊德女子小学，附设幼稚园。

光绪二十四年（1898 年），清廷下令改州县书院为小学堂，府城书院为中学堂，各省省会书院为高等学堂，皆兼习中西学术。嗣后，光绪二十七年（1901 年）、光绪二十八年（1902 年）、光绪二十九年（1903 年），清廷先后下令筹设学堂，颁行学堂章程。西安最早出现的小学堂是光绪二十九年（1903 年）咸宁县官立两等小学堂，地处东关长乐坊鲁斋书院旧址。光绪二十九年（1903 年）十一月，由张百熙、荣庆、张之洞拟订的《学务纲要》明确指出："初等小学堂为养正始基，各国均任为国家之义务教育。东西各国政令凡小儿及就学之年而不入小学者，罪其父母，名为强迫教育。盖深知立国之本全在于此。"[①]

光绪三十一年（1905 年），清廷下令从光绪三十二年（1906 年）起，停止乡、会试及生童岁科考，一切士子皆从学堂出身。从隋炀帝大业二年（606 年）创始的以进士科取士的科举制度，历经 1300 年，至此遂废。此后，小学堂不断增多。宣统三年（1911 年），西安地区已有官立高等和两等小学堂 14 所，其中省属 7 所，咸宁县属 4 所，长安县属 3 所；初等小学堂有 348 所，其中咸宁县 75 所，长安县 232 所，设立在城区的有 41 所。[②] 如光绪二十八年（1902 年），在咸长考院旧址上，建高等学堂，即陕西大学堂。每年由库额拨银二万两，并拨向动耗羡报部银七百二十两，另有旧志学斋银一千五百两。

① 朱有瓛主编：《中国近代学制史料》第 2 辑上册，华东师范大学出版社 1987 年版，第 82 页。

② 刘兰香，刘新科：《西安教育史》，西安出版社 2005 年版，第 288 页。

还有宣统元年（1909 年），在将军衙门偏东放饷公所，建立了八旗中学堂，经费为七千一百余两。

三、文教机构的格局与环境

1. 书院与府学、县学

（1）正学书院

明弘治十年（1497 年）正学书院扩建后，“画为三区，其中为祠，左为提学分司，而书院实居其右”。正学书院内部布局颇为严整，“书院之制，皆与司称。左右环为肄业之室，堂之后会馔之所，其为门二重，以通出入。”① 秦简王对正学书院内部格局记述更详：“其制，中为正学祠，祠祀横渠、鲁斋，蓝田吕氏而下凡十人东西配焉。右为书院堂室，有严斋舍环列，择士之秀而贤者讲读其间，日惟从事于身心理性之学。”正学书院为前后两个四合院组成，前院正中为“堂”，左右环列“肄业之室”，后院为“会馔之所”②。弘治年间，提学王云凤又于正学书院建藏书楼，广收书籍，以资诸生诵览。

（2）关中书院

关中书院大门最初为南向，后改为西向。据《关中书院记》载改筑原因及扩展情况云：“二门四楹，大门二楹，旧开于南。缘邻官署，冠盖纷还，深山野人，不便厕迹。因改于西巷，境益岑寂，且不失吾颜氏陋巷家法也。西巷地基乃用价易民居，大门外复构屋南北相向，各三楹。门北隙地，复构小屋数楹，仍居数家，以供洒扫之役。”③ 关中书院大门的改向就是为了避免官场交往的纷扰，以利师生专心向学。明万历四十年（1612

① 万历《陕西通志》卷三二《艺文》。

② 万历《陕西通志》卷三二《艺文》。

③ 民国《续修陕西通志稿》卷三六《学校一》。

年）布政使汪道亨在正学书院中修建斯道中天阁，以祀孔子。[1]清康熙三年（1664年）陕西巡抚贾汉复檄西安知府叶承祧、咸宁县知县黄家鼎重修关中书院，“拓其基，南向，外建坊一，额曰关中书院”[2]，此次重修又将关中书院大门重新改为南向。大门开于西巷，虽然幽静，但却略显偏僻，来往交通不便。大门朝南，既同西安城东南隅文教区各学校的整体朝向一致，同时又面对南面之三学街，交通便利。建了牌坊之后，关中书院大门更显雄伟。又于其中建精一堂五楹，左右胁堂及两庑各五楹，由此奠定了今日所见关中书院之面貌。

关中书院内部布局极为规整，据康熙《咸宁县志》载云：“外建牌坊一，颜曰‘关中书院’，大门一楹，内凿活水池，形若半璧，架桥其上。东设东廨，为讲学名公寓所；西设西圃，多士观德处也。池北竖小坊，扁曰‘继往开来’。北设二门，再北设三门，各三楹。中建精一堂五楹，置道统主，后堂正学、理学名臣主于左右。胁堂、两庑房各五楹，东西列号房各五十间，间设窗户床笫”[3]。由此可见关中书院同正学书院一样分为前后两个院落，但是规模更大，功能上有所区分，内部建筑物更为多样化，虽讲究对称，但通过泮池小桥和牌坊使得内部环境又显错落有致。前院为学子问学修习之地及教师寓所，设泮池（即半璧形活水池）、东廨、西圃及“继往开来”牌坊；后院为奠祀区及学子斋舍所在，精一堂为后院之中心建筑，其内正中设道统神主，两侧为正学、理学名臣神主。精一堂左右分列学子斋舍，多达一百间，规模亦甚可观。以封建尊卑观念而言，“讲学名公”位尊，居于前院，学子位卑，居于后院。

---

① 民国《续修陕西通志稿》卷三六《学校一》。
② 民国《续修陕西通志稿》卷三六《学校一》
③ 康熙《咸宁县志》卷二《建置》。

关中书院在西安城各文教空间中以环境优美著称，“（允执）堂后假山一座，三峰耸翠，宛然一小华岳也。堂前方塘半亩，竖亭于中，砌石为桥，偏西南不数十武（注：古时半步为一武），掘井及泉，引水注塘，井覆以亭”[①]。此后又经着力营造，将关中书院建成了“松风明月，鸟语花香，令人有春风舞雩之意”[②] 的极佳读书之所。就环境建设而言，关中书院内有假山、池沼、亭、桥、井、泉等，构织了一幅小桥流水的美妙画卷，成为明清西安城内书院、学校环境园林化的典范。

（3）西安府学与长安、咸宁二县学

明清西安府学之内部布局，据嘉庆《长安县志》卷一三《学校志》载：“西安府学，在六海坊，唐天佑韩建筑新城，移太学于此。宋、金、元、明代屡有修建。皇朝顺治十年田厥茂增修。学制，门前有坊，内有泮池，仪门内当道为魁星楼，中为明伦堂，旁为志道等四斋及东西号舍，复为尊经阁，阁后神器库。”西安府学内部布局亦有明显的中轴线，即门前牌坊、大门、泮池、仪门、魁星楼、明伦堂、尊经阁、神器库自南而北依次布设在中轴线上。由此可以看出西安府学对于主掌文运的魁星楼的重视。

长安县学之布局及规模，由成化九年（1473 年）马文升徙长安县学于府学西后之修造之役可约略看出：“为大门、仪门各三楹，博文、约礼二斋，旁为号舍，敬一亭三楹，筑天梯

① （明）冯从吾撰：《关中书院记》，道光十二年（1832 年）《关中两朝文钞》卷一三，守朴堂藏版。

② （明）冯从吾撰：《关中书院记》，道光十二年（1832 年）《关中两朝文钞》卷十三，守朴堂藏版。

于面城垣，曰云路。”[①] 长安县学魁星楼设在学内西部，与射圃东西并列。从这一便于登临城墙的“天梯”命名为“云路”来分析，当是寄寓诸学子能发奋读书，早日及第，青云直上。与西安府学将泮池置于大门内不同，而是设于大门外。清初训导张弘业将之移凿于二门之内，又在泮池上建“春风化雨”坊，设明伦堂三楹，堂东为科举题名之处，教谕、训导宅均设在儒学后院。长安县学内部布局与府学总体特征相同之处是都有明显的中轴线，左右建筑物对称，但亦有不同之处，尤其是将魁星楼置于县学内西侧，而且又增加了颇具象征意义的“云路”，着力强调“天人合一”和“天人感应”的建筑思想。

咸宁县学内部布局建筑物与长安县学相当。“万历十三年（1585年）邑大夫李生芳重修，十八年（1590年）知县李得中因其故址重加修整，大门三楹，二门同，东博文斋，西约礼斋，各三楹，东西各列号房凡十七楹，堂后设敬一亭。”[②] 从康熙《咸宁县志》“咸宁儒学图”分析，咸宁儒学大门前原有“腾蛟、起凤”二坊，康熙时已废。大门之内为泮池，二门之内博文、约礼二斋东西相对，明伦堂居中，其后为一较小宅门，再后为敬一亭，又后为教谕宅。咸宁县学大门、泮池、二门、明伦堂、宅门、敬一亭、教谕宅自南而北位于中轴线上。万历戊午（即万历四十六年，1618年）乡试榜发，咸宁左布政使高第“作培风脉，于二门外建砖塔，城头巽位置魁星

---

① 《古今图书集成·职方典》卷五〇〇《西安府部汇考十·西安府学校考》。

② 《古今图书集成·职方典》卷五〇〇《西安府部汇考十·西安府学校考》。

楼”[1]。魁星为黄道二十八宿之一，古人信奉其主宰文运，因而在学校建筑中一般均设有魁星楼。这是与长安县学在学内建魁星楼迥异之处，也是明清西安府学、县学在其建筑布局及形制上着力凸显风水思想的典范之作。高第为咸宁县学作培风脉,设“云路”[2],并建文峰塔,且在咸宁县学前城墙上造魁星楼,这些风水建筑的象征性意味及其文化内涵远较长安县学诸建筑更为浓厚。

值得一提的是，明人王绍徽约作于天启四年（1624 年）的《创建魁星楼记》集中阐述了风水学在西安城市建设（尤其是咸宁县学校建设）中的实际应用。他认为西安乃周秦汉唐故都，人杰地灵，至明代“其气脉发自二华终南，带以洪河泾渭，而结秀于城南隅，学宫三庠并峙，皆向城墉”。指出西安城东南隅乃气脉聚合之地，于此设学，有益文教。详记此次高第大兴风水建筑之缘由：“往时文采炳蔚，科甲盛多，先后相望，具在竹素，斑斑可纪，历时既久，地脉有显伏，气运有盛歇”，由此导致“人事有兴衰，青衿之士登进数渺”，使“邦士人所扼腕”。为一改学上科举登进者过少的文教状况，左布政使高第“为邦人图缺事，相地于三庠巽方，构起角楼，据城筑址，计工程，度捐俸，鸠工庀材，躬自董督，又连雉牒，起云路，转登棱层，越三期竣事”。可见此次对咸宁儒学的修缮改建，不仅在兴建之初已开始筹划兴建风水建筑以协调弥补“气脉”之亏，而且还充分运用风水卜地之术“相地”，选择魁星楼基址于“三庠巽方”。建于城墙上的魁星楼为三层四角攒顶

① 《古今图书集成·职方典》卷五〇〇《西安府部汇考十·西安府学校考》。

② (明)王绍徽:《创建魁星楼记》。

双重檐式楼阁[①]，重檐飞翘，人可登临其上，凭栏远眺，其形制与城墙上角楼、敌楼的厚重森严相较，轻灵飞动，带有园林中亭阁的特征，完全没有军事上的防御功能。因此虽然魁星楼亦建筑在城墙上，但方志中还是将魁星楼与敌楼分别记述，以示用途上的区别，如嘉庆《咸宁县志》载西安城南门至东南角城墙上建筑物即云："官厅一，魁星楼一，角楼一，卡房十四，垛口一千七。"[②]

在军事防御性的西安城墙上建造为弥补"地脉"、"气运"而设的主宰文运的魁星楼，不能不说是明清西安城墙区别于其他城市城墙的特别之处，这也从一个侧面反映了明清西安作为西北军事重镇的同时又是西北文化重镇的鲜明个性。

魁星楼建成后，"安魁星像于楼上，为学宫左护，请贶冥冥，意以勤矣"，目的在于"大以悬像，著明列星之次，为是默相增培，欲移之于人"。可见魁星楼建造之理论根基实在于"天人感应"之说，"培风脉"形制不详，"文峰塔"则为一实心圆形尖顶砖塔，不可登临。[③] 王绍徵以《史记·天官书》及《周易》的相关内容为依据，强调创设城墙上魁星楼对于西安人文盛衰的重要意义，"然常考之天官书，北斗七星一至四为魁，灿于紫薇垣之傍，号为帝车，盖帝车斟酌元气，北斗灿映三台，天人之道，灿然明著，其灵气储与可尽谓无关于人文耶？且事有时举，运有待兴，当世取士，业无所求，饭牛版筑之用，其学宫所程，斤斤羔雉之技，非借魁灵，昭大象，何以翊赞文明，而兴起多士？"王绍徵亦强调学子自身的努力也是上进的重要因素，指出"天相人协，理臻势会，则魁斗两星之

---

① 康熙《咸宁县志》首卷"咸宁儒学图"。

② 嘉庆《咸宁县志》卷一〇《地理》。

③ 康熙《咸宁县志》"咸宁儒学图"。

间灿然辉耀，三庠士必且彬彬多起而应者”。

此次咸宁儒学之魁星楼得以建于城墙之上，表明当时是以之作为整个三秦文运盛衰的象征，而非仅为咸宁儒学建造，因此地位之重要远在长安县学魁星楼之上。嘉庆二十三年（1818年）盩厔人路德撰《咸宁新建魁星阁碑记》即明确指出城墙上所建魁星楼的特殊性，“兹一城之内两邑分焉，彼（即指城墙上之魁星楼）实三辅之总司，非为万年而特设。”[①]

嘉庆二十三年（1818年）咸宁县新建魁星阁后，则西安城东南隅魁星楼共计有4座：即西安府学内[②]，咸宁县学（即南城墙上），长安县学内，咸宁学巷各设一座。若再加上钟楼上之文昌阁[③]，西安城内共计有五座楼阁形风水建筑，密集分布于城东南隅，均旨在通过供奉文昌神及魁星以希望西安乃至三秦大地文运昌盛，人才辈出，这种风水建筑的大量兴修及集中布设也充分体现了明清西安城作为西北文化重镇的重要地位。

2. **陕西大学堂**

陕西大学堂自1902年创建后，又于1905年至1906年间，进行扩建。所谓“凡办学堂者，未遑教育，先谋建筑”[④]。陕西巡抚曹鸿勋派人携工匠到湖北等省考察学堂建设后，仿其华、洋各式增建堂舍，共建讲堂、斋舍、自习室、图书仪器室73处，大小房间252间，用银1.8万两。[⑤]“添建洋式讲堂三

① （清）路德《咸宁新建魁星阁碑记》，陕西师范大学馆藏碑拓本，轴1061。

② 乾隆《西安府志》卷一九《学校志》。

③ 民国《续修陕西通志稿》卷二一〇《文征·重修文昌阁记》。

④ （清）《秦中官报》，丙午年五月（1906年6月），第5期。

⑤ 陕西省教育委员会编：《陕西教育志资料续编》，三秦出版社2000年版，第489页。

座外，其添修改修各工共计七十三处，大小房舍二百五十二间。”[①]“此次添改诸工就前筑之堂基仿东洋之图式历时半年之久，聚工成阵，积料如山，官绅十许人，常川监视。及其成也，仅用银一万八千三百两有奇。”[②] 此次扩建，还仿照两湖书院，在学堂二门内东西两边建立了两个池塘，较两湖书院的湖略小[③]，由是形成“吾陕学堂规制不亚东南”[④] 的校园规模。

《陕西大学堂章程·学堂办法》第十二、十三、十四条还分别规定“学堂设立养病房一所，药房即附其中，并派医生司事”，以便利患病学生诊治。“学堂设立工房一所，派熟悉制造者经理，优予工资。凡学堂一切仪器以至测验等项，均令随时修理。”“又立浴房一所，派人经理，以期洁净。”并有设立藏书楼、译书局、博物院的计划，“以资考证而广见闻”[⑤]，这些设置及规划都凸现了新兴学校的近代化特征。陕西高等学堂购置多达 17 种报纸，在夏季放置于后园亭馆中，并将自日本购回的大批图书，“按照天文、地理、历史、陆军、海军、实业、理化、动植矿物各部分，张于园之亭馆廊榭，任学生每日休息时间入园游憩，图书在壁，报章在案，明窗净几，纵览自

① (清)《秦中官报》，丙午年五月（1906 年 6 月），第 5 期。

② (清)《秦中官报》，丙午年五月（1906 年 6 月），第 5 期。

③ 杨汉天，魏天纬编：《陕西近现代高等学校沿革》，陕西省教育委员会编《陕西教育志资料续编》引，三秦出版社 2000 年版，第 534 页。

④ (清)《秦中官报》，丙午年五月（1906 年 6 月），第 5 期。

⑤ 陕西省教育委员会编：《陕西省教育志资料汇编》，三秦出版社 2000 年版，第 489 页。

如"[①]，为学生营造了一个良好的学习环境。

这一时期,其他新兴学校也多注重校园格局、环境的营造,如西安中等实业学堂就以"建筑合度、光线如适、空气清洁、林木丛秀"等景观特点,赢得"省中诸校之冠"的称誉。[②]

3．陕西贡院

(1）贡院格局

陕西贡院自明景泰年间兴建以来，虽"屡敝屡修"，但亦"屡修屡敝"，究其根源，多是由于修治"多非为久远计者"，因而难垂久远。嘉靖四年（1525年）陕西巡抚都御史王荩、巡按御史郑气增修贡院，工程颇大。[③] 先"相形势"，随即开始增建"崇垣千堵，缭外限内，短垣逾百，界内遐外，新屋宇之颓落，合瓦缝之疏，缉阶壁之圮覆，檐户栊牖，完固精好，膳有爨合，隶有息舍，于试舍木以易席者，间数百，增者又间数百"。又"建阅搜堂四楹，备监临之时"，其目的在于监察考生，以防止作弊，即"别稂莠于嘉禾之一方"。同时"又市地于大门内，拓广左右各计以丈，堵雉夹道，然后文场民舍隔判弗属，标大门通衢以腾蛟、起凤，楼峙东西，榱桷丽伟，浚池引水于内五星堂下，俾开通风气，兼备不虞，制规于是久固恢备"。此役历时两月，修治后"器物壮固，轮奂鲜美，气象森整，焕乎有章采，巍乎有定式，灿乎成巨观，而人文足称焉"。这次修治，主要是拓增数百间号舍，增筑内外墙垣，疏浚原有

① 《高等学堂奏文》，《秦中官报》，丙午年十月（1906年11月），第4期，陕西省教育委员会编《陕西教育志资料续编》引，三秦出版社2000年版，第493页。

② 民国《续修陕西通志稿》卷三七《学校志》。

③ （明）段炅：《陕西贡院增修记》，康熙《陕西通志》卷三二《艺文·碑》。

水池，引通济渠水于五星堂下，除用于防火等“不虞”之灾外，亦借开通风气，以广文风。五星堂前水池的设置同府学、县学中的泮池功用一致，不仅有“为士浴德”之意，且使“腾蛟”的寓意更形具体。

嘉靖十九年（1540 年）值乡试大比之岁，侍御张光祖以监临之任视察贡院，并倡修之，由此奠定明清陕西贡院的基本格局。[①] 整体而言，贡院内众多建筑单元以其适应考试不同环节的需要可分为机要区（储存、发放、收掌、誊写试卷之地）、试场区（东、西号房）和考官休憩区（见图 2－1）。其内部布局不仅规整，而且能满足举办大型考试的各项需要。

贡院设门三重，大门前立三坊，正中贡院坊，东、西两侧分别为腾蛟、起凤坊，“咸改建壮丽”。大门高伟亦如三坊。三门之内设明远楼一座，贡院围墙四角设瞭望楼，以绝考场内外串通，发生舞弊行为。明远楼北为至公堂，南向，至公堂北有弥封、誊录、对读、供给四室，又有二所东西相对之收掌试卷房，又设“为国荐贤堂”，北向，“其北为外廉，台察藩臬对居焉”，这两处机构分处“精白一心厅”及“公明厅”，再北为文衡门，又北为聚奎堂，聚奎堂北为主考厅，五经房分列其左右。此次修治自嘉靖十九年（1540 年）二月始，至七月方始完工，将贡院内建筑全部维修一新。由是“自房徂堂，自堂徂楼，自楼徂门徂坊，朗豁正大，哙哙壮伟”，房舍厅堂“次第举新，堂厅门坊，规制倍昔”。

贡院布局总体上适应考试需要，南北中轴线上自南而北依次布列贡院坊、大门、二门、三门、明远楼、至公堂、为国荐贤堂、文衡门、五星堂、聚奎堂、主考厅及后门。三门与文衡

① （明）吕柟：《陕西贡院重修碑记》，民国《续修陕西通志稿》卷一六三《金石二十九》。

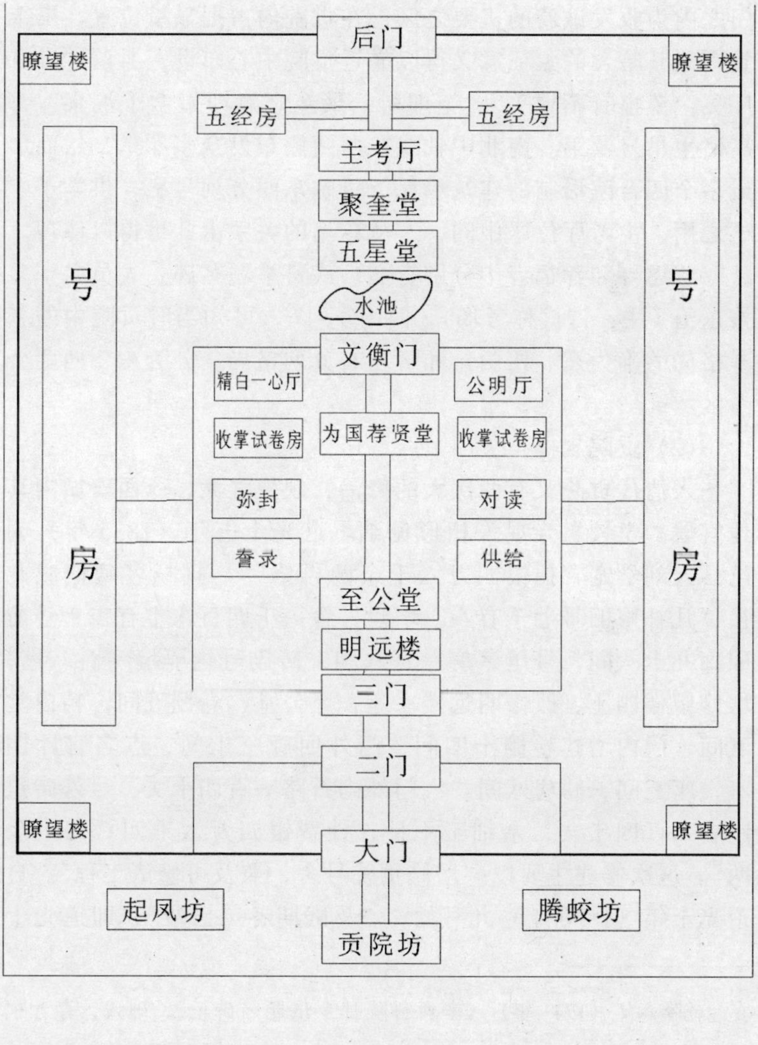

图2－1 明清陕西贡院平面布局示意图

门之内为收发试卷的机要之区，在贡院内占据显赫位置。聚奎堂则以其暗含的象征意义得以靠近贡院中心布设，所谓“崇且广矣，奎也有不聚乎”。奎即魁，聚奎之意即指学子汇聚，寄寓诸生早日及第。南北中轴线东西两侧布设众多厅堂，从而形成多个四合院形制的建筑单元。贡院东西分列号房，供学子考试之用，主考厅位居中间，主从尊卑的关系由此也得以体现。

慈恩寺和荐福寺中分别有文、武科举题名碑，人员名字多按东闱（注：古代称考场）、西闱分列①，可知当时贡院中的基本格局的确为东、西两排厢房左右分列格局，分为东、西两个考区。②

（2）贡院规模

入清代贡院又有两次大的修治，规模之大，令西安城内其他官署、学校、寺观等相形见绌。道光十五年（1835年）朝邑县人刘学宠“捐银四万六千余两再修”③。据杨名碑记载此役“凡补修旧号七千有八。增建号舍一千四百八十有二，号前回廊九十八间，号尾茅房一百八间，砖砌号内隔墙一百八堵，增修望楼四座，改修明远楼一座，至公堂、卷棚五间，精白堂五间，门内增建卷棚十四间，门外回廊三十间，点名官厅四座，座三间，胁房八间。大门外砌石路一百四十丈，号外砖包围墙二百四十丈，余细工不计，计费银四万六千四百四十余两”。这次修建主要以“增修贡院号舍，兼及可修诸工程”。自道光十年（1830年）九月始，“及试期各工已竣”，即道光十

① 乾隆六年（1741年）《辛酉科陕甘乡试题名碑记》，碑残，存荐福寺。

② （清）罗修源:《壬子科陕西乡试题名碑记》(乾隆五十七年,1792年)，陈景富主编《大慈恩寺志》，三秦出版社2000年版，第349页。

③ 民国《续修陕西通志稿》卷六《建置一》。

一年（1831年）竣工，此时陕西贡院号舍共计8490间。

同治四年（1865年）九月至同治五年（1866年）五月修缮贡院，“规制悉如旧，而工程加坚”。① 同治十二年（1873年）乡试大比之前，邵亨豫作为抚陕使者监临贡院，“念甘省岁科举举新进近万人，号舍八千恐弗能容也”，遂“谋辟东、西南隅，增号舍三千。闱届期甘士来者，果倍于昔，皆得人闱无遗者”。号舍多达一万一千余间的贡院，实为西安城内最大的建筑群，其“堂舍规度，弘丽森严，为天下第一，名公题咏甚富，不胜载”②。明清西安贡院号舍的增多直接反映了参加科举考试学子的增多，也表明西安作为西北文化重镇地位的日趋重要。

陕西贡院在清末随科举制度废除而失去考试功能，于1928年改为建国公园③，至今尚利用为儿童公园。

4. **乡试会馆**

在清代，西安府辖区内的部分县在西安城内还设有商业会馆，两者之间的差别一般在于商业会馆中有戏楼等建筑，从而满足同乡商人的娱乐需求，而乡试会馆从环境上来说更适合考生居住，较为简洁、安静。从现存的乡试会馆创建碑记来看，其建筑格局的特点之一在于都至少有正院和偏院两个院落，均呈四合院围和布局，有正房、厢房等，由于需满足较多考生的住宿需求，因而房间较多。

渭南乡试会馆在贡院门大街之东，“规模宏大，布置周备，

① （清）邵亨豫撰：《重修陕西贡院记》，北图金石组编：《北图藏中国历代石刻拓本汇编》第69册，中州古籍出版社1989年版。

② 康熙《咸宁县志》卷二《建置》。

③ 鲁涵之，张韶仙编：《西京快览》第4编《名胜古迹》，西京快览社，1936年。

费白金三万五千两有奇”[1]，“馆东向，其址东西长二十一丈，南北阔八丈五尺，西北隅方四丈零。盖以姜君鲁瞻购捐四丈余，共得九丈。屋则门置九楹，中入下阶有重门，两廊各八楹，上为堂厂，其中以祀至圣先师。两旁为翼堂，淩有凉亭，南、北厦各二楹，与亭相对者，即馆淩垣屋九楹，中置便门以与试院为邻。临试启之，以便出入。事竣，仍扃之也。自大门入，而左而右各置便门，各成院宇，屋各八楹，即两廊之背为之，而所面之墙则空其地，恐致晦塞，且将以为莳花种竹计也。西北隅自为一区，西向，屋五楹，南北厦各三楹，则以备武试，养马之所也。东置门，仍与正馆相通，盖又数月结构营造，及试者应需之物无不完且具”[2]。咸阳会馆在南桥梓口路东，有街房三院七间，具体为“两院临街楼房六间、厦房二十四间、庭房三椽六间及后院出路房半间、厕房空地宽四间长四间，北院一间并庭房、后厦房六间、后院两间半”[3]。醴泉乡试会馆有正、偏二院，“地南北共长三十余丈，宽狭不等”，“房大小共四十余间，门、窗、井、树印契足据”[4]。基于为考生提供食宿的宗旨，乡试会馆普遍有多重院落，屋宇众多。

① （清）曹季凤：《创建渭南乡试新馆记》，碑存化觉巷清真寺。

② （清）曹季凤：《创建渭南乡试新馆记》，碑存化觉巷清真寺。

③ （民国）刘安国修、吴廷锡、冯光裕纂：《重修咸阳县志》卷二《建置志·教育》引1912年《重修碑记》，咸阳市秦都区城乡建设环保局编印，1986年。

④ （清）罗士镰：《创修醴泉会馆碑》，（民国）张道芷等修、曹骥观等纂：《续修醴泉县志稿》卷四《建置志》，1935年铅印本。

第二节　民国西安的文教空间及其发展变迁

一、民国西安的学校数量、规模与分布

民国初年，西安城市社会经济发展缓慢，城区人口较清末减少，文化教育也受到影响，最显著的莫过于东北城区满城内众多八旗子弟学校在辛亥革命后荡然无存。其他城区各级各类学校多仍沿用清末校址，但因人口减少、师资匮乏等原因发展欠缺活力。随着城市社会经济的复苏和人口的缓慢增长，经过十余年的发展，至民国十三年（1924 年），西安城区 15 所中学学生数达到 4998 人，教职工为 296 人。平均每所中学学生数为 333 人，教职工近 20 人，师生比约为 1∶17。就中学发展的情况来看，在学生数量、师资等方面较清末时已有了很大的进步。抗战时期，由于东北、华北及东部沿海地区为日寇占据，大批难民涌向西北、西南各地，西安成为当时难民集聚的后方城市之一，城市人口在短期内迅速增加，城区学校和学生数量都有了较大增长。1936 年，东北大学工学院迁来西安，校址为现西北大学之一部分，后迁往四川。1937 年，北平大学、北平师范大学、北洋工学院迁至西安，合组西安临时大学；1938 年又南迁至城固，更名国立西北联合大学；1939 年又更名为国立西北大学。1946 年抗战胜利后，迁回西安。外省高校的迁入、留驻在很大程度上改善了西安高等教育的面貌，对西安后来高等教育的发展有着深远影响。

抗战时期，国民政府在教育领域广泛施行贷金制、公费制，学校得到了较好的资金保障，因而得以广收学生。据《西京快览》载，1936 年前后，西安城区共有 65 所中、小学，其中省立 13 所，私立 41 所（其中长安县属私立 32 所，其他类

型私立 9 所），长安县立 11 所，私立学校占到学校总数的 63%之多。学校类型除有公立、私立以及省立、县立的区分外，按级别则有高级中学、中学、师范、小学、初级小学等，按专业不同又有农业职校、助产学校、商业补习学校等，此外还专设有女子师范、女子中学和女子小学。

1948 年，西安城内有影响的大学、专科学校以及中小学共有 49 所，这其中尚未包括大量县立和私立小学。学校类型包括国立大学、省立专科学校、省立中等学校、中学、省立小学、私立专科以及私立中学。高等学校有国立西北大学、西北工学院（原北洋工学院）、陕西省立医学专科学校、陕西师范专科学校、陕西商业专科学校、私立西北药学专科学校、美学专科学校等。这些高等学校的设立和发展奠定了建国后西安成为全国高等教育重要基地的基础，如解放后成立的西安医科大学（现西安交通大学医学院）即是由西北医学院与陕西省立医学专科学校合组而成。①

在中、小学教育方面，据 1948 年西安市教育局的统计数字，当年西安市共有 234 所各级各类学校，其中公立、私立中学 26 所、中心国民学校 28 所、国民学校 97 所、小学 58 所、幼稚园 3 所；其他还有职业学校 6 所，涉及医护、机械、金融、商业等职别；补习学校 16 所，是针对成年人尤其是妇女开设的。基础教育中的学龄儿童总数 114322 人，就学儿童 78601 人，占总数的 68.8%；② 中学和职业学校的在校学生人数为 10509 人。

---

① 庞启训，黄克仁：《陕西省立医学专科学校史话》，《碑林文史资料》第 4 辑，1989 年 11 月，第 26—36 页。

② 西安市教委教育志编纂办公室编：《西安市教育志》，陕西人民出版社 1995 年版，第 62—65 页。

私立、移民中小学众多是抗战时期西安文化教育的一个显著特征。虽然学校经费来自于民间集资，但其管理多比较规范。以私立东南中学为例，1940—1949 年间，该校由董事会直接管理，实行校长向董事会负责制。董事会每学期要听取审核学校工作及财务计划的报告，并监督实施。董事会初建时，曾向社会筹集资金，经营商业，因此基金、校产丰厚，经费充足。校董会在民国时期经营的商业及校产有宝成金店（东大街）、东南弹毛厂（东大街）、东南织布厂（北关革新街）、东南运输公司、东南农场（刁家村），另外还有大成面粉厂的股份及尚勤路和革新街的房地产。1951—1952 年间，全市各类公、私学校由西安市教育局接管，并重新命名，西安文化教育事业的发展又掀开了新的篇章。

二、穆斯林教育与教会学校的发展

1. 穆斯林教育

1920 年前后，陕西回族有识之士冯瑞生、韩子元、孙锦云等在化觉巷、小皮院等清真寺内基于经堂教育开办“义学”，“经汉兼授”。为倡导社会教育，马正卿在大学习巷创立“回民图书馆”；并为发扬回族武术传统，在大学习巷清真寺内办起扫盲习武班。1923 年，陕西回教公会在西安 6 所清真寺内附设民众夜校，有学生 245 人。1923 年白楚珍创办的女子学校和冯瑞生于 1924 年创办的淑德女子小学，对西安的回族女子教育影响深远。马赞侯提倡工读教育，在大学习巷清真寺附设“工读传习所”。李哲臣、冯瑞生等出资在清真寺内先后办起三所初级小学，即化觉巷清真寺私立精一小学、洒金桥清真寺私立明德小学、狮子庙街私立崇实小学。1932 年，在回坊民众的奔走呼吁下，经省教育厅批准，成立陕西省立西安第一实验小学（今庙后街小学）。王曾善在《长安回城巡礼记》中记载

1933 年前后回族聚居区中有初级小学 8 所，男校 5 所，女校 3 所，附设于清真寺内，学生最多的约在 40 名左右。“三女校中之淑德女校，独设于清真寺之外”。淑德女校为冯瑞生在 1930 年前后创办，并筹募了 3000 元基金，“存放生息，为经常费。月有不足，冯君独力补助”[①]。马希文在《西安化觉寺一周记》中载民国年间化觉巷清真寺内学校情况云，“寺院凡四层，最东为回民小学校。院内清洁，修竹茂盛，颇为可观。中层通寺之旁门，游人由此出入。三院有南北讲堂各五间，南讲堂为沐浴室，北讲堂为讲经室。四院亦有南北讲堂各五间，中达石栏上即月台而为正殿矣。寺内除回民小学外，尚有回文小学一所，陕西省回教公会及国术团亦设址于兹焉”[②]。清真寺与回民学校共存发展，相得益彰。

抗战爆发后，西安先后成立了回坊小学教育研究会、西京回教文化促进会、回民教育促进会，共谋回族教育之发展。1939 年，由河南省迁往西安新城地区的穆斯林，创立私立西安伊斯兰小学。1944 年，冯耀轩创办了西北最早的一所回民中学校——陕西省立西安第一中学分校（今西安市回民中学前身）。据统计，到 1947 年，在西北城区回民学生集聚较多的学校中有公立小学 3 所、私立小学 3 所，共计 21 个教学班，828 名学生，回民子女约 300 余名；公立中学 1 所，回民子女 70 余人。[③]

① 王曾善：《长安回城巡礼记》，李兴华，冯今源：《中国伊斯兰教史参考资料选编》（1911—1949）下册，宁夏人民出版社 1985 年版。

② 马希文：《西安化觉寺一周记》，李兴华，冯今源：《中国伊斯兰教史参考资料选编》（1911—1949）上册，宁夏人民出版社 1985 年版。

③ 哈雒岐：《陕西回族教育管述》，《莲湖文史资料》第 8 辑，1995 年 5 月，第 155—162 页。

2. **教会学校**

民国时期，在西安设立的西方教会有英国浸礼会、基督教青年会、耶稣会和意大利方济会，这些机构创建的学校对西安的文化教育发展、人才培养也有一定的积极作用。教会学校按教育性质可分为神学院和普通学校教育，普通教育包括中学、小学、女中、女子小学以及职业培训、英文、数学、邮务、护士学校等。教会学校由于经济实力相对雄厚，因而其传承悠久，学生可以接触到较多西方文化，并且大多延续到新中国成立后。

清末来西安传教的英国基督教浸礼会于1903年在东关开办了尊德女校和另一所专门培养华人传教士的神道学校。[①] 1915年神道学校改为乐道中学，1916年改为私立乐道小学校，1923年改崇道小学。此后又相继名为乐道中学、崇道中学，并附设小学（现景龙池小学）。这两所学校都是西安最早施行现代教育理念的学校，并逐步建立了正规的教学体系。确定了修学年限，分年级、分班教课，课程内容遵循由浅入深、循序渐进的过程。

尊德中学开办初期名为尊德女子学校，先是妇女识字班，教成年妇女教友识字。后改为中学，学生大部分来自教友之女，还有一些来自三原县东乡“福音村”的美丽书院。授课内容包括《四书》《圣经》以及简单的科学知识，并有专门的英语课，由英国女教士讲授。校务亦全部由英国女教士包办。辛亥革命后，更名为尊德女子小学，附设幼稚园，以后改为六年制高小。约于1915年后设立初中班。1925年与崇道中学合并为男女合校，迁至长关坊（今长乐坊）新校址，沿用崇道中学

① 黄云兴：《尊德中学五十年》，《碑林文史资料》第2辑，1987年，第87—99页。

校名。

私立玫瑰女子小学、中学位于土地庙什字，是由天主教传教士西班牙人丁午桥[①] 于1919年创办，1927年改为私立玫瑰女子中学，1943年增设高中班，1951年改为西安市第一女子中学，1972年改为西安市第91中学。

到1949年，尊德中学、圣路中学、玫瑰女中的学生人数分别达到了397人、403人、244人。由于这几所学校规模较大、教学质量高、教学设备齐全，因而吸引了众多市民子女报考，在西安教育界产生了很大影响。[②]

三、其他文教机构的发展变迁

民国西安在学校之外，亦有较多其他类型的文教机构，这其中以省立图书馆和数量众多的报社、通讯社、杂志社发挥功用较大，颇为引人注目。

1. 陕西省立图书馆

陕西省立图书馆成立于1909年，初称陕西图书馆[③]。据《西京快览》载，“馆址系明时书院故址之一部分，宋时张载程颢程颐诸人讲学之处。明时常遇春经略关中时，曾一度改建”。此处书院即指明代前、中期影响极大的正学书院。陕西图书馆最早位于梁府街（现青年路东段）学务公所。1910年，陕西巡抚恩寿把总督署东院改作“劝工陈列所”，以陈列慈禧太后回銮时留下的大量古玩和工艺品，民间称之为亮宝楼。1914

① 黄典文：《西安市91中简介》，《莲湖文史资料》第8辑，1995年。

② 杨豪中，陈新：《西安基督教会建筑及其城市文化历史意义》，《西安建筑科技大学学报》（自然科学版），2003年第4期，第362页。

③ 鲁涵之，张韶仙编：《西京快览》第4编《名胜古迹》，西京快览社，1936年。

年，陕西图书馆迁入亮宝楼，后改名中山图书馆。1931 年改为陕西省立第一图书馆①。1937 年改名陕西省立西京图书馆。解放后定名为陕西省图书馆。省立图书馆大门开在西大街，所在的亮宝楼是一座两进的四合院，砖券的拱形门有两扇朱红色的门扇。坐北朝南数十米门墙镶嵌着精美的砖刻，门额上的砖刻竖形匾额中山图书馆为于右任先生的手迹。二进院子内为一座两层藏书楼。

为集中保存古代文献，省立图书馆将分散各处尤其是城区寺宇的珍贵经籍整理移入。如开元寺“原藏有宋版全藏三千余册，为国内孤本，现已移入省立图书馆”。卧龙寺“寺内原藏有宋版大藏经七千余册，极为名贵，上海中国佛学会，出巨资照像印行，以为佛学之研究。后以觊觎是书者多，今移存省立第一图书馆矣”。迎祥观“旧有唐睿宗御制之大铜钟一具，高约丈余，径约八尺，状极伟丽，钟路花纹，亦皆精工，现移省立第一图书馆陈列”。经过一段时间的积累，陕西省立图书馆内的藏书、文物已至为丰富。据《西京快览》载，省立图书馆“内藏公私图书及古物甚夥。有中文书籍十六万二千余册，西文图书一百余册，日文图书三百七十余册。其中最名贵者，有宋元明版本之大藏经一万五千九百四十二卷。其附属之历史博物部，内藏大小古物二百余件，重要者，以唐刻经幢元代石狮及昭陵六骏（已失其二），周鼎唐钟等均为名贵之品，其余大小铜像石像陶器以及各种零星古物，皆极可观”。1932 年前后蒋维乔在《长安及终南山纪游》中记述省立图书馆藏品情况云：

① 鲁涵之，张韶仙编：《西京快览》第 4 编《名胜古迹》，西京快览社，1936 年。

晤馆长张君俊卿略谈，据云收藏之书有十七万卷。引导参观，有石印之图书集成两部，至可宝贵。宋版书只有真西山读书记一部。卧龙寺之宋碛砂板大藏经亦藏于此。并有邗上袁耀所绘《汉宫春晓图》。馆内附历史博物馆，保存铜像石像铜器陶器甚多。周鼎一具为最古，其余则后魏隋唐遗物为多。有唐太宗昭陵前之八骏马。刻雕神妙，尚存其六。[1]

1931 年开办的省立第一民众教育馆与图书馆相毗邻。《西京快览》载民众教育馆"在省立第一图书馆之后，地名马坊门。馆内花木甚盛，有大演讲厅、健康陈列室、阅书报室、动物园等。门前装有收音机。每届天气晴朗之日，游人甚多"。[2]这里曾是清总督行署的花园，因而环境清幽。馆内大会场为当年群众集会、演讲及举办展览之所。民众教育馆同时还兼有西安动植物园的功能，饲养着熊、狼、狐狸等动物，以供民参观。[3]"动植物等皆表明产地及作用，注重科学常识"[4]。

西安城还有位于莲湖公园中的一处图书馆和体育馆，为市民读书、健身、游园的好去处。1912 年将明清时期的莲花池辟为体育场，"国民党设党部于此，而以体育场招徕群众。袁氏帝制起，遂废置。郭希仁、董雨农等重治平之，仍复体育场之旧观。至廿年重加整顿，乃引水植木，而更今名。今园中有图书馆、体育场，山水亭石，林木密茂，地址广阔，空气甚

① 蒋维乔：《长安及终南山纪游》，《旅行杂志》1933 第 7 卷第 4 期。

② 鲁涵之，张韶仙编：《西京快览》第 4 编《名胜古迹》，西京快览社，1936 年。

③ 封五昌：《往昔繁华的南院门》，《西安晚报》，2004 年 12 月 17 日。

④ 蒋维乔：《长安及终南山纪游》，《旅行杂志》1933 第 7 卷第 4 期。

佳，清晨傍晚，游人颇众”[1]。1930年以前莲湖公园由教育厅管理，后移归建设厅，1936年前后专由园林管理处管理。1943年西安升为院辖市后，又在革命公园、大学习巷等处增设了民众阅览室，备有杂志、报纸和图书，供市民阅览和租借。

2. **报社与通讯社**

民国西安的报社、通讯社等通过其报纸、杂志在繁荣、宣传西安文化方面起到过重要作用，相对于封建时代传统文教而言，报社、通讯社等可谓新型的文化教育机构。

1944年署名为洁实的作者在《寂寞的西京》一文中对当时西安城的主要报纸进行了评述[2]，大致可以一窥当时的媒体发展状况：

> 西安出一张的大报，有《青年日报》《西京日报》《秦风工商合刊》三种。半张的有《西京平报》《文化日报》《华北新闻》，其中以《华北新闻》销路为最好，日销五六千份至七八千份不等。西安的报纸，都要赔本，所以每一种报纸，非得有钱人做后台，不能维持。《青年日报》半属“青年团“所维持。《西京日报》则为党报，《秦风工商合刊》为以前杨虎城部下旅长，而今退休之刘文伯等所支持。《西京平报》则由参政员李芝亭所办。《华北新闻》和上海小报一样，是报馆中的炒杂烩，竟以此获得了西安报纸销售份数的首席，由一位统计家赵自强所办，因为是战后迁来的，所以铅字方面，字模种类最多。

① 鲁涵之，张韶仙编：《西京快览》第4编《名胜古迹》，西京快览社，1936年。

② 洁实：《寂寞的西京》，《杂志》，1944年第13卷第6期。

各报纸张一律都用川纸，油墨也差，排字工人待遇很薄，校对员每月薪饷二千元，不够养活老婆，所以报上错字颇多。……其次谈到附刊方面。《秦风工商合刊》鉴于《华北新闻》以炒杂烩作风而居销数的第一位，于是也竭力模仿，题名纵横，乱七八糟，各色俱备。《青年日报》附刊每周有一天为“时代评论”，然刊文未见评或论，更难以称之为时代也。“文艺”每周有三天，名“先锋”，新诗、小品、小说俱有。近因稿费拖欠，影响外稿来源。向有每星期一之“西北建设”，刊文多系其他杂志上拼凑而成。《西京日报》之附刊名“旄头”，内容颇杂，亦未见佳。

至于半张之《文化日报》《西京平报》《西安晚报》等之附刊，无从说起，与小学生之填空，并无二样。不但不值一看，并且不可一看。

实际上，民国西安也有注重文稿质量、宣扬革新思想的进步报纸。杨虎城将军主陕时，进步人士曹冷泉曾在五味什字主编《西北文化日报》副刊，广泛联系了一批知识青年。此外，民主人士成柏仁创办的《秦风日报》和后来刘文伯主办的《工商日报》，在抗战期间联合出版发行，报馆设在五味什字南首中段。该报敢于针砭时弊，故颇受读者欢迎。抗战胜利后，因该报发表“反内战、反独裁”言论，不久即遭到捣毁和查封。著名爱国进步人士李敷仁起先创办的《老百姓报》，在被国民党当局查封后，又于1945年创办了《民众导报》，继续揭露国民党政权的反动和腐朽，反映劳动人民的疾苦。并联络其他进步刊物和进步人士，积极推进民主运动。

至1948年，西安市已设立了12家报社（含日报、晚报），既有综合性的《西京日报》《西京平报》等，也有具备专门导向性的《经济快报》《民众导报》等。报社在城区的分布为：西南城区5家，西北2家，东南1家，北大街2家，东大街2家。

1948年西安市还有14家通讯社，分属于中央、地方、专门机构以及军队系统等。其分布以西南城区最多，西北、东南城区次之，东北城区开始分布，东大街、北大街亦有分布。

1948年，西安市共出版发行28种杂志。就类型而言，有医药健康、工商经济、文艺娱乐、时论文萃、公文政报等；医药健康类和工商经济类各达6家，合计约占到总数的将近一半，由此也可反映出当时所针对的读者类型和读者的喜好。按发行时间则有月刊、半月刊、旬刊、周报、周刊等。

就文化教育功能而言，报社、通讯社、杂志社及其所出版的报纸、杂志与传统的文教机构已经在技术手段、传播方式以及传播内容等各方面发生了很大变化，反映了西安城文化教育向近代化、现代化转型的特征。民国西安城报社、通讯社、杂志社的数量之多，也强化了西安作为文教重镇的特点，这些媒体在传播、宣传和弘扬西安文化传统、提升西安文教地位方面具有特殊的作用。

第三章

贾通八方：重镇时代
西安城商贸空间的发展变迁

重镇时代的西安城，以其地当华北、中原通往西北、西南交通要冲的地缘优势，不仅在军事、政治和文化等方面占有重要地位，在西北商贸格局中也显现着重镇的特质。自宋至民国，西安城内“五方杂处，商贾云集”①，城区曾分布有数量众多的市场、店铺、会馆、公会、庙市以及工业企业、票号、钱庄、银行等。商贸活动虽历千年而有起伏，但“贾通八方”的城市商贸特征始终鲜明，西安也逐渐发展成为西北地区最为重要的商业都会。本章主要论述10—20世纪西安城区各类市场、商业街区、会馆等商贸空间的发展变迁，兼及近代工业、金融业的兴衰及其空间分布特征，以期揭示西安作为西北商贸重镇的地位。

第一节　明清西安城商贸空间的发展

一、宋元长安城的商业及其市场

唐末国都东迁，长安城市规模大为缩小，人口也相应减

① （清）卢坤：《秦疆治略》卷三，道光刻本。

少，但延至五代时期，长安城内北市、菜市等市场仍兴旺不衰。[①] 作为西北区域中心城市，宋代长安城“当西方之冲要，衣冠豪右错居其间，连甍接桷”[②]，“民多浮奢，去本趋末。”[③]又“长安有宝货行，搜奇物者必萃焉”[④]。表明宋长安城仍以其交通区位优势在商贸方面发挥重要作用，市民也多以商贸为业，城市商业兴盛。宋京兆府在熙宁十年（1077 年）前，每年共收商税 83375 贯左右，其中在城商税为 38445 贯 842 文，京兆府所辖各县场务共收商税 44929 贯。这一数字固然不能与每年商税 40 万贯的都城开封相比，但其在城部分仍然居于全国各大城市的第 16 位。[⑤] 这一时期，长安商人曾因朝廷议废铁钱而举行两次规模浩大的罢市活动，“长安为之乱，民多闭肆”[⑥]。直至最终商民得知“铁钱不废，市肆复安”。可见商人已成为长安城市社会中的重要阶层，专门性的商人组织——行会也已形成。

金代京兆府城中已经出现若干专业市场，分别经营酒类、蔬菜、漆器等。商贸市场的固定与经营活动的繁荣甚至对于城区街巷地名的形成都产生了深远的影响。《京兆府提学所帖碑》中即载“酒务街，左第一厢”，“东菜市街，左第一厢”，“漆器市街，右第一厢”[⑦]，这些街巷因临近市场而得名，表明城内

① 吴宏岐：《论唐末五代长安城的形制和布局特点》，《中国历史地理论丛》1999 年第 2 辑。
② （宋）侯□撰：《京兆府长安善感禅院新井记碑》，碑存西安碑林。
③ （宋）宋敏求：《长安志》，中华书局 1991 年版。
④ （宋）江休复：《江邻几杂志》卷下。
⑤ 杨德泉：《试谈宋代的长安》，《陕西师范大学学报》1983 年第 4 期。
⑥ 雍正《陕西通志》卷四一。
⑦ 国家图书馆善本金石组编：《历代石刻史料汇编》第 1 册，北京图书馆出版社 2000 年版。

市场的发展兴盛而稳固。元代奉元路城作为安西王府所在地，商贸在宋金基础上有所发展。意大利旅行家马可·波罗在其游记中记述元奉元路城商业繁盛状况云，“城甚壮丽，为京兆府国之都会……此城工商繁盛，产丝多，居民以制种种金锦丝绢”。并且“凡人生之物，城中皆有，价值甚贱”[①]。从李好文《元奉元城图》所载地名分析，元代城内西区北部有马市、羊市，中部有药市街，市场的行业划分已初露端倪。元代长安城附近的许多著名市镇也逐渐由军镇向市镇转化，如鸣犊、灞桥、义谷、莎城、杜角、秦渡、甘泉、零口、栎阳、高陵、渭桥、毗沙等，这在很大程度上强化了西安在重镇时代西北商贸重镇的地位。

二、明清西安城主要市场与商业街区的空间分布

明清西安城内商贸空间主要包括集中分布的市场、商业街以及分散的店铺、会馆、庙市、赛会等。以下按照大城内东南、西南、东北、西北四区和东、西、南、北四关城的基本空间架构分析其分布特征。

1. 市场与商业街区的分布

明代陕西和西安在西北地区的商贸活动中占有重要地位，这不仅因为陕西地处连接西北各省和中原各地的区位优势，而且因为关中作为农业发达地区，也为商业贸易奠定了坚实的基础。明人张瀚在《松窗梦语》载“河以西为古雍地，今为陕西。山河四塞，昔称天府，西安为会城。地多驴马牛羊、毡裘筋骨。自昔多贾，西入陇、蜀，东走齐、鲁，往来交易，莫不得其所欲。至今西北贾多秦人”。又赞誉关中之地“生理殷繁，

---

① 〔意〕马可·波罗著，冯承钧译：《马可波罗行记》中册，商务印书馆1936年版，第431—432页。

则贾人所聚也”[①]。在明代活跃于全国各地的商帮中，陕商堪与徽商、晋商相提并论。虽然陕商的活动区域集中在西北、西南、中原和东南地区，但其商贸活动无疑扩大了陕西以及西安的影响，同时也吸引了众多的其他各地商贾前往西安进行贸易。文献中缺乏明确记载明代西安城区市场分布的资料，但可依据明代城市发展状况和清代城区市场分布进行分析和向前推溯，同时依据地名资料对明代西安城市场分布也可进行一定程度的复原。

随着清代统治疆域的扩大，西安作为最重要的西北区域中心市场之一，城内市场数量大为增加，而且各类行业市场、店铺在城区的空间分布也有集中和分散两种趋势。乾隆年间《开元寺八景图记》碑载“西安为关中都会，冠盖之所趋，日中成市”[②]。说明西安城同时作为省城、府城和县城，设有大量行政机构，达官贵人、富商大贾聚居城中，往来频繁，因而商贸活跃。在封建时代，城市市场从形成到固定下来并形成一定的规模均需经过较长的时间，因而康熙《咸宁县志》所载清前期市场在很大程度上也可反映出明代后期西安城区市场的分布状况。

现存方志中以康熙七年（1668 年）刻本《咸宁县志》最早系统记述了西安城内专业市场的分布情况，移录如次，“城内有粮食市，今在四门牌楼，布市，即布店；大、小菜市，满城内；糯米市，通政坊；面市，马巷坊；骡马市[③]，跌水河

① （明）张瀚：《松窗梦语》卷四《商贾纪》，第 82 页。

② 清乾隆四十八年（1783 年）吴泰来撰：《开元寺八景图记》，碑存西安碑林。

③ 民国《续修陕西通志稿》卷三十《四征榷一·牲畜税》“城内骡马市税银向归满营征收，后改西安府”。

西；羊市，县治东；猪市，粉巷；鸡、鹅、鸭市，鼓楼前；木头市、方板市，开元寺东；瓷器市、鞭子市、竹笆市，俱在鼓楼前；草市，跌水河西；东郭有粮食市、果子市；南郭有青果市[①]；店之在城者有梭布店、云布店、红店、纸店、壶瓶店、绸缎店、南京摊，俱在鼓楼西；书店，鼓楼前；金店、椒盐摊，鼓楼前；在东关者有盐店、药材店、棉花店、糖果店、生姜店、过客店，在北关有锅店、过客店”。[②]

由此记述可知，鼓楼周边为商业店铺分布最密集的商业区，西北、西南、东南、东北城区亦有分布，关城中以东关和南关分布较多，尤其东关商贸店肆众多。在康熙《咸宁县志》的记载中，编纂者所具有的空间观念也有助于了解当时的市场分布情况。编纂者首先从宏观上将西安城分为城内、在城者与东郭、东关、南郭、北关两大类，即大城区和关城区，表明城区和四关城均有商业市场分布，就“一城八区”而言相对均衡。其次，在记述城区市场时，编纂者将满城内与通政坊、马巷坊、县治东、鼓楼前等空间单元或位置并列，反映了满城封闭区域的性质，其中虽有大、小菜市分布其中，但也正可表明满城内店铺极少，甚少商贸活动。

康熙《咸宁县志》的编纂者将市和店很明确地区分开来，市为集中性的商业区，大量同行店铺或交易对象集中在一定区域或者一条街巷内，呈现斑块状或带状分布，而店则为点状的分散商业铺面，与民宅、寺宇等混杂分布。康熙《咸宁县志》记载的商品种类甚为丰富，大的类型就包括粮食、蔬菜、药材、建材、农具、牲畜禽类、布匹绸缎、干鲜果品、金银首饰、生活用具、文化用品、过客店等。有学者认为，明清时期

① 民国《续修陕西通志稿》卷一九〇《物产一》。

② 康熙《咸宁县志》卷二《建置》。

北方商业店铺主要集中在以下集中行业上：一为粮米业；二为布棉业，包括布行、绸缎行、棉行；三为钱业，包括典铺；四为杂货业；五为手工业店作，包括银货、铁货、铜货、皮革、染坊、木铺、油坊等；六为饮食业，包括面铺、饭店、豆腐房、菜店、肉铺、酱醋店、盐店、茶店；七为服务业，包括旅店等；八为药业；九为煤炭业；十为书业，包括书店、印刷业以及其他行业。[①] 从康熙《咸宁县志》的记载来看，西安城已具备了绝大多数商铺类型，这些市场、店铺反映了西安城经济发展水平和商业贸易的活跃程度。

2. **市场的空间分布特征**

明清西安城内商业空间格局仍可在“一城八区”基础上进行分析，城区中以南院门和鼓楼周边为传统商业集中分布区；东关分布有大量过客店，表明具有为外地商品集散地的性质；南关因集中大量来自秦岭的山货土产交易，为本地山货土产集中地；北关临近草滩镇渭河盐、炭码头，为盐、炭交易集中地；西关亦为本地棉花、粮食等商品集散地。

(1) 西北城区

西北城区占地规模仅次于东北城区，其南部临近西大街一带为宋元旧城区，商贸基础较强。明代秦府宗室府宅在北院门附近集聚分布，明清两代这一区域又形成官署区，整体购买力较强，商业贸易因之活跃。同时这一地区亦因有都城隍庙而促进了商业店铺和市场的发育。人口逐渐增加的回族商民在西北城区主要经营饮食业，牛、羊皮业等，大、小皮院的地名即因此形成。

以清光绪二十六年（1900 年）粤籍官员伍铨萃在西安的

① 姜守鹏：《明清北方市场研究》，东北师范大学出版社 1996 年版，第 134—135 页。

采购活动为例，可一窥西北城区两个商业核心区，即北院门和城隍庙的商贸活动。《北游日记》中载十二月三十日“下午游西大街宣平坊，市场热闹，购元宵、石榴、核桃、松花归”；正月十二日“候龙舍人罗荣轩到宣平坊市购笋、螃蟹、烟花归”[①]；二十日“游北院门得如意壶一”；二月廿五“早买芍药花宣平坊”。从《北游日记》的购物情况来看，北院门地区的商品主要适应了“庚子事变”后全国各地大量官员前往西安，对古物需求颇多的状况，市场上多古币、古玩以及字画，充分体现了西安作为古都的鲜明特点。而城隍庙市场则以日常干鲜水果等货物为主，更带有平民化的色彩。

北院于光绪二十六年成为慈禧太后和光绪帝行宫所在地，由于“各省解往银两赴行在者，在二月初核算，已有五百万之多”，巨额资金向西安不断流动，这对于整个西安城尤其是西北城区商贸发展有极大的促进作用。城内“沿街京官车马往来，已有京师气象。且公退后多聚于食肆，京语满座”。“此时市上百货云集，关东之牛、鱼、野猪、皆有之，若葡萄干、哈密瓜更多，街头凡地摊四行”。这样的商贸盛况“据秦人云自来未有如此之盛者”[②]。北院门周围“行宫左右地方皆驻扎武卫营兵，而街市亦照常贸易。人谓不愁货不卖，只愁无货”[③]。

在上述两处核心市场之外，清代北门附近还形成了早市，即民国时期所谓的“鬼市”。《北游日记》载“四月十二丁未

① （清）伍铨萃：《北游日记》，吴湘相主编《中国史学丛书》，台湾学生书局1976年版。

② （清）唐晏纂，刘承干校：《庚子西行记事》，《中国野史集成》编委会，四川大学图书馆编《中国野史集成》，第47册，巴蜀书社1993年版。

③ 〔日〕吉田良太郎，八咏楼主人编：《西巡回銮始末记·两宫驻跸西安记》，台湾学生书局1973年版。

晴，晨起……到北门早墟得治平文宝、周元通宝泉二枚、丝绸九尺”[①]；“十九甲寅晴……约游北门晓市，得……绿耳马钱一枚……得山水画稿一本”。市场交易商品仍与北院作为行宫以及大批外地官员来陕相关。

西北城区因布设有存储军粮的永丰仓，因而一度在乾隆年间还形成了粮食市。省城永丰、敬录两仓归督粮道管辖经收，分别位于城西北和东南区。乾隆间陕西巡抚崔抚指称“查陕西粮道驻扎省城，专管支放满汉官兵粮饷……查得该道所管永丰、敬录二仓左右铺户环列一百三十四家”[②]，后来这些粮食铺因破坏纳粮制度而被清除。这些市场因缺乏长久发展的根基，虽然在一段时期内发展非常之快，也颇成规模，但易受官方政策的影响，往往又在短期内消散无踪。

(2) 西南城区

西南城区作为明清西安城内的传统旧城区，虽然面积在四区中最小，但街巷众多，人口稠密。清代满城兴建后，东门出入不便，东来客商或在东关卸载转运，或绕道从南门入城。由此南门的交通要道地位提升，这也促进了西南城区商业的发展，形成了以南院门为核心的市场集中分布区，并直接影响到清代后期商人会馆大量分布于此。《北游日记》亦载南院门商业区夜市云“（光绪十七年三月廿三）晚薄游南院，市饼、果归”[③]。又“（光绪十七年三月廿九）出竹笆市购康熙青果筒一

① 〔日〕吉田良太郎，八咏楼主人编：《西巡回銮始末记·两宫驻跸西安记》，台湾学生书局 1973 年版。

② 民国《续修陕西通志稿》卷三二《仓庾一》。

③ （清）伍铨萃：《北游日记》，吴湘相主编《中国史学丛书》，台湾学生书局 1976 年版。

枚，元瓷碟一枚”[①]。《庚子西狩丛谈》载慈禧和光绪从北院门行宫出南门时云“沿途市肆，各设香花灯彩”[②]。表明从北院门周围经南大街到南门一带店铺为数甚多。

明清西安城最重要的节市为一年一度在南院门地区举行的灯市。每年“正月十五日谓之灯节，前十日城内四关、南院门以及乡镇俱售各样花灯，争奇斗巧，以南院门为最盛，制灯者各持所有货于市……夕演汉船鱼龙七巧各灯。过十六日始止，至二月初一、二日两夜又复演之”[③]。“陕西省垣每岁正月初三、四等日南院门街开张灯市，其灯式不啻数十种，缕金错采，斗巧争妍。每枝灯价有极昂者……填街塞巷，大有车如流水，马如龙之盛。至元宵则家家悬灯，火树银花，游人塞巷填街，加以鱼龙曼衍，百戏杂陈，各县皆然，惟会城尤盛云”[④]。南院门灯市显然是作为全城性市场而存在，四关则以其地处城乡结合部的地缘优势，灯市的观赏和购买对象多为四乡农民。

由于灯市的时间性极强，集中在过年的正月初一至十五，以及二月初一、初二两个时间段，因而与城内其他市场相比有其特殊性。灯市既是商业市场，同时也是节日，与庙会颇有相似之处。

(3) 东北城区

东北城区在明代虽有秦王府和临潼、汧阳两座郡王府，同时还有王府下辖军队驻守，但作为新扩城区，人口分布相对稀

① (清) 伍铨萃:《北游日记》，吴湘相主编《中国史学丛书》，台湾学生书局1976年版。

② 吴永口述，刘治襄记：《庚子西狩丛谈》，岳麓书社1985年版，第96页。

③ 民国《续修陕西通志稿》卷一九八《风俗四》。

④ 民国《续修陕西通志稿》卷一九八《风俗四》。

疏，导致市场发育甚缓。至清代满城占据整个东北城区，基于其军事堡垒的形制和功用以及满人在清代绝大部分时间内被禁止经营商业活动，而汉人进出满城又有限制，因此固定市场几乎是空白。可知的市场仅是大、小菜市，而且还有可能是继承了明代的市场，但在庙会商贸方面尚有发展。满城商贸近乎空白的状况和其巨大的消费需求为东关城商贸的快速发展创造了机遇。

（4）东南城区

东南城区自明代开始就逐渐以发展文教功能为主，但由于南院门商业区的辐射和影响，使这一地区的西北部也有一些市场形成，但从总体上说商贸空间狭小。与文教区的性质相适应，清代在文庙附近形成了小规模的碑帖市场①。光绪年间伍铨萃在其《北游日记》中载“（文庙）内外多卖帖者，仿佛北京之国子监……都中旧友多于此遇”②。足立喜六在《长安史迹考》中亦载“碑林内常有职工七八员专事拓本。碑林门外，复有数十碑帖肆，以事贩卖。凡各国人士游览到此者，类皆购之，以资纪念，故帖肆甚繁昌”③。碑帖市场依附西安碑林而存在，针对特定的文化人群而开设，其文化的意味远较商贸的气息浓厚，是西安商市中较为特殊的一种类型。

（5）东关

① 徐国馨：《古城西安的碑帖拓裱业》，《西安文史资料》第3辑，1982年。

② (清）唐晏纂，刘承干校：《庚子西行记事》，中国野史集成编委会、四川大学图书馆编《中国野史集成》，第47册，巴蜀书社1993年版。

③ 〔日〕足立喜六著，杨练译：《长安史迹考》，中国西北文献丛书编辑委员会编《中国西北文献丛书·西北史地文献》第38卷，第113册，兰州古籍书店1990年版。

四关城作为城市空间的重要组成部分，基于各自特殊的交通地位与“半城半乡”的发展特征，在清代商业发展较快。在四关城中，以东关商业发展最为兴盛。前已述及，满城作为军事区对原有城区的占用从另一个方面推动了东关商业区的扩大，有清一代，东关城的不断发展是与满城的消费需求紧密联系的。东关在清代的发展也是一城两县政区划分平衡的结果，由于满城与南城占据了咸宁县近乎一多半的辖域，加之商业中心又在长安县境，咸宁县在城内仅余的东南部又是文教区，其商业重心便向郭城转移。

总体来看，明清西安城内商业空间具有以下特点：行业集中，市场划分细致，众多同行业店铺聚集一市，在一定程度上实现了规模经营的优势；核心商业区与官署区的范围互有重合，南、北院门既为官署区，也是主要商贸分布区；明代城东北区和清代满城商业发展缓滞，东关在一定程度上取代了东北区的商业发展功能。

3. **四关城厘金局的设置**

清代中后期陕西兴办厘金制度，西安城因商贸兴盛而设置有四关城厘金局。厘金征收机关的分布与百货商品的广泛来源充分反映出西安在全国尤其是西北商业流通体系中占据着重要地位，是重要的商品集散枢纽和消费城市。

咸丰八年（1858年），因捻军西入陕西，各路军饷不下数百万，库藏空虚，陕西始收厘金。巡抚曾望颜仿效湖北捐厘法，设局收百货厘金。征收货物品名有14大类：服装、估衣、皮货、毛货、食用、海菜、果品、干菜、杂货、杂用、木料、药材、玩器、畜物、灯。

光绪二十四年（1898年），陕西省厘税总局制定《百货厘金章程》[1]，其中商货分为 9 大类，具体如下：第一服饰类，包括绸缎线、绸纱、罗纺绢、曲丝绸、蚕绸、棉绸、洋大呢、川大绸、洋羽毛贺兰羽缎绉、贵州蚕绸、川纺绸、浇薄里绸、哈喇各色、漳建各绒、回回锦、洗织绒、西口绒、故绒、乌绒、蓝色、浆绸绫帕、汴绫、大红哔叽；第二皮货类，包括生羊皮、熟羊皮、生狐皮、熟狐皮、天马皮、无毛粉羊皮、海龙袖口、银针海龙袖口、真银鼠袖口、真海马袖口、水獭袖口、貂皮袖口、真貂耳绒大小马褂、狸子皮大小马褂、染灰鼠马褂、熏毛皮马褂、紫毛皮马褂；第三毛货类，包括氆氇、褐子毛辫、栽绒毡、羽缨、毡帽京庄、降州细、衣包毡、粗毡帽、毛袜子、毛裹脚、羊绒；第四食用类，包括变蛋、火腿、本地火腿、盐肉；第五海菜类，包括鱼翅、燕窝、海参、燕丝、鱼肚、鱼脆、鱿鱼、仙米、江瑶柱、鲍鱼、鳖鱼、糟蟹虾、海蜇皮、乌鱼蛋、鱼膘、盐干鱼、节鱼、银鱼、墨鱼；第六类为各色绒毡、毡鞋；第七类为鼻烟洋烟、鼻烟熏烟、水烟；第八类为大米、小米；第九为杂货类，包括京广杂货、玻璃、丸药、苏杭杂货（绸缎）、四川杂货、河南杂货、本地杂货、广福杂货、广料货、山东烧料货、玻璃石、宫灯玻璃灯、羊角灯、川细凉席、纱灯、镜装、苏鼓、藤凉席、藤丝、藤枕、算盘、篦梳、薄荷油。这些来源于全国各地的货物的确说明了“秦川百货，向由外省输入”的货物流通状况。[2]

陕西境内各行商厘金分局初设 18 处，以泾阳为最早，其次东有同州、潼关、大庆关、三河口、芝川、龙驹寨，南有兴安、白河、紫阳、汉中、略阳、宁羌、阳平关；西有凤翔、虢

---

① 陕西省志财政志编纂办公室编：《陕西省志·财政志稿》（上册），1989 年版，第 223—224 页。

② 民国《续修陕西通志稿》卷三五《征榷》。

镇、长武；北有宁条梁等局。后因同治军兴，军费浩繁，需税日多，相继增设了省城四关、三原、石泉、沔县、蜀河、漫川关、龙王迪、宋家川、临渭二华、府神葭、扶箔、咸醴等15局。截至宣统元年（1909年），陕西省共设31处厘局。

同治六年（1867年），西安城在四关城各设一厘金分局，征收商品种类丰富多样，来源地也较为广泛。列表如次。

表3-1　清末西安厘金征收机构及其货物一览表

分局	位置	主要征收货物及其来源	宣统元年征税银	等级
东关局	东关吊桥坊	以布匹、绸缎、药材、京杂货为大宗，次则蓝、棉、水烟，又次则牛、羊皮、山纸、木耳、生漆、栲子、花椒、蜂蜜、桐油①	八千八百二十二两有奇	中下等
南关局	南关吊桥	惟凤、郿、盩厔、鄠县烧酒最多，次为油漆②、火纸、皮纸、牲畜；牲畜由西来，赴东南去	二千一百九十二两奇	中下等
西关局	西关吊桥	猪、羊、骡、马、杂油、挂面、杂木、烟、靛；所收仅本境出产，由乡运城之物	二千一百余两	下等
北关局	北关吊桥	杂皮、棉花、土瓷、清油、红枣、盐、碱、铁、炭③	四百四十七两奇	等最下

① 宣统元年（1909年）《陕西清理财政说明书》下编《岁入厘金类说明书》。

② （清）朱寿朋：《东华续录》，光绪三十一年四月二十九日。

③ 宣统二年（1910年）《陕西清理财政说明书》下编《岁入厘金类说明书》。

三、明清西安城庙市与赛会的发展

商业与宗教的发展都需要能够最大程度的聚集人群，前者旨在售出物品，获取利润，后者则在于收受香火之资，吸纳信仰民众，扩大宗教影响，虽然二者的宗旨有所区别，但对聚众的共同需求使二者紧紧地联系在了一起。赛会就是二者之间相互联系、彼此促进的方式之一，也是二者在长期发展过程中出于共同的利益需求而相互结合起来产生的城乡活动。

按商贸交易时间的频繁程度来划分西安城的市场类型，则在上述固定市场外，西安城商贸活动形式还有庙市和节日市场，在城市商贸中占有重要地位。庙市、赛会和节日市场与固定市场不同之处就在于其时间性较强，有的因庙而立，有的因时因事而定，有的因地从俗而行，规模大小各异，时间长短不一。明清西安城内主要以城隍庙、东岳庙、八仙庵庙会最为兴盛。

1. **庙市**

(1) 都城隍庙

西大街城隍庙是陕西省的都城隍庙，创建于明初，占地面积俗称方圆九里三，仅前后殿院面积就有十二亩七分六厘三。城隍庙市场是由庙会市场向常市发展的典型，商贸活动从短期摊点向长期摊点发展，并最终发展成为有店铺的固定市场。每年四月初八，为祭祀盛会，香客如潮。

都城隍庙在赛会之期的商贸活动较平时更为昌盛，“长安、咸宁两县旧俗岁有赛会四，而以四月初八等日都城隍之会为最大。商贾联集，蔚成钜观”[①]。都城隍庙赛会不仅参与的商贾众多，而且远比其他庙宇的赛会日期为长，“至若岁时开设大会，累月连朝，若省垣之城隍庙会，……招集众而市肆骈阗，

① 民国《续修陕西通志稿》卷一九八《风俗四》。

贸易蕃而金钱萃集，亦骎骎乎与西人所谓赛会者侔矣”[①]。民国时有谚语称“城隍庙，九里三，各样买卖在里边，上自绫罗和绸缎，下至牛笼头和马鞭”。这虽然描述的是民国时期西安都城隍庙的情形，但明清西安城市场相对民国较少，而都城隍庙作为核心市场之一，其中商品种类亦当丰富。

都城隍庙商业活动兴盛的原因除了城隍信仰可以聚集大量人群，还要归功于城隍庙内所设的戏楼（即乐舞楼）。“城北有城隍庙，为万货萃处，门殿之间皆列肆也。四隅则为戏园。”[②]陕西秦腔在明清之际已经发展到很高的阶段，而西安人对于秦腔尤为钟爱，都城隍庙作为西安城的重要娱乐中心，对城乡人群有着超乎寻常的吸引力。戏楼的设置在明清时期西安城内祠宇尤其是道教庙宇中较为常见，位于东门内的东岳庙也同样是赛会的重要场所，而且与城隍庙相同，其中也设置有戏楼，这就成为在宗教信仰之外对人群的又一吸引力因素。逛城隍庙成为市民的一种生活方式，即使是外来的官宦也必到此地一游，如光绪二十六年（1900年）慈禧“西狩”之际，就有大量的官员随行，同时，全国各地的官僚也纷纷前往西安，城隍庙屡见于他们的游记当中，如伍铨萃《北游日记》中就有“（十二月）初四……备游城隍庙”的记述。[③]

（2）八仙庵

八仙庵庙会是明清西安城内堪与都城隍庙相比的庙会市场，其形成与东关的城市性质有很大关系。作为半农半商、半城半乡地区，东关内居住的大多为农户，其田地一般都在东关

① 民国《续修陕西通志稿》卷一九八《风俗四》。
② （清）唐晏纂，刘承干校：《庚子西行记事》，《中国野史集成》编委会，四川大学图书馆编《中国野史集成》，第47册，巴蜀书社1993年版。
③ 吴湘相主编：《中国史学丛书》，台湾学生书局1976年版。

之外，每年春种秋收，需要购置农业用具、牲畜等，东关外的农户同样有此需求，而每年四月八日为东关咸宁县城隍庙会，四月十四至十六日为八仙庵吕祖庙会，二者相距极近，日期又恰在三夏大忙之前，基于农业需求的商贸活动遂形成一年一度的由八仙庵庙会、咸宁县城隍庙会、忙笼会、骡马会构成的长达十天的会期，以八仙庵为庙会中心①。

(3) 东岳庙

清代西安满城占据全城约三分之一的面积，其中人口最盛时多达四万余人。清代中前期满城旗人主要负责军事驻防，不事生产，也被禁止进行商贸活动，多依靠清廷发放的禄米、银两生活。至清后期，随着满城内人口的增加和八旗军兵生活的紧张，“陕省分防较早，生齿最繁，安坐而食，生计日艰”②。满城内也逐渐出现商贸活动和场所，东岳庙就是满城内最大的赛会场所。

东岳庙位于西安城东门内北侧，每年三月二十八日为庙会之期，“三月二十八日为东岳大帝会，其会地即在满城东岳庙内，熙来攘往，贸易小盛”③。东岳庙位于东出长乐门的交通要道，虽然在清代被圈入满城，汉人自此经过者极少，但显然成为满城内的核心市场之一。由于祭祀日期的持续性和稳定性，始建于宋代的东岳庙在明代也当是赛会贸易的重要场地。

东岳庙会之外，满城内还常在“恭遇庆典之日……庆祝演剧，小贸营生者资焉”④，表明其中有流动性的商业交易场所，

① 潘应蓬：《古都碑林区两大寺院》，《碑林文史资料》第 2 辑，1987 年，第 140—142 页。

② 刘锦藻：《清朝续文献通考》卷三八四《实业七》。

③ 民国《续修陕西通志稿》卷一九八《风俗四》。

④ 民国《续修陕西通志稿》卷一九八《风俗四》。

同时伴有戏剧演出。商业贸易与演戏娱乐的同时出现，相互依存，也成为明清西安城商业活动的一个鲜明特点。

在上述主要庙市之外，城内还有其他寺宇也有庙会活动，在特定的日期成为西安城的商贸市场。

2. **赛会**

明清西安城内的赛会商贸活动，与信仰空间等级相关，多以小型庙宇为依托，会期、场地时有变动，稳定性较弱。所谓“其余则多借祀神之典，为开会之期，如工商则祀火神、财神，财神以七月廿二为会期，京广药市等则祀药王，其会期会地均无定”①。究其原因，主要是缘于城内同一类型庙宇并非仅有一处而是往往有多所的宗教分布格局，无论是火神、财神或者药王，城内四区和关城多有分布，因而赛会日期、举办场地等可能会在各庙宇之间轮换，这样所形成的赛会商贸场所流动性强，稳定性弱，易受各种因素影响。

赛会的特点就在于热闹，平时劳作终日的人们在赛会之期可以放松娱乐，就这一点而言，赛会活动中祭祀的气息相对较淡，而借以进行商贸交易、娱乐和游玩的功能却在增加，因而城内赛会之期多可视为商贸日期。民国《续修陕西通志稿》就指出“按赛会之举始自西周，官礼有大市、朝市、夕市之分。大市百族为主，朝市商贾为主，夕市贩夫贩妇为主。……陕右赛会，每借祀神开设而其实在行销土货，所以通省皆有场集”。赛会的商品与城内固定市场的商品有所区别，即“顾皆寻常日用之需，农民田器之类，奇技淫巧则无一焉”。

四、清代西安城商业会馆的数量、分布及其功能

会馆是封建时代后期区域中心城市空间格局及其景观的重

① 民国《续修陕西通志稿》卷一九八《风俗四》。

要组成部分，也是城市地位重要性的指征之一。当前会馆研究多集中在封建时代后期如北京、杭州等东部沿海、沿江地区商业、手工业发达的城市，内陆和西部地区的城市会馆研究极为薄弱。作为清代西部地区最为重要的区域重镇，西安城商业会馆数量众多、地域来源广泛，是清代中后期城市商业贸易快速发展的结果和反映，在西部各区域中心城市中首屈一指。[①] 依据会馆职能和服务对象的差异，概括而言，清代西安城会馆主要可分为商业会馆与乡试会馆两大类，以下着重论述商业会馆。

1. **商业会馆的类型、数量及其分布**

(1) 类型

会馆本是设于异地供同乡之人寄寓之所，随着明清时期全国各地商贸交流的日益广泛与频繁，商人会馆（或称“商业会馆”）得以迅速发展，成为同乡商人在异地交流商贸信息、住宿休息、存放货物的主要场所。

依据会馆来源地域的不同，清代西安城商业会馆可分为外省会馆和西安府属各县会馆。在外省会馆中，又可依据会馆名称所反映的会馆人员籍贯构成将会馆划分为单一省份会馆和多省联合会馆两类，前者如山东会馆、四川会馆等，后者如燕鲁沈吉江五省会馆、八旗奉直会馆等。在西安的各省同乡商人又以府县辖域分为较小商帮，如河北商人分为高阳帮、钜鹿帮，河南商人分为洛阳帮、襄庆帮，山西商人分为晋北帮、晋南帮，山东商人则分为潍县帮、博山帮等。[②] 由于西安城商贸

① 史红帅：《清代西安城会馆的初步研究》，《历史地理》第 20 辑，上海人民出版社 2004 年版。

② 东亚同文会支那省别全志刊行会编：《新修支那省别全志》第 6 卷《陕西省》，第 818 页，东亚同文会支那省别全志刊行会，1943 年 6 月。

"利权多为山西及东南各省之人所垄断，住居西安之富商大贾大半为外省人"[1]，这一状况实际是商业会馆尤其是外地会馆在西安城内广泛分布的基础。

清代西安城商业会馆除以地域为别形成的各省会馆之外，还有依照行业的不同所形成的行业会馆。在城市商贸中占据重要地位的行业往往都组建有会馆，如银匠会馆、梨园会馆、饮食业会馆、布商会馆、畜商会馆等，以管理同行业各项事务。

（2）数量

关于清代西安城内商业会馆的数量，由于资料来源的差异，学者们的统计不尽一致。张永禄先生在《明清西安词典·府城署馆》中记述了 16 所商业会馆[2]，而近来日本学者薄井由依据日本东亚同文书院在清末各主要城市的调查资料，统计西安城的会馆数量为 14 所。[3] 需要指出的是，《明清西安词典》主要依据光绪十九年（1893 年）《清西安府图》的地物标注，对未标出的行业会馆未加统计；而东亚同文书院的调查资料固然在统计全国各主要城市的会馆分布和数量方面具有重要

① 刘安国：《陕西交通挈要》第 6 章《重要都会》，中华书局，民国十七年（1928 年），第 32 页。

② 张永禄主编：《明清西安词典》，陕西人民出版社 1999 年版，第 135—136 页。

③ 〔日〕薄井由：《清末以来会馆的地理分布——以东亚同文书院调查资料为依据》，载《中国历史地理论丛》2003 年第 3 辑。该文引东亚同文会编《支那省别全志》第 7 卷陕西省（1918 年 2 月）的调查资料，统计西安城在清末至民国初年共有福建、安徽、中州、山东、湖广、江苏、绍兴、直隶、三晋、全浙、山西、江西、醴泉等十四会馆。在这一调查资料中，将外省的商业会馆与本地属县的乡试会馆混同统计，不仅数量上远远少于实际的会馆数，而且对会馆的不同类型也未加区分。

价值，但其数据多依赖于对当地人的采访资料，全面性方面较为欠缺。核实而论，这两项研究所统计的清代西安城商业会馆数远少于实际数量。

据光绪十九年（1893年）《清西安府图》标注、民国《咸宁长安两县续志》以及文史调查资料等文献进行初步统计，考订出清代西安城商业（含行业）会馆共达26所。依地域划分，26所商业会馆中，外省会馆18所，本地会馆8所。清代西安城26所商业会馆的名称、分布及其祭祀对象如表3－2。

从表中会馆的名号可以看出，至清后期全国各省在西安大都已有频繁的经济活动，众多商人会馆的出现及集中分布，充分表明了西安在西北地区经济生活中的重要地位。西安的外地会馆来源地极为广泛，除新疆、青海、西藏、云南以及蒙古等地区未建会馆外，全国其他省份均在西安建有商业会馆。

据东亚同文会调查统计，清末民初主要区域中心城市的会馆数分别为：西安14所，太原16所，开封13所，济南6所，杭州15所，福州14所，桂林7所，昆明11所，重庆11所，贵阳5所，上海会馆（含公所）26所，同处西北地区的皋兰仅8所。按照这一不完全的统计数据来看，西安的会馆数量在整个西部地区居于首位，与重庆、昆明成为西部地区的商业中心；就会馆来源地的广泛程度而言，西安的商业地位更在重庆和昆明之上；此外，从较大会馆拥有的会员人数而言，西安全浙会馆会员达到四千之多，甘肃会馆会员达到一千二百，无论在内陆还是在沿海沿江大城市中均属于规模最大的会馆之一。[①] 通过与同一时期其他区域中心城市所拥有的商业会馆的

① 〔日〕薄井由：《清末以来会馆的地理分布——以东亚同文书院调查资料为依据》引东亚同文会编：《支那省别全志》第7卷陕西省（1918年2月，第787—818页），《中国历史地理论丛》2003年第3辑。

表3－2 清代中后期（含民国元年）西安城主要商业会馆分布一览表①

会馆名称	位置	奉祀对象
甘肃会馆	梁家牌楼东段之北	祀三皇
山西会馆②	约今东关长乐坊街西段路北，清咸丰之前建③	祀关帝
三晋会馆	梁家牌楼中段路北，清同光年间建。	祀关帝
山东会馆	五味什字东段路南杜甫巷之西，清同光年间建	祀孔子
中州会馆	五味什字中段路北	祀先贤先儒
中州西馆	中州会馆之西	
八旗奉直会馆	盐店街西段路南	祀先贤先儒
燕鲁沈吉江五省会馆	盐店街	
安徽会馆	五味什字东段路北	祀朱文公
安徽东馆	湘子庙街东段路北	
江苏会馆	西大街以南五味什字东端路南	祀吴泰伯仲雍
湖广会馆	五味什字西段	祀夏禹王
福建会馆	南院门大街东端路北	祀天后圣母
全浙会馆	湘子庙街中段路北	祀夏禹王

① 主要依据民国《咸宁长安两县续志》卷七《祠祀考》制成。浙江会馆、燕鲁沈吉江五省会馆、两江会馆系从1935年《西京快览》第四编《名胜古迹》(6)“会馆”条补八。

② 清代中后期西安北郊草滩镇亦以其重要的商贸中转地位而兴建有山西会馆一所，内有戏楼等建筑，成为西安城郊唯一的外省商业会馆。

③ （清）潘祖荫：《秦辅日记》。

续表

会馆名称	位　　　置	奉祀对象
绍兴会馆	东木头市街西段路东	祀夏禹王
江西公寓	湘子庙街中段路北大车家巷之东	祀许真君
两广会馆	大皮院路北东段	祀关帝、文昌
四川会馆	西大街	祀文昌
鄠县会馆①	城隍庙后街，光绪二十六年当，宣统二年买到	
韩城会馆②	钟楼北大街，民国元年建	
盩厔会馆③	一名二曲公寓，在西仓门，民国元年建	
饮食业会馆④	书院门西口牌楼南，清末设初等小学堂	
银匠会馆⑤	南大街路东，油店巷以南	
畜商会馆⑥	西关瘟神庙内，清道光九年建祀瘟神	
布商会馆⑦	东关索罗巷口东，为两湖布商祀神、会议公所	
梨园会馆	骡马市街路西，清乾隆间创建，民国时为西安戏剧同业公会	祀唐玄宗、关帝、财神、药王

① 赵葆真修，段光世等纂：《鄠县志》卷二《官署》，民国二十二年（1933年）铅印本。

② 赵本荫修，程仲昭纂：《韩城县续志》卷三《古迹》，民国十四年（1925年）石印本。

③ 庞文中修，任肇新纂：《盩厔县志》卷二《建置》，民国十四年（1925年）铅印本。

④ 黄士祯：《书院门古文化一条街》，《莲湖文史资料》第8辑，1995年。

⑤ 田克恭：《西安南大街》，《西安文史资料》第5辑，1983年。

⑥ 民国《咸宁长安两县续志》卷七《祠祀考》。

⑦ 民国《咸宁长安两县续志》卷七《祠祀考》。

比较分析，可知清代西安城在西北地区确为当之无愧的商贸中心城市，即使与同一时期东部地区的商业发达城市如上海、杭州等相较，虽然整体上仍显落后，但区域商业地位的重要程度也堪与比肩。

(3) 分布

清代西安城26所商业会馆分布情况是西南城区分布14所，东南城区4所，西北城区5所，东关2所，西关1所。东北隅满城、南关、北关均无分布。

商业会馆主要集中分布在西南城区，以梁家牌楼、盐店街、五味什字等街最多。这一区域作为宋元时期的传统老城区，虽然在城四隅中区域最为狭小，但人口众多，街巷稠密，商业发展有着悠远传统，较明初以来扩展城池时形成的其他三处新城区的商贸发展基础更占先机。同时这一区域与南院门商业集中区和南、北院门官署区相邻，又靠近西大街和南大街两大交通要道，对于就近进行贸易、聚会等极为便利，因而以其优越的地理位置而成为商人会馆兴建的集中之地。

在城区西南隅之外，东关城也以其便利的交通条件、繁盛的贸易活动而吸引了山西商人于此设立山西会馆，可见商业会馆位置的选择与商业集中地区相一致。

2. **商业会馆的规模与格局**

清代西安城会馆的规模、格局以及景观特征主要受制于设立者的财力基础、文化背景以及会馆的功能等主客观因素。

商业会馆作为商人聚集交流的场所，由于依托商人团体雄厚的财力，一般在建筑格局和内部环境上均较普通城市建筑更为讲究。会馆一般均为多重院落，亦往往有正院、偏院之分，屋宇较多，食宿兼备。其中最为显著的建筑特征是多有戏楼以及供奉本土神灵的殿宇，而在环境上也以园林化为基本特征。以下择其要者分述之。

中州会馆位于南院门五味什字中段，建于清末民初，建筑格局十分典雅。[1] 大门朝南，门前有块雕刻古朴的上马石，门楼高耸，鸱吻飞檐，一条青砖铺墁的甬道直达二门。东为客房偏院，中有戏楼，西侧为一小巧玲珑的花园，亭台错落，假山叠翠，小桥流水，栽种各种花木，树影花香，幽静宜人。[2]

山东会馆创建于清光绪间，由同州知府焦振沧首倡，山东商人集资兴建了一座一连三进，厅堂、厢房配套的六十余间房舍的院子。[3]

西安府辖各县会馆在为乡试考生服务的同时，部分会馆亦具有商业会馆的性质，其中以鄠县（今户县）、盩厔（今周至）、韩城会馆为代表，由此可略见当时县级商业会馆的基本建筑规模。乡试会馆建筑多有正、偏两院，分设正房、厢房，呈四合院围和布局。从景观特征而言，与其为科举考试服务的性质相应，多有祭祀孔子等礼制建筑。同时为满足考生的食宿需求，乡试会馆房舍较多，院落宽大，环境简洁、安静，与商业会馆多建戏楼以满足商人娱乐需求、嘈杂热闹形成较大反差。

鄠县会馆在学习巷附近，北向。共东、中、西三院，中院上房六楹，左、右厢厦各四楹，过庭及门房各六楹，前后各有楼，门房北中一间通出，以临大街，建有门楼。东院上房六楹，前为戏楼，左右厢厦各四楹，亦有楼；迤北大厅四楹，无楼，东西耳房各二楹，俱南向；又东偏院为小三间，上房楼房

① 马作骏：《私立西北中学的今昔》，《西安文史资料》第 13 辑，1988 年。

② 荆重敏：《康有为游陕留下的一块诗碑》，《碑林文史资料》第 1 辑，1986 年。

③ 隋式棠：《西安山东会馆匾额趣闻》，《新城文史资料》第 7 辑，1989 年。

两进，左右各有走廊，又北大厅一座，南向。西院上房为戏楼六楹，左右厦房各五楹；对面为大厅，六楹，南向。又西空院一所，偏南厨室三楹，东向，又西马房三楹，西向，有门以通学习巷。鄠县会馆“经累次增修，上楼下屋，窗明几净，曲径回廊，旁通斜贯，应用器物无不美备。鄠人旅此颇有如归之乐”[①]，在西安县级会馆中属规模较大者

盩厔会馆位于西仓门，“其制北向，上房五楹，过厅三楹，过厅前后厢房各二楹，立东西小房为庖湢之所，过厅之北为重门，又北为大门，大门西房一楹，为夫役宿食所。其基北宽五步，南宽十三步六寸，中宽十三步，中长四十三步”[②]。

韩城会馆位于北大街，坐西向东，“一进两院，大小房二十间，系民国元年县议会就县募款购置，尚未建筑如式”[③]。由此可以看出会馆规模的大小与所属区域的经济地位和商贸能力紧密相关。

3. **商业会馆的社会功能**

清代西安城商业会馆在主要作为同地域商人、同行业者交流商贸信息、开会议事的功能之外，还有供同乡人士信仰拜祭、娱乐休憩以及提供食宿等诸多功能。

（1）信仰拜祀

前已列表述及，外省会馆也是西安城信仰空间的重要组成部分，所崇奉的神祇均具有浓厚的地域色彩。从甘肃会馆祀三

① 赵葆真修，段光世等纂：《鄠县志》卷二《官署》，民国二十二年（1933年）铅印本。

② 庞文中修，任肇新纂：《盩厔县志》，民国十四年（1925年）铅印本。

③ 赵本荫修，程仲昭纂：《韩城县续志》卷三《古迹》，民国十四年（1925年）石印本。

皇、中州会馆祀先贤、山东会馆祀孔子、全浙会馆祀大禹、山西会馆祀关帝到江西公寓祀许真君，再到福建会馆祀天后圣母等，不同的会馆在祭祀对象上具有鲜明、浓郁的乡土文化特色。清后期粤籍来陕官员伍铨萃在《北游日记》中载"(元旦)诣两广会馆祀神，祀前陕西巡抚曾公望颜。行团拜礼，岑中丞、邓军门……仝集，会者十数人"[①]。

信仰的本土化对于凝聚、团结同乡商人与本地人士具有重要意义，从精神上给人以回归家乡的心理影响。不同的祭祀对象成为不同区域会馆的文化指征。在佛教、道教、伊斯兰教、基督教、天主教等五大宗教类型之外，各省会馆的多元化、跨地域信仰又为清代西安城的民间信仰增添了异质文化的内容，西安成为容纳全国主要区域信仰的城市之一。

在以地域区分的区域信仰之外，行业会馆作为商业会馆的一类，也成为拜祀行业神的重要场所。如畜商会馆祀瘟神，梨园会馆供奉关帝、财神、药王和唐玄宗等，梨园会馆因而亦称"四圣行宫"或老郎庙。行业信仰成为连结同行的重要纽带，并具有鲜明的地域和时代特征，在一定程度上反映着城市行业的分工与发展程度。

(2) 娱乐休憩

由于全国各地文化的区域差异较大，对于寓居外地的商贾官宦、文人雅士而言，能听到乡音甚至本地的戏曲以舒解思乡之情、促进同乡之谊无疑至关重要。商业会馆中戏楼的设置即是因此需要而兴起，这就使商业会馆又具有娱乐休闲场所的意味。不仅外地各省商业会馆中设有戏楼，西安府辖县会馆中也有戏楼之设，如前述鄠县会馆，这便为商人在商业活动之暇看

① (清) 伍铨萃:《北游日记》，吴湘相主编:《中国史学丛书》，台湾学生书局 1976 年版。

戏提供了便利。与信仰具有区域差异性相同，不同商业会馆中上演的戏剧曲目无疑也具有鲜明的地域特色，京剧、川剧、粤剧、黄梅戏等全国各地剧种在西安城中与秦腔共存，西安堪称这一时期西部地区的“戏曲大观园”，反映出这座西部重镇强大的文化包容力。

梨园会馆更是成为秦腔艺人的演出和交流的主要场地。戏楼等娱乐设施在道教宫观和民间庙宇中的兴建，最大程度上发掘了寺宇的公共性，使其成为封建时代后期城市中最重要的娱乐空间。从目前资料来看，秦腔在明代中期就已相当盛行，清代更成为秦腔的繁盛时期，乾隆年间西安一地就有秦腔班社三十六个。①

位于城内西大街的都城隍庙和东大街的东岳庙均以戏楼为布局之显著特征。清乾隆二十三年都城隍庙建“乐舞楼”②，位于庙院正中，使城隍庙成为西安城这一大社区的娱乐中心。清光绪二十六年“庚子之变”慈禧和光绪“西狩”西安时，城隍庙就成为当时达官贵人看戏之所。“西安向有两个园，至是大加修葺，召京内名角演剧。……而行在各员往听戏者则与京城兴致无异。”③ “（大阿哥）每日与太监数人至戏园观剧，……十月十八日，大阿哥澜宫溥儁率领太监多名，与甘军斗于城隍庙之庆喜园”④。由此可见城隍庙作为西安城娱乐中心的

① 《陕西戏剧（曲）》编辑部编：《陕西戏剧史料丛刊》第1辑，《陕西省志·戏剧志》、《中国戏曲志·陕西卷》编委会编印，1983年，第106页。

② 民国《续修陕西通志稿》卷一二四《祠祀一》。

③ 〔日〕吉田良太郎，八咏楼主人编：《西巡回銮始末记·两宫驻跸西安记》，台湾学生书局1973年影印。

④ 〔日〕吉田良太郎，八咏楼主人编：《西巡回銮始末记·西安见闻录》，台湾学生书局1973年影印。

地位。

看戏之外，同乡人在会馆中也有诸如牌戏之类的娱乐休闲活动，《北游日记》中亦载“(三月初一) 过公所……牌戏，步行归”[①]。此处“公所”即其所住附近的两广会馆，可见会馆充分发挥了同乡人在异地聚会娱乐中心的功能。

(3) 同乡食宿

外省籍商业会馆在为本地商人提供住宿、交流商业信息之外，也为来西安的同乡提供本土化的食宿，这从会馆内厨房等基本生活设施齐备的状况可略见端倪。清光绪二十六年 (1900年) 庚子之变后，西安成为清廷临时政治中心之际，全国各地来陕官员云集，旅店已无容客之房，“司官则各住会馆或赁屋而居”[②]，按照官员籍贯而分住各自省份的会馆，这在一定程度上也表明商业会馆发挥着同乡食宿地的功能。清代西安城商业会馆有一部分至民国时期仍有传承，但随着城市商贸和各个行业的快速发展，同业公会作为民间商贸管理组织逐渐取代了商业会馆。

第二节　民国西安商贸空间的发展变迁

民国初年，西安商业贸易沿袭了清代以来的特点，市场店铺以经销土特产和手工业制品为主，机制日用百货数量较少。经过 1926 年长达八个月的围城之役和 1929 年特大旱灾之后，

① (清) 伍铨萃:《北游日记》，吴湘相主编:《中国史学丛书》，台湾学生书局 1976 年版。

② (清) 唐晏纂，刘承干校:《庚子西行记事》，《中国野史集成》编委会，四川大学图书馆编:《中国野史集成》，第 47 册，巴蜀书社 1993 年版。

西安商贸较前凋敝。1934 年陇海铁路通车，西安作为西北、西南、华北和中东部地区交通枢纽的地位较前更为突出，与中、东部地区的联系也更为紧密，这在很大程度上促进了西安商贸的繁荣。1937 年抗战全面爆发，华北、东部沿海大半国土沦陷。西安地处抗战后方，又是通往西北、西南交通要道，因此人口日增，商贾云集，沿海民族工业大量内迁。1940 年西安商号总数达 6509 家，到 1949 年解放前夕更增至近 9000 家[①]。

一、主要商业街区与市场的发展

民国三四十年代开始，西安城商业街市在清代分布格局的基础上，西南、西北城区店铺数量大为增加，商品种类日益丰富，新型商业店铺不断涌现，东大街、北大街、东北城区（即新市区）商贸空间也有了较快发展。

1936 年《西京快览》载民国西安商贸空间格局云："街市之繁荣，以南院门最为热闹，门市大商铺多在于此。批发商则在西大街、广济街等处。各大旅馆菜馆浴室，多在东大街。北大街比较冷落。南大街前亦行人稀少，自西京国货公司开设于此以来，常见车马不绝矣。"[②] 1937 年前后西安经济调查资料记述城区商贸街区则称，"西京商业，其一首推东、南两关之囤积丝、茶、漆油、桐油、药材、纸张等之山货行店，约计有八十余号；其二，城内西大街囤积绸缎、布、洋广、杂货之堆栈，约有九十余号；其三如东大街、南院门之百货商店、钟表

① 岳珑：《抗日战争中兴起的西安工业》，《长安史话·民国分册》，陕西旅游出版社 1991 年版，第 252—259 页。

② 鲁涵之，张韶仙编：《西京快览》第 4 编《名胜古迹》，西京快览社，1936 年。

行店，百数十余号；其四，南大街之盐号、酒店，北院门之干果行店，尚仁路之干果、油行等等，约计共有百数十号；其他如军服厂、服装店、茶行、食品商店等等，亦约有百余号；其外尚仁路之国民、游艺两市场内，设商店凡数十号。”[①] 这就概述了当时主要商铺的分布情况。以下就南院门、东关以及庙市等商业街区分述之。

1. 南院门

自宋代以来，西安城西南隅地区人烟稠密，官署衙门以及达官贵人的府第公馆多建于此，购买力强且消费需求大。同时南院门位置优越，四通八达，交通便利。其东连竹笆市，土杂山货集中；西接广济街，多为日用铁器、家具、生活用品商号；邻近的盐店街则为清代以来的票号、钱庄分布集中地；北为陕西省立图书馆和民众教育馆，南侧为沟通粉巷和五味什字的东西大道。这一商业区以南院门广场为核心，自竹笆市至五味什字，东西长约 330 余米，由马坊门到南边马路，南北宽约 200 余米，占地约 70000 多平方米。

南院门作为一个行业齐备、商货丰富的商业区，驰名省内外。[②] 民国谚语有云：“进城先逛亮宝楼，再到市场游一游。”市场即指南院门第一市场而言。1936 年前后庄泽宣在《西京小游》中载“南大街之西有南院门，为商业中心，有百货商店及药房。自陇海路通后，洋货源源而入，此地乃成为帝国主义侵略西北之焦点”[③]。固然南院门因各式洋货众多，新兴行业集聚而成为“帝国主义侵略西北之焦点”，但也从另一侧面反

① 龚洪源：《西京市现有经济状况》，《西京档案》第 128—129 页。

② 王克刚：《南院门的过去》，《碑林文史资料》第 2 辑，第 164—168 页。

③ 庄泽宣：《西京小游》，《新中华》1936 年第 4 卷第 24 期。

映了南院门商业之兴盛，在西安城及至西北地区商业活动中的地位和影响。

南院门地区商铺林立，当时流传的谚语就称“绸缎布匹老九章，钟表眼镜大西洋，西药器械世界大药房，金银首饰老凤祥，购置鞋帽鸿安祥，要买百货慧丰祥，南华公司吃洋糖，想生贵子藻露堂”。这基本概括了南院门较早崛起的几家名店的情况。外省客商在南院门开设店铺者颇多，谚语中提及的南华公司即为浙江商人开设，制售糕点，品种多样、样式美观，尤以洋糖最为知名。《西京快览》亦载南院门“为西安商业最热闹之区，世界大药房，老九章绸缎铺，及中南、兢业等大商店，均在于此”[①]。

2. **东关**

自明代起建之后，直至民国时期，东关在文化、宗教和商贸方面的发展就占有独特的地位。有民谚概括东关往昔风貌为“七寺十三坊，九庙八学堂，商业繁荣人财旺”。七寺即罔极寺、洪福寺、元通寺、春牛寺、观音寺、喇嘛寺、白衣寺；十三坊指吊桥坊、东西板坊、柿园坊、古迹坊、南街坊、炮坊、董元康坊、更衣前后坊、长乐东西坊、兴庆坊、长关坊；九庙为关帝庙、吕祖庙、城隍庙、老爷庙、花神庙、大王庙、马王庙、田师庙；八学堂包括崇道小学、竞化小学、进化小学、尊德小学、景龙小学、维新小学、民立中学、尊德中学。[②] 1931年全市人口为114000余人，东关约10000人。1947年东关人

① 鲁涵之，张韶仙编：《西京快览》，西京快览社，1936年

② 余振武，郭述贤：《抗战前后东关商业情况》，《碑林文史资料》第3辑，1988年10月，第65—73页。

口增至30000余人，形成约34条巷道。[①]

在四关城中，东关贸易最为活跃、兴盛。《西京快览》载："（四关）以东、南二关最大，交易以土产为多，西、北二关次之。"[②] 民国时期，东关城单独列为一级行政区，为西安市第七区，而其他三关城则与其他城区一起合组行政区。这不仅是因为东关在四关城中规模最大，独立性强，更是因为其商贸地位的重要性堪与南院门相提并论，但二者的商业贸易状况则呈现出两种不同的特征。

经由东关的对外交通线路包括：出新郭门，经蓝田、商州，走湖北之道；出南郭门，经引驾回镇，走镇安、安康、汉南各县之通衢；出东郭门，经灞桥、临潼直趋潼关，与晋豫各省往来；出北郭门，可走泾阳、三原；民国新开中山门，直通潼关；东北郭门则是附近村庄、八仙庵之便门。[③] 正是基于这一交通便利条件，省内外大宗货物多在东关集散，这促进了东关行栈的兴起。

东关商铺、行栈主要分布在两条街上，一为东关正街，东西走向，东起鸡市拐，西至东城门。另一为东关南街，南北走向，南自卧龙巷口，北到老爷庙什字。正街商铺林立；南街行店居多。[④] 两条大街上铺面鳞次栉比，除有盐店、酒店、饭馆、理发馆、杂货店、药铺外，主要有山货行、广货行、过载行等集散商品中心。东关南街主要有山货行、广货行、纸行、药料行；东关正

---

① 余振武，郭述贤：《抗战前后东关商业情况》，《碑林文史资料》第3辑，1988年10月，第65—73页。

② 鲁涵之，张韶仙编：《西京快览》第4编《名胜古迹》，西京快览社，1936年。

③ 郭敬仪：《旧社会西安东关商业掠影》，《陕西文史资料》第16辑，1984年12月，第161页。

④ 余振武，郭述贤：《抗战前后东关商业情况》，《碑林文史资料》第3辑，1988年10月，第65页。

街、板坊、柿园坊、中和巷等处分布有过载行、药材行和茶行。

东关各类行店，其中规模较大者，多为深宅大院，有门房、厢房、上房等。有的还有客房，供外地庄客住宿、供应伙食。行店伙计少则二三十名，多则四五十人。其中分工有经理、会计、贴掌（管理员，保管货物、管理学徒）、把式（店员、内行）、半荐（出了师的学徒）、学徒等。各类行店货栈除茶叶为单一行类经营外，山货、广货和过载行亦兼营药材及各种货物。山货来源于陕南各县、甘肃、宁夏等地，广货来源于天津、上海、武汉、广州、四川、甘肃等地。

至40年代，东关城仅东关正街（即东、中、西街）和东关南街（老爷庙什字往南到南郭门）两条主要大街上的行铺就多达114家。除东关行店外，南关亦有较大规模行店，如由山西商人开设于1927年的诚聚泰山货行，后改为“诚心福”，位于南关正街路西。该行门面房三间，四椽结构，提门板共十四页；四合院，三进套房，共二十五间。经营的山货包括生漆、桐油、茶叶、药材、黑白麻纸、黄表、卷烟、水烟、黑木耳、生丝、棕、麻等五十多个品种，远销甘肃、宁夏、青海、山西、河北、山东、河南、四川等省。[1]

3.庙市

据民国年间日本东亚同文会调查资料载，“西京市内庙宇众多，每年举行一次或数次祭祀礼活动，商人利用寺宇建筑或临近地方开展贸易，称为‘祭市’。祭市上多买卖杂货、玩具、食品等，一般露天摆放。开市之日热闹异常”[2]。“祭市”即明清时期的

① 黄典文：《诚心福山货行——新建旅社》，《碑林文史资料》第3辑，1988年10月，第91—92页。

② 东亚同文会支那省别全志刊行会编：《新修支那省别全志》第6卷《陕西省》第5编商业贸易之第4章集散市场。东亚同文会支那省别全志刊行会1943年（昭和十八年）出版，第822页。

"庙市",商民依庙会之期因庙设肆,从事商贸活动。特定日期的庙市往往要较大多数常设市场更为热闹。

民国年间,城隍庙市场范围日益扩大,由原来的庙正街空地,扩展至庙门外的大牌楼周围。1923年,城隍庙市场失火,延及大部房屋,进而烧至庙二门口文昌楼前,市场顿时成为一片废墟。陕西督军陈树藩规定市场废墟空地,一律须作价购买。遂使城隍庙市场占地合法化,规模也较前扩大。陇海铁路通至西安后,市场更为繁荣。1937年抗战全面开始,市场占地又从三门外庙正街扩展至三门里的戏楼周围和正殿前的道旁。每天除西安居民出入市场外,省内各县以及西北五省的游人与商贩,也多来此购销货物。

城隍庙市场内行业甚多,如绸缎、布匹、百货、染料、文具、乐器、鞋帽、五金、刺绣、戏装、眼镜、铜器、黑白铁、首饰、玻璃器皿等,绝大多数是中小型商店和手工艺作坊,以及众多摊点。各店铺多从上海、杭州、广州、武汉、天津、北京等地设庄进货。由于抗战期间,逃难来西安的各地商民众多,其中不少在此经营,因而城隍庙市场不仅在陕西境内享有盛名,就连毗邻的河南、山西、四川、湖北,以及西北的新疆、青海、宁夏、甘肃和内蒙古的商民,也多来此购销。①

西大街都城隍庙之外,东关咸宁县城隍庙和八仙庵庙会也是这一时期颇为热闹、兴盛的庙市所在。东关作为"半农半商、半城半乡"之地,生活在沿郭城内附近的二十多条街坊多半是农户;正街、南街、东西板坊、柿园坊、更衣前后坊、炮坊街、长乐西坊以及大新巷、中和巷部分大院都是商业区。由于东关内仍居住大量农户,随着农忙季节的到来,东关内外和郊区的农民都要

① 王明杰,蒲生高:《西安的城隍庙市场》,《西安文史资料》第4辑,1983年,第151—155页。

在夏收前准备好农具、倒换牲口。东关咸宁县城隍庙四月八古会和八仙庵吕祖庙会便为农民进行买卖提供了极大便利。

咸宁县城隍庙四月八会期间,牲口市、农具摊和饮食摊点占据了长关坊、长乐坊两条大街。四月八会从四月初一起会,会期十天,但实际上都延长多日,遂与八仙庵四月十四到十六的三天吕祖庙会衔接起来。届时,善男信女、四乡农民、贩夫牙纪、三教九流杂沓而来,热闹异常。

就交易物品种类而言,四月八会是忙笼会和骡马会的总称。忙笼会即农具交易的集会。夏收农具种类多样,包括忙笼、扫帚、钐子、刃片、磨石、麦耙、草耙、麦杈、筐篮簸箕、升斗量具、线绳口袋、刮板、尖杈、杈头、锨把、锄、铲、耙刀、逼土带铧、挽具、车排、拨架、风车、辕架、架担、饭篮、蒸笼、草圈、锅碗瓢盆、风箱、案板等,货积如山,交易兴盛。骡马会在兴庆坊北口(今东新巷北口),由东关税局栽埋木桩,对牲口交易进行管理。来此交易者除买卖牲口者外,还有牲口牙家,代为买卖,抽取佣金。

吕祖庙会期间,八仙庵周边人山人海,交易包括香蜡纸裱、儿童玩具、绸缎布匹、日用杂货、乡土特产、锅盆灶具、饮食等,还有拉洋片、唱扁担戏、耍猴、卖大力丸、算卦测字、说相声、说书等表演。

东关城规模甚大的集市性交易会和庙会对于促进东关商贸发展,便利周边群众生产、生活发挥了重要作用。[①]

4. **其他市场**

至 1949 年解放前夕,由于西安城乡人口众多,对日常生活用品的消耗巨大,这一消费特征也促进了城区相关市场的发育。西安城内有 19 处较大市场,如粮食市、燃料市、骡马市

① 黄云兴:《八仙庵〈忙笼会〉》,《碑林文史资料》第 3 辑,1988 年 10 月,第 125—130 页。

等，亦因与人民生活密切相关而兴旺不衰。19 处市场中，东北新市区就有 8 处，东关 2 处，西北城区 3 处，西南城区 3 处，东大街 1 处，北大街 1 处，北门外 1 处。东南城区没有市场分布。

据档案记载，当时“市民每日消费预算（均按十六两秤计算）”为：粮食每日每人以二斤计算，蔬菜每日每人以一斤计算，煤炭每日每人以二斤计算，油、盐每日每人以五钱计算，全市按五十九万人计算，即每项消费量总数如：粮食一百一十八万斤、煤炭一百一十八万斤、蔬菜五十九万斤、油一万八千四百四十斤、盐一万八千四百四十斤。[①] 巨大的消费需求刺激了相应城区市场的扩展，也带动了周边地区的经济发展。前述 19 处较大市场上的商品来源地颇为广泛，粮食西边来自乾县、醴泉（今礼泉）、兴平、盩厔（今周至）、郿县（今眉县）等地，东边来自渭南、大荔、朝邑（今大荔一带）、蒲城等地。食盐平时自山西运城运来，抗战时则由“三边”（即陕北定边、安边、靖边）和青海供给。食用油主要来自陕西省西部各县及河南各地。燃料方面，在抗战前煤炭来自河南六河沟、焦作以及山西南部各地，民国后期来自铜川、耀县、白水，而木炭和柴则来自于陕南山区。

二、工业发展及其空间分布

清代后期，陕西各地已经开始由官方创办工艺厂，虽然规模尚小，品类较少，但却是陕西近代化工业的开端。同治八年（1869 年），钦差大臣督办陕甘军务左宗棠创办西安机器局，生产洋枪、子弹和火药，这是西安最早的近代工业。光绪三十

① 西安市档案局，西安市档案馆编：《西安解放档案史料》，陕西人民出版社 1989 年版，第 9—10 页。

年（1903年），陕西藩司樊增祥、西安知府尹昌龄等“挑选少壮无业者百人”创设“工艺厂”，“以毡毯为特出，盖畜养剪毛以制毡”。由于该厂“拣毛务纯，压片务薄，染色务鲜，印花务细”，以至“制为衣物，人争购之”[①]。后在上海等地订购“纺纱织布各机，教之织作”。又“于川招纸匠，于陇雇毯师，于闽觅漆工，分类传习，诸端并举，其始务在收敛，未敢铺张，仅就行宫左侧之养马场搭棚葺宇，小试其端。近则制作稍精，众情踊跃，不日工师纷至，门类增多”。至宣统二年（1910年）陕西巡抚恩寿、西安将军文瑞等奏请设立驻防工艺传习所，将位于东大街的一处佐领署基址“先筑讲堂、厂屋三十余间，并于临街添修铺房为销售出品之地”。传习所“工艺暂分四门：曰纺织，曰蚕桑，曰制革，曰毛毡，就地取材，择民间日用所需物品，研究制造，由浅易而精深”[②]。这些较早兴办的工厂虽然带有试办的性质，却能结合陕西本地的实际情况，选择以制毡、制革等为主的产业，具有开拓意义。

1912年陕西的19个行业已拥有281所工厂，从业工人为3547名；1913年这19个行业增加到463所工厂，工人也增加到5814名，两者的增幅均达到了39%左右。[③]由陕西省相关行业发展状况也可一窥民国初年西安的工业状况。

1. 工业发展与企业数量、规模

（1）工业发展概况

民国初年，西安机器工业发展较缓。直至20世纪30年代

① 彭泽益编：《中国近代手工业史资料（1840—1949）》第2卷，三联书店1957年版，第563—564页。

② 刘锦藻：《清朝续文献通考》卷三八四《实业七》。

③ 彭泽益编：《中国近代手工业史资料》（1840－1949）第2卷，三联书店1957年版，第433页。

西安市较大的工厂仅有西安集成三酸厂（1932年创）、西京电厂（1933年创）等少数企业，时人评论“本市工业不毁于战火，即苦于滞销。故过去谈西安工业者，除旧式手工之生产方法尚可略举外，余则不足轻重。若与东南各省新兴工业相较，更觉瞠乎其后”[①]。其余如手工铁器业、铜器业、白铁业、竹器业、伞店业、针篦业、证章制造业、电焊业、制箱业、制毡业、扎纸业、笼篓业、箩底业、麻绳业等传统手工作坊式的小型店铺，仍集中于西大街、南院门、北院门地区。

1934年12月，陇海铁路潼关至西安段通车，随后延伸至宝鸡。发展现代工业的基本条件之一，就是要有畅通的交通运输系统，便利的交通使技术、人员和信息交流更为通畅，所以陇海铁路潼西段的开通可谓是近代西安工业的分水岭。[②] 随着国外及沿海地区的机器、产品大量输入陕西，地处西北腹地的西安在产业结构和生产方式上发生了一定变化。1937年抗战全面爆发前后，沿海工厂内迁，外地移民大量涌入，促进了西安工业的发展。西安的工业企业由原来传统手工操作、作坊式经营占主导地位逐渐向机器生产转变。

1934至1937年间，西安先后建立了纺织、面粉、火柴、电气、化学、机器制造工业。此后，由于华北、华中和华南沦陷区企业内迁陕西，同时本土企业也纷纷创建，西安企业数量增加较快。1937年前后，包括西京电气工业、北关各面粉厂、大华纱厂、城关各铁工厂在内，“约计五十余处”。手工业“如东关之织布、毛巾、造胰、火柴、造纸、印刷、做炮各工厂，

① 陕西省银行经济研究室：《西京市工业调查》（内部资料），1940年，第1页。

② 阎希娟，吴宏岐：《民国时期西安新市区的发展》，《陕西师范大学学报》2002年第5期。

计约百数十号余”[①]。

三四十年代，由于与人民生活息息相关，西安加工工业中以纺织业和面粉业发展较快。[②] 据统计，1937年，西安手工纺织企业有17家，纺织机118架，工人173人。1940年发展为109家，纺织机1000余架，工人2000余人。但因物价飞涨等因素，1941年末仅存70余家。每家有手摇铁机或木机数架至30余架，工人10余名至100余名不等。

面粉加工业方面，1941—1943年西安就增添了泰记、战干、福豫、晋丰、民丰、永丰等6家面粉厂，钢磨由抗日战争前的24部增加到49部，日产面粉达到1万余袋，成为当时沦陷区以外全国面粉产量最高的地区。全面抗战开始后，外埠机器生产的产品来源断绝，又刺激了西安手工业的发展。1937年西京筹备委员会的经济调查资料即称，“本市以经营商业者为多，而工业过少，需用物品赖外省供给。因运输辗转困难，物价随之增高，无法限制”。“应极力劝导各资本家在市郊外，创设各工厂，增加生产，以适应环境之需要。更以剩余出品输出外省，则经济可期日渐充裕。此诚为当前急务而不可忽视者也”[③]。

抗战胜利后，部分企业相继迁回原址，西安的工厂企业数量又迅速减少。加之国民党当局发动内战，滥发纸币，苛捐杂税繁多，工厂负担很重，许多工厂纷纷倒闭或停工，除军需生产畸形发展外，其他工业生产处于极度困难境地。[④]

---

① 龚洪源：《西京市现有经济状况》，《西京档案》第128—129页。

② 韩少苏：《从经济观点看西安解放》，《人民日报》1949年6月16日。

③ 龚洪源：《西京市现有经济状况》，《西京档案》第128—129页。

④ 西安市地方志编纂委员会编：《西安市志》第3卷《经济志（上）·宏观经济志》，西安出版社2003年版，第11页。

为了客观反映西安工业的发展状况，有必要和同一时期其他城市加以比较。现依据 1948 年数据将西安和其他 19 座城市工厂工业与作坊手工业所占比例列表如下。

表 3－3　1948 年各大城市工厂工业与作坊手工业所占比例（%）一览表

地　域	工厂工业（%）	作坊工场手工业（%）	地　域	工厂工业（%）	作坊工场手工业（%）
西安	34.78	65.22	广州	56.87	43.13
南京	4.05	95.95	台湾	20.81	79.19
上海	25.14	74.86	兰州	43.59	56.41
北平	18.01	81.99	汕头	12.40	87.60
天津	17.75	82.25	福州	9.66	90.34
青岛	51.89	48.11	昆明	45.45	54.55
重庆	14.52	85.48	贵阳	57.83	42.17
沈阳	42.55	57.45	长沙衡阳	10.65	89.35
汉口	18.74	81.26	南昌九江	14.91	85.09
总　计				23.53	76.47

就上表来看，西安的工厂企业在工业中所占比例较大多数城市更高，仅次于青岛、沈阳，而且还高于上海、北平等地。尽管当时西安的总体工业水平较低，工厂企业数量较东部沿海城市少，但若与清末以来纵向比较，其工厂企业的发展仍有很大进步。

（2）企业数量与规模

基于行业的不同，民国西安工业企业的规模相差较大。机器生产的企业投资量大，在占地、工人数、产量等方面都较手工业企业规模为大。1940年，西安市有小型制革厂及皮件厂数十家，旧式黑皮坊100余家，多分布于东大街、北大街、糖坊街一带，年鞣制生皮约18万张，多用于制皮箱、皮包、皮鞋等。1941年，西安市在15个以上的行业中，共有工业企业67家，资本共计1474.1万元，工人5409人，平均每家企业资本为22万元，工人数为80人。

表3-4 1941年西安工业行业情况一览表

行业类别	行业家数	资本（万元）	工人数量	行业类别	行业家数	资本（万元）	工人数量
机器业	15	148.5	1083	玻璃业	4	22.2	155
纺织业	7	357.2	1225	煤草业	1	100	200
面粉碾米业	8	177.5	480	发电业	1	100	110
制革业	6	81.3	308	砖瓦业	1	8	80
化学业	11	282.4	959	植物油业	1	12	10
造纸业	2	37	55	漂染业	2	43	120
印刷业	3	63	330	其他工业	4	37	194
火柴厂	1	5	100	合计	67	1474.1	5409

1948年西安市工业调查资料详细记述了13个行业的企业家数、机器设备、产品种类、月均产量以及职工人数，由此可从微观层面了解当时的企业规模。列表如下。

表 3－5 1948 年西安市工业调查表

行业类别	家数	动力设备（匹）	产品	月平均产量		职工人数		
				单位	数量	合计	职员	工人
翻砂业	1	－	铁锅	口	155	6	…	6
玻璃业	4	－	器皿	万件	21.69	163	34	129
卷烟业	3	13	纸烟	箱	130	182	56	126
碾米业	7	84	机米	万袋	1.58	168	60	108
面粉业	9	3486	面粉	万袋	22.79	973	257	716
三酸业	1	22.5	硝酸 硫酸 盐酸	磅	3600	86	16	70
肥皂业	5	13.5	肥皂	万条	4.95	119	45	74
机器业	9	86.5	机器	部	51	344	62	282
毛纺业	1	20	毛织品	件	450	158	22	136
印刷业	16	－	表册账簿	万张	4798	335	84	251
染整业	1	40	染色布	匹	3750	112	22	90
火柴业	6	56	火柴	箱	3632	457	71	386
棉纺业	6	1127	纱布	万件 万匹	1.29 2.12	3714	204	3510

1949 年 5 月 20 日西安解放后，西安市工商局统计全市工厂为 253 家，其中面粉厂 66 家、纺织厂 6 家、漂染厂 1 家、火柴厂 6 家、香皂厂 7 家、铁器修造厂 167 家；手工业 2654 家，其中手工纺织业 1043 家、缝纫业 578 家、金属器具工匠 440 家、其他

593家；商业8230家。[1] 可以看出，这一时期西安工业生产的显著特点即机器工业少，手工业多。[2]

2.**企业的空间分布**

1940年，陕西省银行经济研究室曾就西安市工业企业进行过调查，这为分析民国西安工业企业的空间分布特征提供了基础。

首先，就时间而言，其中1935年建厂12家，1936年7家，1937年10家，1938年4家，1939年5家，1940年4家，清末、1923、1934年各1家，时间不明者2家。在47家企业中，1935—1937年建厂者就占到了29家，1938—1940年只有13家，表明抗战全面爆发前夕为西安建厂的高潮时期。

其次，就工业企业的类别而言，重工业主要集中在电力工业、重化工业、机器修配业，轻工业则以棉毛纺织业、面粉工业和卷烟工业为主。1940年，西安各工厂数目的比例为机器业17.4%，化学工业17.4%，制革业19.5%，面粉业13%，纺织业6.5%，其他工业占26.1%。据1947年国民党经济部全国经济调查委员会统计：西安地区及其工业厂家占34.78%，手工业作坊仍占65.2%，整体工业水平发展仍处于较低层次。

再次，就工业企业的资金来源及其数量而言，资金来源主要可分为独资、集资、合股、公营四种类型，而资金数量最小的同发祥工厂只有300元，最多的大华纱厂达到300万。在47家企业的资金总量为888.83万元(其中4家资金不详)，5万元及其以下的有24家，其资金总量为33.53万，占资金总量的3.8%；

① 刘升昌：《解放初的西安工商经济》，《西安文史资料》第15辑《西安解放》，陕西人民出版社1989年版，第363页。

② 《人民银行西安市分行一九四九年工作总结报告》，《西安解放档案史料选辑》，陕西人民出版社1989年版，第414页。

8 万—30 万的为 14 家，资金总量为 219 万，占 24.6%；60 万—300 万的为 5 家，资金总量 636.3 万元，占 71.6%。

第四，就空间分布而言，依据以上表格分析，在 1940 年前后的 47 家工商企业中，东北 11 家，西北 9 家，西南 7 家，东南 2 家，西大街 4 家，东大街 1 家，北大街 1 家，南大街 1 家，东关 2 家，北郊 8 家，西郊 1 家。东北城区和北郊的工商企业增加很快，"新市区"工业企业的大量分布是这一时期工业格局的显著特征。1940 年陕西省银行经济研究室统计数据显示，在当年较有实力的 31 家企业中，位于新市区和火车站北部区域的企业就有 16 家，占总数的 52%。这些企业涉及机器、电气、机制面粉、纺织、化学、制药、玻璃、制革、烟草、造纸等多个行业。1947 年 6 月底以前西安新建厂商登记表中，资本在 50 万元到 1 亿元的企业共有 31 家，在新市区的就有 22 家左右，占 70%。[①] 从数量和技术条件上看，这些新工厂虽然仍比同时期国外或国内沿海地区的企业显得落后，但因为厂内的机器设备多系从德、法、美、日等发达国家进口，一些经理、技师也是曾经留学海外，掌握了现代生产技术和管理方法的人才，因而与原先西大街传统手工操作、技术含量很低的"前店后厂式"的老字号相比，已经向前迈进了一大步。[②]

1942 年前后，西安城内分布有西北军需局特约军布工厂 49 家，成为当时纺织企业中的主体，其分布状况可大致反映城区工厂分布格局。列表如次。

① 西安市政府：《西安市政统计报告》(内部资料)，1948 年，第 52 页。

② 阎希娟，吴宏岐：《民国时期西安新市区的发展》，《陕西师范大学学报》2002 年第 5 期。

表 3-6　1942 年前后西北军需局特约军布工厂分布一览表

厂名	厂　　址	机数（台）	厂名	厂　　址	机数（台）
崇义	东关五道什字	20	茂丰	北关	20
华西	东关中大街	20	子安	北关	20
农村	东关北火巷	40	同义	北关正街	20
裕华	东关正街	40	贯实	西关草阳村	20
利群	东关柿园坊	20	同丰	西关王家巷	12
协利	东关长乐坊	10	继周	西关枣园	20
友力	东关正街	20	永和	南关东火巷	40
雍和	东关古迹岭	20	海山	南关东火巷	40
法良	东关三树湾	2	济中	东新街华洋义赈会内	20
华丰	东关外仁厚庄	6	祥中	东门里仁爱巷	40
宏丰	东关五道什字	8	中兴	昌仁里	40
建华	北药王洞	20	精诚	东二路	4
七七	北药王洞	20	豫华	新城西濠	6
亚南	北药王洞	20	怀德	柏树林 27 号	6
难民	社会路	20	三星	东木头市	20
振兴	庙后街 103 号	10	哲民	东厅门南边	4
–	二府街	6	崇实	东四道巷	20
鸣岐	城隍庙后街	20	三晋	梁家牌楼三晋会馆	25
正和	郭签士巷	20	兴亚	琉璃庙街	6
永伦	东涝巷川心店	20	玉山	沙井村	10
名扬	纸坊巷	40	名胜	草场坡	20
晋臣	信义巷	30	佛光	小雁塔内	10
精进	中兴路	20	师孔	西郊土门	20
勤劳	–	–	新合兴	–	–
大兴	–	–	合计	49	895

依照明清以来“一城八区”的空间格局以及民国时期城区扩展的实际状况，将上表涉及的49所工厂分布情况进行统计，可列出下表。

表3－7　1942年前后西北军需局特约军布工厂空间分布表

区　域	工厂数	所占比例(%)	机数(台)	所占比例(%)
东关	11	22.4	206	23.0
西北城区	8	16.3	136	15.2
东北城区	7	14.3	160	17.9
西南城区	4	8.2	91	10.2
东南城区	4	8.2	50	5.6
北关	3	6.1	60	6.7
西关	3	6.1	52	5.8
南关	2	4.1	80	8.9
南郊	3	6.1	40	4.5
西郊	1	2.1	20	2.2
不详	3	6.1	–	–
合计	49	100	895	100

分析上表可知，东关城、东北、西北和西南城区是工厂分布的主要区域，东南城区仅和西关、北关、南关的工厂分布数相近，此外，在南郊和西郊也有少量工厂分布。

抗战时期，受制于交通条件和地理环境，陕西新兴工业和内迁企业大部集中在西安、宝鸡沿铁路线一带，形成了陕西省工业布局的集中趋势，仅西安一地就聚集了陕西工业的80%以上。1949年6月16日刊载在《人民日报》的《从经济观点看西安解放》一文总结了民国时期关中地区工业格局与西安的区域经济地位，文称“从工业方面看：西北的各种机械工业，大部集中于西安、宝鸡之间。西安有现代化的纺织工业、制革工业、制粉工业、机器工业。咸阳有纺织工业。循陇海路西段西上，蔡家坡有设备完整的纺织工业、机器工业、制粉工业、化学工业。虢镇的纺织工业，稍西的十里铺，有著名的纺织工业，包括棉纺和毛纺。有制造工业、机械工业和围绕着这些工业为中心的许多中小规模的附属和派生工业”[①]。这篇文章还给“西安—宝鸡”的工业带命名为“秦宝工业区”，指出“这些工业都是从“七七”抗日后建设起来。由于煤、铁原料易于取给和交通的便利，八年间蔚成了这驰名的‘秦宝工业区’。在大西北的建设中，起着重要作用！”抗战时期西安所奠定的工业基础，对于日后陕西工业的发展奠定了坚实基础，也在全国工业格局占有重要地位。

三、金融业发展及其空间分布

民国西安作为消费型城市和抗战时期后方的物资集散地之一，资金流动量相当巨大。相较而言，金融业的发展甚至比工业更呈现出兴盛的状况。1949 年 6 月即有学者撰文指出：“从金融方面看，陕、甘、宁、青的金融系统，其总机构全在西安，过去如此，将来亦会如此！”[②] 这一论断充分说明了民国西安确为西北地区的金融中心。

1. 金融机构类型及其发展

票号、钱庄、银号等是封建时代后期直至近代发展迅速并广泛分布的金融信用机构。道光二十年(1840 年)后，各省陆续招商设置官银号，由省库拨银为官股发行银票，并接收存款、兑换银钱、调节钱价、倾熔银锭，总揽全省公款汇兑事宜。较大的钱

① 韩少苏：《从经济观点看西安解放》，《人民日报》1949 年 6 月 16 日。

② 韩少苏：《从经济观点看西安解放》，《人民日报》1949 年 6 月 16 日。

庄、银号既办理汇兑、存放款业务、开发庄票,也发行银、钱票;较小的则仅从事兑换业务。"天福同"为现在可知西安最早的钱庄,始设于同治(1862—1874)年间,位于西大街东口钟楼西侧。清代西安"官银钱号"始设于盐店街,此后盐店街一带银号、钱庄逐渐集中分布。光绪三十四年(1908 年)春,陕西布政使署设"秦丰官钱号",亦称"秦丰陕西省官银号",位于盐店街东口。①

1911 年辛亥革命后,秦军政府改"秦丰官银号"为"秦丰银行"。宣统(1909—1911)时大清银行在西安等地设立分行,1914 年民国政府改大清银行为中国银行,在陕西设立分行,但不久即停办。1917 年,秦丰银行改名为富秦银行。此后,又有西北银行成立。这一时期,银行和钱庄并行发展。后经 1926 年围城之役、1927 年至 1931 年间陕西连年大旱等天灾人祸,钱庄业务衰退。后业务渐次恢复,钱庄数量也有所增长。至 1934 年陇海铁路延至西安后,西安已有钱庄 41 家,各家资本平均在 15000 元左右,最多者有 40000 元,最少者仅 2000 元。② 此后银行日益兴盛,汇兑、存放款等业务均被银行包揽。资金薄弱的钱庄无法与银行竞争,多转营贸易。为了能与各大银行在竞争中相抗衡,民国西安的钱庄逐渐与商号加强联系,直接参与商贸活动,经营布匹、棉花、白糖、茶叶、卷烟、烟土等,发展成为兼具金融、商贸功能的综合性机构。由于在抗战期间从事屯卖的利润很高,从 1938 年起,钱庄数量逐年增加,至 1942 年 1 月,西安已有大小钱庄 65 个。

1930 年后,中央和地方在西安开设的银行及分支机构数量

---

① 郑平:《解放前西安的银号钱庄》,《碑林文史资料》第 4 辑,1989 年,第 126 页。

② 郑平:《解放前西安的银号钱庄》,《碑林文史资料》第 4 辑,1989 年,第 125—129 页。

大为增加，资金实力也远较钱庄雄厚。1930年12月15日陕西省银行成立，最初资本200万元，分支机构有63处。1933年上半年，中国银行和中国农民银行在西安设立。1933年11月，中国交通银行和上海银行也相继在西安设立。1935年5月、11月中央银行和金城银行在西安开业，1936年世兴裕银号成立。抗战前后，外地一些银行也在西安设立分行或办事处，如浙江兴业银行、边业银行、河南农工银行、山西省银行、山西商办裕华银行、湖北省银行、甘肃省银行等。民国西安经济调查资料记述1941年前后银行建设情况称“关于经济方面，有国营中、中、交、农银行，省营陕西省银行及上海金城等之商营银行与各钱号；至卅年后，因商业发展，续设有川盐、川康、美文、亚西、四明、通商、建国等银行，全市金融赖以周转”[①]。截至1942年春，西安城内已相继设有银行共14家（见表3-9）。这些银行以发行钞券、办理贴放、存款、放款、汇兑、收兑为主要业务，西安金融业盛极一时。[②]

三四十年代，西安金融市场上银行、钱庄之间竞争激烈。按资金来源和经营方式的不同，金融机构的类型大致可分为官办银行、商办银行、钱庄（银号）和地下钱庄四大类。官办银行包括中央银行、中国银行、交通银行、农民银行[③]，均为国民党中央政府开办，资金雄厚，经营业务广泛。此外，陕西省银行为陕西省政府所办。抗战前五家银行均可发行钞票，抗战期间国民党中央政府整顿币制，遂由中央银行一家发行。商办银行多为大资本家经营，业务包括储蓄贷款、汇兑、买卖黄金、白银以及外钞、

① 龚洪源：《西京市现有经济状况》，《西京档案》第128—129页。

② 宋慧如，宫野进：《西安解放前的金融体制与货币》，《碑林文史资料》第2辑，1987年12月，第44—46页。

③ 龚洪源：《西京市现有经济状况》，《西京档案》第128—129页。

棉花、棉纱等，计有上海、金城、通商、兴化等十余家，其中几家为官僚资本经营，如兴华银行即属阎锡山出资。钱庄、银号有数十家，亦为大资本家、大商人和军阀等出资设立。如宁夏大军阀马鸿逵在同义丰的资本就占了一多半，德泰祥的资本则属于大华纱厂经理石凤翔。地下钱庄（暗银号）出现于抗战后期，因资金量小等原因没有资格申领银号营业证，即以信用合作社的名义，暗中经营银钱业务。[①]

此外，与区域性商帮和商业势力相联系，40 年代的银号、钱庄按投资来源分属山西帮（如义兴源）、河南帮（如德泰祥）、陕西帮（如积义兴）三大帮系。[②]

2. 金融机构的空间分布

民国时期，西安城区传统的银号、钱庄多集中分布在梁家牌楼、盐店街、南北广济街、西大街以及东关等处。至 1942 年 1 月，西安已有大小钱庄 65 个，其分布状况列表如下。

表 3－8　1942 年西安城区钱庄分布一览表

地址（家数）	名称	资本（万元）	店员	地址（家数）	名称	资本（万元）	店员
梁家牌楼（9）	义兴源	10	8	南广济街（10）	复茂协	6	10
	志盛通	3	8		恒兴智	3	11
	元盛隆	7	9		乾元号	7	12
	永丰明	3	14		敬胜丰	6	11
	同济丰	3	10		复兴泰	2.1	8
	协义成	3	10		荣盛福	10	15
	积庆福	4	10		兴源号	15	8

① 贾润庆口述，彭承祜整理：《解放前盐店街的银钱业》，《碑林文史资料》第 2 辑，1987 年 12 月，第 52—56 页。

② 王克刚：《西安金融市场》，《碑林文史资料》第 3 辑，1988 年 10 月，第 109—110 页。

续表

地址（家数）	名称	资本（万元）	店员	地址（家数）	名称	资本（万元）	店员
梁家牌楼（9）	裕兴源	1.5	4	南广济街（10）	仁记号	3	10
	敬胜和	3	9		德泰祥	5.7	20
					义盛丰	1	7
盐店街（13）	长春生	4	6	北广济街（5）	宏蚨号	4	7
	隆远银号	2	4		世兴裕	3	8
	永生祥	1	8		德昌号	2	7
	德胜福	1.6	9		协和福	6	8
	天顺成	–	8		庆余号	1	4
	天德福	2	7	西大街（14）	正义公	0.6	5
	同益丰	20	7		中和源	1	5
	自积永	6	16		裕诚号	3	2
	德庆祥	2	9		宗盛永	5.2	12
	顺兴通	1.6	9		敬义丰	3.6	6
	义胜祥	9	–		敬泰裕	5	9
	合隆义	5	11		丰盛积	4	11
	长庆丰	3	10		聚丰隆	3	7
东关（3）	中兴号	1	10		恒余号	0.5	2
	同心盛	1	9		义和泰	3	10
	复兴通	0.8	8		恒丰	2	7
东关中街（3）	永兴福	2	12		鸿源	1.5	5
	协丰泰	2.1	8		天福同	3	14
	丰盛泰	4	10		协盛源	3	5
东关南街（2）	积盛德	1.2	8	南大街（2）	永兴庆	1	14
	德义隆	3.3	10		积义兴	2	8
五味什字（1）	集义生	3	5	北院门（1）	信孚号	4	7
粉巷（1）	和盛协	3	7	南院门（1）	和源昌	2.3	8
合计（65）						238.6	556

从上表分析可知，以钱庄数量而言，西大街和盐店街钱庄分布最多，为 27 个，约占总数的 42%；以资本比例而言，南广济街居首，占到资金总量的 1/5，盐店街次之，西大街仅列第三；以店员人数而言，南广济街第一，盐店街和西大街次之。因而从整体规模而言，南广济街为西安金融业的核心地带。

新兴银行除在盐店街、梁家牌楼、南院门等街区布设外，随着东北城区新市区的建设，在东大街、尚仁路（今解放路）等处也开始分布，反映了新旧金融商贸区正处在一个嬗变的时期。1942 年前后西安城内较大银行有 14 家，其分布状况见表 3-9。除国民政府和陕西省所属银行外，还有来自上海、山西、河南、河北、西南等省区的银行分行。

表 3-9 1942 年西安城内各银行分布一览表

名　称	开办时间	地　址	附设机构
陕西省银行总行	1930.12	梁家牌楼	4 分行、47 办事处
中国银行分行	1933.11	尚仁路	2 支行、2 办事处、8 寄庄
中国农民银行分行	1934.6	梁家牌楼	3 办事处
交通银行分行	1934.11	粉巷	1 支行、5 办事处
上海商业银行分行	1934.12	南院门	1 办事处
中央银行分行	1935.5	西木头市	6 分行
金城银行支行	1935.10	东大街	1 办事处
山西省银行、铁路银号联合办事处	1939.1	梁家牌楼	
河南农工银行办事处	1939.5	盐店街	
裕华银行办事处	1939.1	梁家牌楼	
河北省银行办事处	1941.10	东木头市	
甘肃省银行办事处	——	东大街	
川盐银行西安分行	1942	南大街	
川康平民商业银行分行	1942	五味什字	

四、商会与同业公会的发展及其空间分布

随着城市商贸、工业、金融业等的发展，民国西安的商会与同业公会也在行业管理、协调政府与行业关系等活动中发挥着重要作用。商会、行业公会的数量众多，其在城区的分布变迁也反映了这一时期城市商贸、工业格局的形成过程及其变动。

东关城明代金龙庙碑文载，“金龙庙向为布帮东社报神之所”[①]，表明明代西安城同业帮会组织已形成，且功能相对完善。同治年间（1862—1874），西安城棉布行作为较早的行会组织，其机构形式同庙会类似，实行香长制。即由本行业中推出若干大户，轮流担任香长，协调管理本行事务。香长总管本行业一切重要事务和每年捐款的收支，另有一人专管行业事务，称“行头”。光绪三十二年（1906 年）行业组织由香长制改为会董制，会董由大户担任。光绪三十四年（1908 年）陕西商务总会成立，当时西安府长安、咸宁两县商会为基本会员，西安城商民才开始有了各行业联合性的公共组织。至 1915 年前后，陕西各县陆续成立了九个商务分会。1931 年国民政府将陕西商务总会改组为长安商会，后随着政府治权的变化，长安商会又有西京市商会、西安市商会等名称。1931 年会董制也改为委员制，1941 年起又由委员制改为理监事制，直至西安解放。长安商会会址开始在东南城区的长安学街，后移至西大街民厅门，1915 年前后购买湘子庙街房地作为永久

① 工商经济史料组整理，剧位亭执笔撰写：《解放前西安市商会、同业公会概况》，《陕西文史资料》第 23 辑，陕西人民出版社 1990 年版，第 245—246 页。

会址。[1]

1. **商会、同业公会的类型与数量**

据 1934 年陕西省银行调查资料载，西安城区商户数量约为 5000 余家，以中小商户居多，成立的同业公会共涉及 39 个行业。1934 年底，陇海铁路通车西安后，西安商贸也大为兴盛。1935 年 9 月统计西安市的商号，较有规模的达 3000 余家，此外还有大量小本经营店铺。这些商号组织成立了 39 个行业工会和 45 个独立行号。39 个行业公会包括：京货、木业、广货、丝线、南货、煤油机油、青器、皮业、纸业、寿枋、山货、点心、酱业、印刷、酒业、猪肉、纸烟、帽业、铜业、国布、过载转运、百货、海菜杂货、药业、粗货、清油、茶叶、盐业、估衣、铁货、绸缎、旅店、理发、书业、鞋业、汽车、洗染、运输、人力车。45 个独立行号为：旧货、油纸、皮胶、羊肉、碱业、铁业、卷烟、照相、特货（鸦片烟）、针篦、丝织、军衣、水旱烟、石匠、毡房、兴汉绸、茶商、生棉花、醋房、辣面、东粮、西粮、金业、毛袜、箩底、粗瓷器、皮货、刷纸、油纸雨伞、生地、水烟、皮箱、熟花、柴炭、糖房、银饰、络子、熟膏、炉院、竹麻、裱画及揭裱、包粮、古玩、医院、颜料。[2] 以上 39 个行业公会包括 1900 余家商号，45 个独立行业包括 1101 家[3]，合计约为 3000 余家。

---

① 工商经济史料组整理，剧位亭执笔撰写：《解放前西安市商会、同业公会概况》，《陕西文史资料》第 23 辑，陕西人民出版社 1990 年版，第 246 页。

② 工商经济史料组整理，剧位亭执笔撰写：《解放前西安市商会、同业公会概况》，《陕西文史资料》第 23 辑，陕西人民出版社 1990 年版，第 247 页。

③ 《陕行汇刊》第 1 卷第 4 期，陕西银行经济研究室编：《陕西经济十年(1931—1941)》，西安市档案局，西安市档案馆 1997 年重印，第 187 页。

抗战全面爆发前后，东北、华北和东部地区工商业相继迁入西安，新开设的工商业户也增加很多。西京建设期间的经济调查报告就称“自抗战军兴，各沦陷区来陕营业者甚众，数约增加三倍以上”。[①] 到 1936 年，《西京快览》统计西安共计有 95 家大小商会、公会，商号数量猛增至 6337 家，较 1935 年翻了一番。1940 年西安商号总数更增至 6509 家，其中资本在 15 万元以上者 4 家，10 万元以上者 6 家，5 万元以上者 24 家，3 万元以上者 53 家，1 万元以下者 78 家，7000 元以上者 93 家，5000 元以上者 213 家。[②]

1941 年国民党政府制订《工商业同业公会组织章程》，对公会进行改组。截止 1941 年底，西安市共有 50 个同业公会和 19 个独立行号。独立行号所辖行业户数较少，尚不足以成立同业公会，由西安市商会直接管理。

50 个同业公会所属行业有：丝绸呢绒布、油业、图书教育品、国药、代售、采办、承揽运输、五金、电料、缝纫、川卷烟、酒业、山货、盐业、钱业、百货、木业、杂货、青器、酱货、茶叶、点心、估衣、寿枋、浴业、印刷、棉业、纸业、粮食、煤炭、旅店、铁货、猪肉、人力车、证章、纸烟、粗瓷器、铜业、皮货、帽业、酒菜、西药、土药（鸦片）、第二区棉纱织、第一区面粉工业、戏剧电影、报业、汽车、料货、猪羊肠。

19 个独立行号涉及行业为：货栈、银首饰、钟表眼镜、古玩、羊肉、皮胶、照相、针篦、丝织、军衣、石匠、干果、毛袜、罗底、裱糊、油纸雨伞、皮箱、洗染、醋房。

---

① 龚洪源：《西京市现有经济状况》，《西京档案》第 128—129 页。

② 陕西银行经济研究室编：《陕西经济十年（1931—1941）》，西安市档案局，西安市档案馆 1997 年重印，第 187 页。

1948 年的统计资料显示，在西安市 109 个各类商会、公会中，有市商会 1 家，商业同业公会 67 家，市总工会 1 家，产业公会 34 家，工业同业公会 6 家。[①]

1949 年 5 月西安解放时，全市共有 80 个同业公会（内有 11 个工业公会、69 个商业公会）和 6 个独立行号，共 86 个单位。全市商铺共有 8847 家。[②]

2. **商会、同业公会的空间分布**

民国西安同业公会在城区各处的分布情况有助于认识不同城区空间在商贸、行业发展中的地位，《西安市政统计报告(1947—1948)》详细记述了 1948 年西安 73 个同业公会的会址。73 家公会分布情况为：西南 17 家，东南 14 家，西北 11 家，东北 7 家，东大街 3 家，西大街 7 家，北大街 5 家，南大街 2 家，北关 2 家，东关 4 家。西北城区主要集中在广济街、城隍庙、大皮院以及西大街警察局两侧；东南城区主要集中在骡马市，在 14 家公会中，骡马市就有 7 家；东北城区主要集中在武庙街，7 家公会有 4 家即分布在武庙街；西南城区主要集中在南院门周边如竹笆市、木头市等处；西大街也是公会集中之地。西关和南关没有公会分布。

1949 年，西安城区地址可查的公会数为 78 家[③]，有 78 个行业成立了公会。这 78 家公会的分布情况是北大街 4 家，西南 17 家（其中警翼路 5 家，仍以南院门周边集中分布），东北

① 西安市档案局，西安市档案馆编：《西安解放档案史料》，陕西人民出版社 1989 年版，第 10 页，应为 108，原表误。

② 西安市档案局，西安市档案馆编：《西安解放档案史料》，陕西人民出版社 1989 年版，第 10 页。

③ 工商经济史料组整理：《解放前西安市商会、同业公会概况》，《陕西文史资料》第 23 辑，陕西人民出版社 1990 年版，第 255—258 页。

16家（其中崇孝路分布8家），西北9家（仍以城隍庙、警察局、北广济街为主），东南9家（骡马市分布4家），东大街5家，南大街4家，西大街8家，东关4家（东关南街和柿园坊各2），西关1家，北郊1家。与1948年相比，东北城区增加了9所公会，其他城区变化不大。

五、会馆的空间分布

至20世纪30年代前后，西安城中仍以会馆为名的共计12所，其分布为西南城区7所，东关城3所，西北城区1所，东北城区1所。各会馆地址多继承未变，其分布格局基本沿袭了清代特征而在数量上有所减少。

民国西安城会馆既有区域之分，亦有行业之别。其中外省会馆7所，涉及浙江、湖北、湖南、四川、江苏、山东、山西等省，本省各县会馆有盩厔（今周至）、郃阳（今合阳）、关南（疑为陕南各县联合会馆）等，此外还有按行业组成的南药会馆和骡店会馆。

在商会、行业公会等快速发展之下，以地缘联系为纽带的会馆受到很大冲击。同时，受军政形势影响，会馆作为公产，多被充为军事机构驻地、住宅、学校、市场等。民国西安会馆数量大为减少，会馆自身的功能也逐渐丧失。

第四章

井渠同济：重镇时代西安城市水利兴废与水域景观

城市水系是重镇时代西安城市建设的重要内容，也是城市发展的命脉所系，其兴衰嬗替对城市水域景观生态影响巨大。在10—20世纪之间，西安城的延续发展有赖于引河水入城和井水的开发，“井渠同济”成为千年重镇时代城市供水体系的突出特征。同时，由城壕、城区池、坑等构成的排水系统也在改善城区水环境方面发挥了重要作用。本章着重探讨龙首、通济二渠的开浚、兴废及其对于城区水域景观生态的影响、城区井水的开发利用、排水体系的变迁、陪都西京的城市水利建设和规划等内容，力图在景观生态学基本原理的基础上，重新认识城区水域景观对于城市水环境的重要意义，并揭示长时段内城市水利体系兴废与水环境变迁的特征及其原因。

第一节　宋元长安城乡水利开发与利用

汉唐都城时代长安城水系建设曾取得过辉煌的成就，无论是密如蛛网的城市供水系统、计划周详的沟渠排水系统，还是运量巨大的漕运水系、城区星罗棋布的湖沼水域，均堪称我国封建时代城市水系与景观生态建设的典范。[1] 宋元时期，长安城占地规模缩小，城市引水系统重新得以规划和修浚。

一、北宋京兆府城龙首渠的开浚及其流路

1. 城区地下水水质

宋元长安城中水井数量虽不能与隋唐长安相比，但总量仍较多，有"计其井不啻乎万"[2] 的赞誉。不过，大多数井水质苦咸的状况从唐中后期一直延续下来。[3] 宋大中祥符七年（1014 年）陈尧咨开龙首渠引"甜水"时就指出，"（长安）城井泉大半咸苦，民居不堪食"的地下水污染状况，城中甜水井数量极少，饮用水的质量影响了城市自身的发展。宋代碑刻中亦云"长安寔汉唐之故都……然而澙卤之地，井泉惟咸碱，凡厥膻羞烹饪皆失其味"。这就严重影响了市民的日常生活。长安城区井水"求其甘者，略无一二焉"。但是由于此前渠道湮废，又不能不依赖井水，寻求"泉寒而味甘"的凿井之地。尽管城区居民"多舍弃旧井而改卜其地，求发源泉之甘醴者"，但"未尝有如其意者"[4]。居民做饭、烧水、煎茶、煮药等用水都只能以苦水充用。

宋长安城善感禅院为求甜水而凿新井就是当时城区井水苦咸，弃旧井、开新井的典型事例。善感禅院为"诸梵宇之甲

① 史红帅，朱士光：《隋唐长安城市水系的景观生态建设及其启示》，西安城乡建设委员会，西安历史文化名城研究会编：《论唐代城市建设》，陕西人民出版社 2005 年版。

② 宋熙宁七年（1074 年）《京兆府长安善感禅院新井记》，碑存西安碑林。

③ 李健超：《汉唐长安城与明清西安城地下水的污染》，《西北历史资料》1980 年第 1 期。

④ 宋熙宁七年（1074 年）《京兆府长安善感禅院新井记》。

者”，寺内“僧徒童、行官、客仆从日不减，其数百人”。原有旧井11眼，井水“供浴室、厨爨、浣濯、马厩、秣饲之事。崇朝及暮，用汲无穷”。虽然供水很足，但“厥味甚不甜美，久厌其食”。于是僧众请求主持智海法师“卜地以成井，以足大众茶药之用”。智海法师“集僧徒，行浮屠教之法事于大门内东垣下。后以杖卓其地，命匠者具畚锸兴工，二日而井成”。新井开好后，“其泉源沸涌，澄然而甘寒，宜其食也”。不仅满足寺宇僧众的日常需用，亦“傍及左右所居之民，往来汲取养而不穷”①。由此可见，宋代长安城区地下水水质因区域的不同而有甜、苦之分，但甜水井数量较少，绝大多数城区均为苦水区。

2. **龙首渠的开浚与流路**

自唐末天祐元年（904年）朱全忠迁昭宗于洛阳后，长安遂墟，城市水利设施也多遭废弃。宋大中祥符七年（1014年），因城内井水咸涩，不堪食用，在永兴府知府陈尧咨的倡议主持下，恢复原唐龙首西渠故道，引浐入城，以济民用，兼为城壕水源，自此城内方食甘水。②《赐陈尧咨敕》即载龙首渠“引注入城，四散于街市，居民门前流过”，“阖郭士庶、人民、僧道尽得甜水引用，皆上感圣恩”。这就在很大程度上缓解了城区居民饮用水的困境。当然，就渠道规模而论，此次修浚实际上“只将五七十人开一小渠”，用工人数少，重浚的工程量并不大。

隋唐时从城东南马头埪处堰浐水入龙首渠，马头埪堰乃引浐水入城的重要地方，而浐水则为龙首渠的重要水源。至宋代，西安城东龙首渠水仍较充足，在马头埪处堰浐水的情况依史料并未发生大的变化。依《类编长安志》所载，元时“龙首

---

① 宋熙宁七年（1074年）《京兆府长安善感禅院新井记》。

② （清）王昶：《金石萃编》卷一三〇。

堰，在嘉川马头埪，堰浐水入龙首渠”。龙首堰即马头埪处引浐水之堰。

除浐水外，宋元时龙首渠亦有另一重要源头，毕沅《关中胜迹图志》对龙首渠水源及流路有简明记述：“西安省城东有龙首，西有永济，两渠同出于大义峪第一脉之水，龙首由小义、太乙二峪之间北行，又转而东，由咸宁东长乐门入城。”即言龙首渠发源于大义峪第一脉之水，东过真五原，至引驾回镇，由东北至鸣犊镇入浐河，复引水入渠口，西北行，经留空村至田家湾诸处，径流渐细。根据《关中胜迹图志》《咸宁县志》等书记载，引大义峪水在前，引浐河水在后，因而可将大义峪口视为龙首渠的起始渠源。

宋代龙首渠流路依循唐时旧道，《赐陈尧咨敕》中明载“引龙首渠之清渠，实唐京兆之旧迹”。唐代龙首渠有二支，其中一支入城，此支入城水路乃唐时西渠。[①] 既然宋时所修龙首渠是唐代旧道，其在城内外的走向、分布情况可按照唐代龙首西渠的概貌加以分析。

唐代龙首渠于长乐坡附近，支分为二渠：东渠西流至通化门外，沿城北上转西折入内苑及大明宫；西渠西南流至通化门南入城，经永嘉坊，西流经胜业坊、崇仁坊，入皇城又北上入宫城，汇为山水池及东海。在主流路之外，龙首西渠另有一支自兴庆坊引入兴庆池[②]，还有一支流注位于兴庆池西南的放生池。因而，龙首西渠在唐时分为三支，其中入皇城者仅一支，流注兴庆池、放生池的两支，皆在唐皇城之外。宋京兆府城外

---

① 黄盛璋：《西安城市发展中的给水问题以及今后水源的利用与开发》，《历史地理论集》，陕西人民出版社 1982 年版。

② （元）骆天骧：《类编长安志》卷六《泉渠》。

的流路与唐时无太大区别，即一支注入兴庆池[①]，另一支注入放生池。第三支入城水路入旧永嘉坊，南曲流不远，复又折向旧胜业坊、旧崇仁坊。后于景风门南入宋京兆府城。

龙首渠在城内流路可通过嘉庆《咸宁县志·长安志水道图》加以分析，龙首渠道沿安上街，过景风门、开元寺，继而又稍折向北流，过九耀街，经太平兴国寺，历北城巷，又过旧唐城长乐门西入唐宫城区域。

二、元代奉元路城龙首渠的开浚及其流路

从长时段而言，宋元时期仍是“重镇时代”西安水环境较佳的阶段，元代安西王府及其周边地区“到处有川河、湖沼、源泉”[②] 就可大致反映这一时期郊区水域充盈的景象。奉元路城龙首渠也正是在此水环境基础上开浚的。

宋代重修龙首渠后，至金时，龙首渠入城之流未断，仍灌注兴庆池。后金人与蒙元交战，西安城受战乱之祸，龙首渠亦受影响。元军据西安后不久，即于庚子年（1240 年）修浚龙首渠，并引灌兴庆池。“庚子岁，复以龙首渠水灌之，鲫鱼复生。”[③] 此次修复的是唐时龙首渠入兴庆池之道，为龙首西渠的一支，主要用于恢复兴庆池园林水域和灌注城壕。

据《类编长安志》载，至元元年（甲子年，1264 年）又由赛平章主持修浚龙首渠入城水路，引水入城。[④] 这次引水利用了宋时龙首渠的入城旧道。值得说明的是，元初修浚西渠入

① （元）骆天骧：《类编长安志》卷六。

② 〔意〕马可·波罗著、张星烺译：《马可孛罗游记》，商务印书馆 1936 年版，第 225 页。

③ （元）骆天骧：《类编长安志》卷三。

④ （元）骆天骧：《类编长安志》卷六。

兴庆池后，水并未因此中断，而是继续西流，“一渠西流入兴庆池，又西流入城壕”①。对照文献记载与方志舆图可知，龙首西渠入城有两条渠道，一支为赛平章修浚的宋时旧道，另一支为宋时南注兴庆池后又向西延伸的新流路。

龙首西渠为大城区和兴庆池供水，龙首东渠则为西安城东北郊的安西王府供水。龙首东渠在“五季后渠涸”，历宋、金，一直未被修复。至元十年（1273年）时，由于西安城西北安西王宫的建筑需解决用水问题，故东渠修浚成为必要。当年“复开五季后渠涸，自长乐坡西北流入王城”②。此“五季后渠”即指龙首东渠，“王城”为安西王城（即今斡耳朵，俗称达王城）。至元十年（1273年）在修浚东渠的同时，也重修了西渠。

至元元年（1264年）赛平章主持修浚的龙首西渠，其流路先入旧永嘉坊之地，南流不远，复又折向旧胜业坊、旧崇仁坊。后在景风门南流入元奉元路城，沿草场街，经开元寺、安上街，折向北流，过九耀街、北城巷，经旧时长乐门西出城。

至元十年（1273年）疏浚的龙首西渠流路在《类编长安志》中记载较详：“一渠西流，灌兴庆池，经胜业坊西京城，经少府、钱监、都水监、青莲堂，西入熙熙台，西入城壕。”③钱监本张中孚宅，位于府城草场街旁。青莲堂在莲湖公园附近，熙熙台则在宋宰相寇准宅内，位于元掖庭街。

三、宋元长安城乡水利应用与水域景观生态变迁

1. 水利应用

宋元长安城乡社会上层在城区的府第和郊区的别墅多利用

① （元）骆天骧：《类编长安志》卷六。

② （元）骆天骧：《类编长安志》卷六。

③ （元）骆天骧：《类编长安志》卷六。

渠水、井水等营建池沼，或在河、渠侧畔兴建别业，充分利用河、渠、池沼美化人居环境，并使府宅、别业园林成为游赏的重要空间。如知永兴军陈尧咨于长安城内莲池建第曰青莲堂；南郊樊川则有元氏之元庄，“其居北倚高坡，泉声泠泠，植花于圃，穴洞于岩，起阁池上，隐隐然藏于茂林修竹之间，具幽胜之趣”①。宋、金、元时均曾引龙首渠灌注兴庆池，金代张金紫更于池北修众乐堂、流杯亭，刻画楼舡，以为宾客游宴之所。兴庆池成为这一时期西安城修禊、宴游、聚会的名胜之地。范雍《兴庆池泛舟》盛赞兴庆池景致，称“长安本佳丽，况复当盛春。撷盛在城曲，起亭临水滨。隔花皆戏艇，满目尽游人”。兴庆池周边一派“歌吹满舡花夹岸，酒帘无处不留人”② 的景象。

在郊区，利用河渠水带动水磨，进行粮食加工和农业生产，也是这一时期水利应用的一个亮点。元李好文《长安志图》载这一时期郊区水环境景观云，“长安名胜之地……今虽残废之余，而终南之神秀，原陆之澶漫，源泉之灌注，草木之葱倩，近蜀之饶，固自若也”。《长安志图》中还收录有北宋浮休居士《水磨赋》一文，赋曰：

粤自大朴既散，机事滋炽，抱瓮无讥，斲轮改制。脱大车之左毂，障横流之肆置。圭测深浅，审度面势。覆厦屋之沉沉，酾长溪之沸沸。徒观夫老稚咸集，麦禾山积。碓臼相直，齿牙相切。碾磨更易，昼夜不息。汹汹浩浩，砰砰呖呖。鼓浪扬浮，交相触击。飞屑起涛，雪翻冰折。仰而观之，何天轮之右旋，覆輨胶戾，蚁行分寸，迟速间

① （元）骆天骧：《类编长安志》卷九。

② 陕西省博物馆藏《兴庆池宴禊诗》碑。

隔；俯而观之，何地轴之左行，消息斡运，搘撑挺拔，千匝万转，而不差忒；逆而视之，修渠绳直，高岸壁立，沄沄漾漾，如砥之平，如练之明，忽然走下，若众壑之赴禹门也；顺而索之，盈科后进，遇险斯止，潋潋滟滟，成文布理，汪澄渊默，乃见柔德，力尽而休，功成而退，若君子之善出处也。彼华山三峰之飞瀑，吕梁百步之喷沫。独有赏心之玩，曾无利物之实，未若斯磨也。不逾寻丈之间，不匮一夫之力，曾无崇朝之久，而可给千人之食。如是则驴马不用，麦城任坚……真为一乡之赖，岂止一家之事。

这段文字生动、具体地记述了北宋多功能水利机械——水磨的结构、运转及其功效。[①] 从功能看，既可灌溉，又可碾磨；从效率看，"不匮一夫之力，曾无崇朝之久，而可给千人之食"。

2. **城市水域景观生态及其变迁**

宋代重开龙首渠后，渠水"引注入城，四散于街市，居民门前流过……阖郭士庶、人民、僧道尽得甜水引用"[②]。在满足居民饮用之外，城市水系的景观生态功能极为突出，其变迁对于城市面貌也有很大影响。兴庆池的景观变迁概可视为宋元时期长安城湖沼水域景观变迁的缩影。

宋代龙首渠水引入城后，长安城众多湖沼陂塘顿显生机，而兴庆池更成为水光潋滟，游人聚饮泛舟之地。兴庆宫"经巢寇、五代，至宋湮灭尽净，唯有一池"[③]。引龙首渠水灌注之

① 杨德泉：《试谈宋代的长安》，《陕西师范大学学报》1983年第4期。
② （清）王昶：《金石萃编·赐陈尧咨敕》。
③ （元）骆天骧：《类编长安志》卷三。

后，兴庆池又逐渐恢复往日盛景。宋人范纯仁《和韩侍中上巳日会兴庆池》诗载池边景观云："故堤高柳绿毵毵，花萼遗基映柳南。啼鸟解招游客醉，落花时有戏鱼衔。舟携罗绮添春色，山破云烟出晓岚。"[1] 柳树、高堤、飞鸟、游鱼、远山、流云、扁舟、罗绮以及花萼楼遗迹构成了一幅如诗如画的兴庆池饮宴图。宋仁宗庆历二年（1042 年）知永兴军范雍等十八人于兴庆池泛舟赋诗，云"长安本佳丽，况复当盛春。撷盛在城曲，起亭临水滨。隔花皆戏艇，满目尽游人"。"香车宝马戏游盛，别馆离宫往事非。""映花笑语秋千女，隔岸丝簧袚禊人。""歌吹满舡花夹岸，酒帘无处不留人。"[2] 至金代，兴庆池引龙首渠水灌注后，张金紫于池北修众乐堂、流杯亭，"以为宾客游宴之所，刻书楼船，上巳、重九，京城仕女修禊宴燕，岁以为常"[3]。兴庆池大有唐代曲江的流风遗韵。元大德七年（1303 年）十二月"安西王妃大宴兴庆池"[4]。元至正二十年（1360 年），龙首渠灌注久已干涸之兴庆池，之后逐渐有"鲫鱼复生"[5]，城市水环境生态又渐趋良性发展。

以下从景观生态学角度出发，分析宋元时期长安城水系功能及其景观生态变迁特征。

首先，宋元龙首渠使城区与秦岭北麓水源地、浐河以及广阔城郊之地等紧密联系起来。在引水渠道入城之前，长安城周围尽管有八水环绕，但城市未能与周边水系发生紧密联系，引水渠道修通之后，自汉至唐，以迄于宋元，长安城区就与关中

---

① 雍正《陕西通志》卷九六。
② 陕西省博物馆藏《兴庆池宴禊诗》碑。
③ （元）骆天骧：《类编长安志》卷三。
④ （清）王昶：《金石萃编未刊稿》，碑在陕西周至。
⑤ （元）骆天骧：《类编长安志》卷三。

地区八水水系构成了一个有机整体。元时，马可·波罗曾看到安西王府及其周边地区“到处有川河、湖沼、源泉”，龙首渠的引水入城实则就将长安城与这些城外水域联系到了一起。长安城区成为八水水系尤其是浐河的一个有机节点。引水渠道在增加城区湿度的同时，也有助于促进城区内外能量和物质的流动。由此，长安城自然属性得以增强，城市的生命力和活力也就越强。

其次，宋元龙首渠均以城东区为主要流经地区，沟通众多大街小巷，以余水灌注城壕，又形成环城的带状水流。从景观生态学角度而言，渠水水系和城壕水流是起沟通作用的“廊道”，对于改善城区景观至关重要。

可以想象，潺潺渠水在城区川流而过，畅达于街道市廛、居民坊里、宫观寺宇、官署宅邸，不仅使城区居民能够饮用来自浐河的“甜水”，也大大丰富了城区生态景观。前述宋永兴军路知府陈尧咨在城内莲池（今莲湖公园址）建青莲堂，作为观景消暑之地。再次，宋元龙首渠在灌注城区较多园林、住宅湖沼池塘后，形成一定数量的“斑块”状水域，对于区域生态环境有美化之功，也有利于促进城市生态的良性发展。这些斑块状水域经由渠系连接起来，既可视为独立发挥功用的节点，同时整体上相互之间也产生了内在联系。引渠水灌注而形成的湖沼陂池，作为水域斑块，有利于减少城区风沙，增加空气湿度，使这座西北古城也俨然有江南水乡之韵味。而一旦渠道断绝，渠水不能接引进城，湖沼池塘得不到补给，一夕而成“陆田”，作瓜区、蔬圃之用①，城市景观也随之黯然失色。

此外，从长时段而言，引河水入城，有利于补给长安城地下水，改善苦咸水质，使长安城区水环境“基质”向良性循环

① （元）骆天骧：《类编长安志》卷三。

方向发展。

第二节 明清西安城乡水利建设与人居环境的改善

一、明初西安城市水利兴修的缘起

城池扩大、人口增多以及地下水苦咸是明初重开龙首渠的主要原因。西安城自明洪武四年（1371 年）开始向东、北扩展，洪武十一年（1378 年）扩建完毕，秦王朱樉当年即就藩西安。城市驻军和相应人口随即大量增加，由此在灌注城河、日常汲引、园林绿化等方面用水量激增，而元代所修引水渠道早已湮废，仅靠凿引地下井水远远不能满足对水的需求。城市规模的扩大和人口的增加对开凿疏浚新的引水渠道提出了迫切要求。西安地方政府在大城拓展完成的次年，即洪武十二年（1379 年）即在朝廷支持下开渠引水。《明实录》即载："（洪武十二年十二月）开西安府甜水渠。初，西安城中皆咸卤，水不可饮，至是。曹国公李文忠以为言，乃命西安府官役工凿渠、甃石，引龙首渠水入城中萦绕民舍民始得甘饮。"①

二、龙首、通济二渠的开浚与兴废

明代西安城先后开凿有两条引水渠道，即洪武十二年（1379 年）开凿的龙首渠和成化元年（1465 年）开凿的通济渠（见图 4－1）。清陕西巡抚毕沅《关中胜迹图志》即载西安城"东有龙首，西有永济"。"永济"即通济渠的别名。龙首、通济二渠引水入城，对明清西安城发展起着至关重要的作用。两

① 《明太祖实录》卷一二八。

渠水网密布城内，不仅利于日常生活及军事防御之用，且使城市园林因水面的点缀而颇具灵气。此外城区还有数量众多的水井，尽管大部分地区水质苦咸，但在西南城区等局部仍有少量水井水质甘甜，也是当时居民饮水的来源之一。

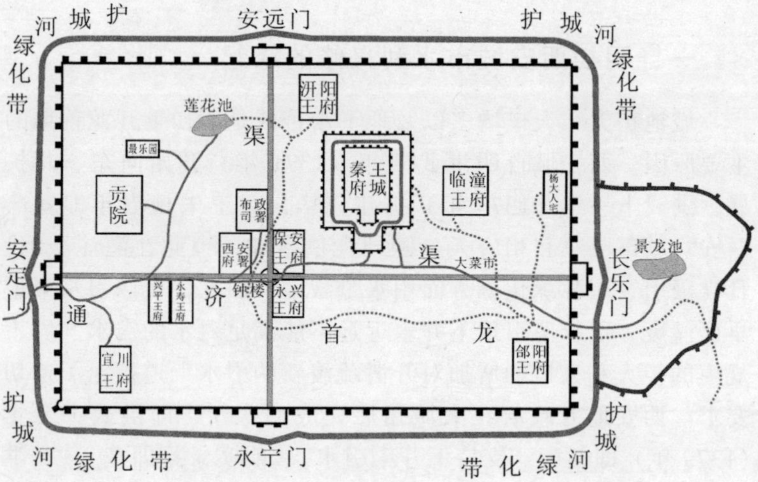

图 4-1　明代西安城内宗室府宅分布与龙首、通济二渠流路示意图

1. 龙首渠的开浚、供水与兴废

(1) 开浚与流路

从明洪武十二年（1379 年）龙首渠的开凿至成化元年(1465 年）通济渠开通，可称为龙首渠阶段。这一时期以龙首渠为城市供水主体，井水为辅助。

龙首渠始凿于隋初①，为唐长安城的重要引水渠道之一。

① （明）王恕：《修龙首通济二渠碑记》，《关中两朝文钞》卷一，道光十二年（1832 年）守朴堂藏版。

先后在宋元时期得以疏浚并引水入城。明初借助前代工程基址重新疏凿，费时较短，工程量也较小，这对于扩筑城池后不久的西安城而言极为重要。选择位于城东的龙首渠进行浚凿，也是出于方便对秦王府城供水的考虑，秦王府城河和大城城河均需要引水灌注，才能充分发挥城池的防御功能，这也表明龙首渠的开浚是城池扩展工程的继续，可能均在扩城规划之中。

龙首渠源于秦岭北麓大义峪，经城东部入东关并进而流入城内。清人毕沅在其《关中胜迹图志》一书中明确记载道："（龙首渠）发源于大义峪第一脉之水，东过真武原至引驾回镇，又东北至鸣犊镇入浐河，复引水入渠口，西北行，经留空村至田家湾诸处，径流渐细。"[①] 由于大义峪和浐河虽同发源于秦岭北麓，但具体峪口不同，因此龙首渠实际上有两个渠源，一为"大义峪第一脉之水"，另一为浐河。因引大义峪水在前，引浐河水在后，故一般将大义峪口视为龙首渠的起始渠源。[②] 即龙首渠上半段是从大义峪口引水至鸣犊镇桥头入浐河，下半段则是从留空引浐河水至西安城东门入城。明人王恕在《修龙首通济二渠碑记中》载"引浐河水经倪家村、龙王庙、滴水崖、老虎窑、九龙池至长乐门入城，分作三渠……西入秦府，始作之人无考，自隋唐至明朝成化间虽尝有人修濬"[③]。

明清西安城东龙首渠之所以分作上、下两段并有两处水源地，有其内在合理性。浐河在当时虽说是西安城东南的一条大河，但至明清之际，由于秦岭水源区植被环境的相对恶化，水

---

① （清）毕沅：《关中胜迹图志》卷三《大川》。
② 乾隆《西安府志》卷五《大川志》。
③ （明）王恕：《修龙首通济二渠碑记》，《关中两朝文钞》卷一，道光十二年（1832年）守朴堂藏版。

量已相当有限，修凿龙首渠时引大义峪水东北注入浐河，很明显是为了加大浐河的水量，这样再从浐河引水而西北流注入西安城的龙首渠的水量相应也就有了更为可靠的保障。

（2）供水网络与渠道维护

龙首渠供水网络主要集中在城市东部，主要供给对象是以秦王府城为重点的城东区宗室、官宦府宅。

龙首渠在西安城内分作三脉，其各自的流路，据王恕《修龙首通济二渠碑记》记载："一从元真观南流，转羊市，过咸宁县总府，西流转北过马巷口；一从真武庵北流；一从羊市分流，过书院坊西入秦府。"又雍正《陕西通志》亦载："分三派，一经流郃阳王府前，至西分一渠，经流大菜市，往北入临潼府；一经流京兆驿，并永兴府至西转北，经马巷口入莲花池。"[①] 此一记载虽然称入城渠道"分三派"，但却只描述了两脉。不过对照王恕《修龙首通济二渠碑记》就不难发现，雍正《陕西通志》所说"经流郃阳王府，至西分一渠"的渠道原本是分成二支的，除了主流"经流大菜市，往北入临潼府"，还另"分一渠"，分流点距离"郃阳王府前"不是很远，而真武庵恰与曏阳王府东西相邻，所以应当就是王恕所记的"一从真武庵北流"的那条支渠。从雍正《陕西通志》中的《西安府龙首通济两渠图》来看，从真武庵北流的龙首渠支脉越过东大街，北流入于杨大人宅。

从嘉靖、万历二《陕西通志》"陕西省城图"及雍正《陕西通志》"西安府龙首通济两渠图"可以看出，龙首渠在城东部被引入秦王府、临潼王府、汧阳王府、郃阳王府、保安王府、杨大人宅等府第。尽管在明初扩城前后总体上城西部人口要多于东部，但并没有选择自城西开渠引水就很能说明问题。

① 雍正《陕西通志》卷三九《水利一》。

向城西也只延伸到西北的莲花池，虽然这也受其引水量的限制，但其供水重心却很明确。新扩展的城区促进了龙首渠的开浚，反过来，龙首渠的开浚也极大地推动了城东新扩区和东关城的发展。

明代中央和地方政府在开凿之外，亦重视龙首渠的畅通、维护，以确保西安的西北重镇地位。洪武十二年（1379 年）开通未久，洪武二十九年（1396 年）即“诏修西安城中水渠”①。像这样由皇帝下令疏浚城市引水渠道的例子在同一时期西北众多城市中极为少见。此次修治，一是疏浚城外经过黄土台原地区的引水渠道，二是为城内渠道“覆以石甃，以障尘秽。计十家作渠口一，以便汲水”。在确保城外渠道畅通的基础上，保证城内的渠水卫生。此距明初开凿龙首渠尚不及二十年，足以反映出明朝中央政府对西安城供水问题的重视。城内渠道以石甃砌，成暗沟形式，坚固耐用，亦防渠水污染，饮水卫生的防护较之明初前进了一大步。

（3）修治与衰废

通济渠开通后，龙首渠受其引水量小及渠道易崩塌等因素影响只能处于辅助供水的地位，但依然受到地方政府的重视。如弘治五年（1492 年）西安府就曾专事修治龙首渠。秦简王朱诚泳《瑞莲诗序》载此次修治云“予府第子城外，旧环以堑，引龙首渠水注焉，岁久渠防弗治，水来益微，堑遂涸矣。弘治壬子春，监司兴修水利，渠防再饬，堑水乃通”②。由此可见龙首渠兴废对于城内安全防御设施等用水量较大的处所盛衰影响之大。

明清时期龙首渠的修治见于记载的共有六次。基于龙首渠

① 《明太祖实录》卷二四四。

② （明）朱诚泳：《小鸣稿》卷九。

所经地区的黄土台原地貌条件，时日稍久，便易引起渠道崩塌，这是其逐渐湮废并最终为通济渠取代的主要原因。明成化间陕西巡抚项忠指出“迨今世远物迁，堤倚高原，日见削损”，“年久渠道崩塌土崖，随修随坏，致水或断或续，利用日少，缺用日多，难以纪极，况城中之用，不能周遍”[①]。

2. **通济渠的开浚、供水与兴废**

从明成化元年（1465 年）通济渠开通至清乾隆中叶因补修西安城池而废弃二渠入城水门，[②] 可称为通济渠阶段。这一时期以通济渠供水为主，龙首渠和井水为辅助，是明清西安城供水最为充沛的时期。“昔之未开通济渠也，汲之不足，城池惟西北一隅有水。自有通济渠之后，汲之不乏，城池四面举皆充溢周流。”[③]

（1）开浚与流路

前已述及，龙首渠供水量有限，“利用日少，缺用日多”，“城中之用，不能周遍”，水利止及城东，西安城西部居民甚少惠及。而其修治更需“引水七十里，修筑不易”，“计费亿万”，开凿新的引水渠道取而代之势在必行，加之唐长安城亦有引城西河水入城的先例，在这种情况下，项忠等人经过实地踏勘选线，于成化元年（1465 年）开浚了因地势高下相宜而水性顺畅、流量充沛、水质优良的通济渠。嘉靖《陕西通志》记述成化元年（1465 年）开通济渠缘由云：“通济渠，今省城西南也。盖城南故有秦汉隋唐旧渠，久废。皇明天顺中，西安府知府余公子俊相度城东南龙首渠，水入城稍微，西城官民食水苦

① （明）项忠《新开通济渠记》，碑存西安碑林。

② 嘉庆《咸宁县志》卷十《地理》。

③ （明）王恕：《修龙首通济二渠碑记》，《关中两朝文钞》卷一，道光十二年（1832 年）守朴堂藏版。

咸水便，议修复废渠。时都御史项公忠巡抚陕西，遂具疏上闻。允命既下，余公即躬督疏浚，不一载渠成。引交、潏二水自城西南隅入城，城中官府街市坊巷皆支分为渠。"[①] 通济渠引城西南洨河、潏河水入城，由此形成东西两渠同济西安城的供水格局。

(2) 供水网络与渠道长度

通济渠在城内的流路远较龙首渠长，自城西入，自城东出。其水网不仅覆盖了城西区的大部分地区，而且也是城东区和城壕用水的主要来源。相较而言，龙首渠的作用在明中前期独占鳌头，而自明成化以后，全城居民则主要仰赖通济渠。

通济渠亦分作三脉，据雍正《陕西通志》所记："一从长安县东流过广济街，又东过大菜市、真武庵，流出城，注于东城壕；一从广济街北流，过钟楼，折而西过永丰仓前入贡院；一从广济街直北过麻家十字街口汇入莲花池。"[②] 如果将龙首渠和通济渠在西安城内的诸脉流路略事比较就可知道，龙首、通济二渠是均有一脉注入莲花池的，这样不仅部分地解决了二渠余水的排泄问题，又可保证莲花池有可靠的给水来源[③]，从而变废为利，起到美化城市环境的作用，并为西安城居民提供了一个优美的游憩场所。

从嘉靖、万历二《陕西通志》"陕西省城图"及雍正《陕西通志》"西安府龙首通济两渠图"可以看出，通济渠被引入城西宜川王府、兴平王府、永寿王府、陕西贡院、西安府署、

---

① 嘉靖《陕西通志》卷二《山川》。

② 雍正《陕西通志》39《水利一》。

③ 康熙《长安县志》卷八《古迹》载莲花池"明时水满池塘，碧波绿树，涵映虚明，盖以通济渠水灌注之也"。所说不甚全面，忽略了龙首渠的灌注之功。

布政司署、莲花池、最乐园等处，城东秦王府城、东关景龙池等亦均有引入。“金城汤池兮百二独雄，挼蓝曳练兮声漱玲珑，烟火万家兮仰给无穷。”正是通济渠开通后相当长时间内对西安城供水之功的最好写照。

乾隆中叶出于军事防御之需，在修筑西安城墙时废弃了引二渠水入城的水门，这直接导致了“龙首、通济之入城者遂不可复”[①]。虽然后世修治二渠时又数次疏通水门、引水入城，但从这时开始，龙首、通济二渠再也未能恢复往日的引水盛况。

通济渠流经郊区和城区，渠道长度可分别计算。从丈八沟至西门的通济渠长二十五里，康熙《陕西通志》引明人王恕《修龙首通济二渠碑记》云：“城外土渠亦疏浚修筑二十五里，视昔尤加深厚。”[②] 通济渠入城后分为三脉，其总长度则可由三脉长度之和求得。据雍正《陕西通志》卷三九《水利一》所附《西安论龙首通济两渠图》等相关地图资料，城内三脉的渠道长度可计算如下：从祠堂经长安县廨东流，过大菜市、真武庵出城的一脉约为 7 里（今里，下同）左右；从广济街北流，过钟楼转西，再过永丰仓流入贡院的一脉约为 2.5 里左右；从永丰仓东街口北流入注莲花池的一脉与其他分流支渠约在 3.5 里左右。这样，通济渠在西安城内的渠道总长度大致应是 13 里上下。另据王恕《修龙首通济二渠碑记》：“（通济渠）自西关厢入城，俱用砖甃砌一千四百五十丈[③]。（弘治十五年）又于余公甃砌未周处以砖甃砌七百二十丈。”以明 180 丈为今 1

① 嘉庆《咸宁县志》卷一〇《地理》。

② 康熙《陕西通志》卷三二《艺文·碑》；又康熙《长安县志》卷一所引王恕《碑记》略同。

③ 雍正《陕西通志》卷三九《水利一》作“一千五百五十丈”，误。

里计算，则城内砖砌渠道至少约 12 里，与上述估算数据相近。

(3) 龙首、通济二渠在西安城内的会通及其关系

《明史》卷八八《河渠志六》引项忠天顺八年（1464 年）奏疏云："龙首渠引水七十里，修筑不易，且利止及城东。西南皂河去城一舍许，可凿，令引水与龙首渠会，则居民尽利。"民国人陈子怡在其所撰《长安水道变迁考》一文中也强调龙首渠是由西安城东入城，而通济渠则是由城西入城，二渠"以城中会通，非城外加入也"。由于通济渠主脉自西门入城，又从城东出城，而龙首渠的城内又有三条大致呈南北向的分支渠道，因而二渠的"会通点"除了莲花池之外，还有三处，即马巷口（今钟楼东）、大菜市街口（今大差市）和真武庵（今东门南侧）附近。

龙首、通济渠会通之后就连接成一个复杂的供水网络，二渠之水互通有无，遍及全城各个角落，从而达到"居民尽利"[①] 的目的。当然，这种局面的形成，也是明人开凿通济渠的初衷之一，即"兼以预为龙首渠他日不可修复之计"[②]。二渠之开凿虽说有先后之分，但通过上述的"会通点"，可使二渠形成一个整体，以便城内供水不至于因其中任何一渠的湮废而受到重大影响。成化年间后开的通济渠水量充沛，水质甘洌，不仅在城西渠网密布，而且在渠水流往城东的过程中借助上述二渠的"会通点"与龙首渠的渠网相贯通，弥补了后者水量的不足，并进而替代其向城东各处供水。从实际情况来看，在龙首渠失修无水的时期，城内原龙首、通济二渠的供水渠道均可视为是通济渠的渠道网络，二渠渠网的一体性特色正是通过二渠的"会通点"而得以充分体现出来的。

---

① 《明史》卷八八《河渠志六》。

② （明）项忠《新开通济渠记》，碑存西安碑林。

有关龙首、通济二渠渠道长度、渠政管理、供水范围、修浚次数等如列表。

表4－1　明清时期龙首、通济二渠相关情况比较表

类别＼渠名	龙首渠	通济渠
开凿时间	洪武十二年（1379年）十二月	成化元年（1465年）七八月间
城外渠长	“水道依山，远至七十里。”①“又将城外土渠六十里亦疏浚深阔，筑岸高厚以防走泄”②	“自皂河上源按察使胡公堰起至西城壕约长七十里”
开凿特色	裁弯取直，“架空飞渡”③	“度地之高者则掘而成渠，地之卑者则筑而起堰”④
渠政管理	洪武二十九年（1396年）“龙首渠覆以石甃，以障尘秽。计十家作渠口一，以便汲水”⑤	
	弘治十五年（1520年）用砖甃砌“以砖为井栏，以瓷为井口，以板为盖，启用以时，则尘垢不洁之物无隙而入，湛然通流无阻”⑥	同龙首渠
		“每长一里于沿河附近佥定人夫二名，通设老人四名分管，时常巡视，爱护修理”

① 《明宪宗实录》卷一二。

② （明）王恕《修龙首通济二渠碑记》。

③ 康熙《长安县志》卷一。

④ （明）项忠《新开通济渠记》。

⑤ 《明太祖实录》卷二四四。

⑥ （明）王恕：《修龙首通济二渠碑记》。

续表

类别＼渠名	龙首渠	通济渠
供水范围	以城东部为主，“水利止及城东”[①]；自城东入，止于城西北莲花池	兼顾城东西两区；自城西入，遍流全城，出城东灌注城壕
持续时段	洪武十二年（1379年）至道光五年（1825年）	成化元年（1465年）至光绪二十九年（1903年）
配套设施		成化元年（1465年）“西城壕西岸置水磨一具，水磨之北置窑厂一所”。“西城壕西岸窑厂之东，置木厂一所”[②]；道光二十四年（1844年）陕西巡抚魏光焘在西门吊桥南“置水碾”[③]
修浚时间与主修人	弘治五年（1492年）西安府 弘治十五年（1502）年陕西都御史周季麟、西安府知府马炳然；康熙三年（1664年）陕西巡抚贾汉复 乾隆二年（1737年）陕西巡抚崔纪 乾隆三十九年（1774年）陕西巡抚毕沅 道光五年（1825年）陕西巡抚卢坤	弘治十五年（1502年）陕西都御史周季麟 康熙六年（1667年）陕西巡抚贾汉复 嘉庆九年（1804年）陕西巡抚方维甸 道光年间西安知府叶世倬 光绪二十四年（1898年）陕西巡抚魏光焘 光绪二十九年（1903年）陕西巡抚升允

3．井水的开发

井水是历史时期长安城供水体系的重要组成部分，地下水与渠道地面引水共同促进了城市和社会的发展。由于城市引水

① （明）项忠：《新开通济渠记》。

② （明）项忠：《新开通济渠记》。

③ 民国《咸宁长安两县续志》卷五《地理考下》。

受限于河流上源水量的变化、渠道兴废、干湿年份等因素，往往会出现供水不稳定的情况，而且渠道给水口的密度实际上也并不能满足全城用水的需求，因此即使是在尚未开掘西瓮城甜水井之前的明代，井水仍然是重要的供水水源。

整体而言，城区井水水质逊于渠水，但却有供水稳定的优点，不易受到各种因素的干扰。井水虽然开掘不易，但却可在渠水不能到达的地区满足居民用水所需，井的密度显然要高于渠水“井口”密度，可在城内的各个居住区按照需要加以开掘。如明秦王府城在引入龙首、通济渠水以供其美化园林、灌注城壕的同时，城内还开凿有十数口井作为池塘等的水源。[①]清代满城作为城中之城，由其军事重地的性质出发，内部的井水供给系统相当完备。虽因史料缺佚，不能明确其中水井的具体数量及位置，但从民国《续修陕西通志稿》所载1911年革命军攻入满城之际，旗兵抵抗无望，纷纷投井的事例来看，城内水井颇多，密度也较大。至清代两渠渐废，井的增加势在必然，西瓮城甜水井的发掘即是在此背景下发生的。

清康熙初年西瓮城甜水井的开掘标志着西安城市供水主体逐渐由渠水向井水的转变，乾隆中叶入城水门被废之后就进入了以井水为主的阶段。

甜水井系指西瓮城内井，康熙六年（1667年）贾汉复疏浚通济渠之际，“时又有善识井脉工匠建议开西瓮城井。水甘而旺，遇旱不涸，足资汲饮”[②]。西瓮城甜水井的开凿对两渠的废弃起到了釜底抽薪的作用，成为井水代替渠水的前奏。后世修志者就认为此井一开，城内汲引“无借渠水”[③]，以致有

---

① 《明会典》卷一四七《亲王府制》。

② 民国《续修陕西通志稿》卷一三一《古迹一》。

③ 嘉庆《长安县志》卷一三《山川志上》。

"此井开而通济遂废"[1] 的说法，民谚中则称西瓮城井为"长安第一景，四个辘轳八个桶"[2]。

明清西安城区的地下水质以东、西大街为界，有"南甜北咸"的概略说法，尤其是城西南隅地下水质较其他地区为佳。从光绪十九年（1893 年）十月中浣舆图馆绘制的清西安府图来看，大城西门内南北两侧就分别标注有井园、井的字样，这应是在西瓮城井之后于同一"井脉"所开凿的两口深水井，以其供水量大而能标注于图。城西南隅的甜水井街以井水水质命名，而水车巷则表明以水车贩卖水质好的井水已然成为一个行业，这都在一定程度上反映出清代西安城市井水供给的兴盛状况。

明清西安城区东、西大街以北的区域，也有甜水井的分布，但数量稀少，如清末任职于陕西高等师范学堂的日人足立喜六在东柳巷的宅邸"庭中有深及五十尺清洌之井"[3]。清代城市日常用水状况虽然可能比明代二渠供水时要差，但在以西瓮城甜水井为龙头的城市甜水井供水网络逐渐建立的情况下，城市居民用水也可基本满足。居住在"苦水"区域的市民，院落井水仅能供洗涤，饮用则须另购"甜水"。

三、池、坑排水体系

1. 西安城中池、坑、洼地的形成

西安城区中池、坑、洼地的形成一方面有其自然地理因

① 民国《续修陕西通志稿》卷一三一《古迹一》。

② 西安市地方志编纂委员会编：《西安市志》第 2 卷《城市基础设施·公用事业》，西安出版社 2000 年版。

③ 〔日〕足立喜六：《长安史迹考·序》，《中国西北文献丛书·西北史地文献》第 113 册，兰州古籍书店 1990 年版。

素，即城区所占面积较大，各处高低不一，从而自然形成一些低洼坑地；另一方面，长期以来城市建设时，无论修筑城墙，或建盖民房，都要大量用土垒砌或压制土坯，有时则就近取土。出于基建等人为因素形成的城内坑洼地颇多，多在居民区边缘和城区偏僻地带。唐长安城中取土建房、压坯的情况一度就相当普遍，以致唐玄宗下令于开元十九年（731 年）六月规定“京洛两都，是惟帝宅，街衢坊市，固须修筑，城内不得穿掘为窟，烧造砖瓦，其有公私修造，不得于街巷穿坑取土”①。明清西安城内举凡打墙、垫房基多用土，在城市空旷地带长期挖土会逐渐形成低洼坑地，积水之后则成涝池。至 1949 年 10 月西安市解放之初，人民政府公告中还对城区挖坑取土严行禁止，规定“公有地皮及城壕禁止取土，私有坑地亦不得继续挖深取土及打土坯”②，由此可以想见明清以来西安城区形成的众多坑洼地已经影响到了城市整体环境。

城市中的低洼地区在雨季有水成池，旱季无水为坑，这对于城市建设有其不利一面。在城市中，一般建筑物都要求占据高处或台地，就是为了避免城市中低洼地区的雨水之患。③ 金京兆府城府学就曾出于方便排水的考虑由低洼地区迁往高爽之地。④ 而就积极的一面而言，这些水池、涸坑和洼地对于排水体系不甚健全的封建城市意义重大，可容纳雨水、污水乃至渠道引水的多余部分。数量众多的池、坑、洼地是这一时期城市

---

① 武伯纶：《西安历史述略》，陕西人民出版社 1979 年版，第 178 页。

② 西安市政府：《西安市人民政府保持街巷整洁、维护道旁树木及下水道通畅的布告（一九四九年十月二十五日）》，《西安解放——西安文史资料》第 15 辑，第 318 - 319 页。

③ 田克恭，白浪：《四十里长街——西安街巷话古今（一）》，三秦出版社 1989 年版，《从老关庙什字说起》，第 93—99 页。

④ 金正隆二年（1157 年）李□撰：《京兆府重修府学记》。

排水体系的重要组成部分。

2. **西安城中池、坑、洼地的功能及其分布**

作为排水体系的组成部分，池、坑、洼地等成为明清西安城市水环境中的独特景观，并甚至影响到城区街巷的命名上，如水池坊、涝巷等就是临近水域环境的反映。

相较而言，池往往是由人工挖凿或引水而成的，更多的含有在自然地势基础上人为加工而成之意①，往往平时也保持有一定的水面，只是在雨涝之时水量会因聚纳较大汇水区的雨水而大为增加，而坑则一般属自然地形地貌，为城市中低洼易积水之地，未经或少受人为因素影响，平时也多干涸无水，只在雨涝时发挥排泄雨水的功用。

城市中的众多池、坑虽然并没有形成如同两渠渠网那样有机联系的系统，池、坑之间看似也并无任何联系，但是池、坑作为城市成长、发展的地域空间的组成部分之一与城市建设的产物，都应视为城市这一机体的一部分，当我们在长尺度、大范围内把城内所有池、坑看作一个有机整体而不是点状单体的时候，它与城市的发展便产生了极其紧密的联系。如果没有池、坑用以排泄余（雨）水，城市的各个职能显然会受到影响而不能正常运转。因此从某种程度上来说，数量众多的池、坑看上去显得杂乱无章，但也可视为具有内在联系的排水系统。池、坑在一定程度上可视为放大了的城市渗井，所具有的排水、排污功能不可小窥。

明清西安城中之池多以涝池为名，在一定程度上表明其主要功用在于雨涝时可收蓄较多雨水，而使之不致四处横流，冲

① 《礼记注疏》卷一四《月令》注“池”云“穿地通水曰池”；《广韵》卷一释“池”为“停水曰池”；《广韵》卷二释“坑，堑也”，关于“池”、“坑”两字本义的深入考察有助于对其内涵的理解。

溢房屋。涝池中的水经过一段时间下渗，最终达到排水的目的。这在当时城市排水系统相对简单的情况下，的确是一种最简单、实用而有效的方法。

作为排水系统的一部分，西安城内相当数量的池、坑在较长时期内保持一定的水量和面积，而这也是其可以视为一种系统的重要特征。对照清代嘉庆《咸宁县志》及光绪十九年《清西安府图》“池”的标记，可清楚地看到这一点。西北、西南隅池数较多则与水量相对充沛的通济渠流经、灌注有关。池、坑与引水渠道之间的关系是相互的，渠水过多时，在排入城壕之外，亦可由水池进行调节，而少数池、坑则因处于水渠所经之地直接就成为水渠的一部分，为渠道所用。

深入分析大城城壕和秦王府城壕功用，在军事防御之外，城壕实际上还常常发挥着城市“大排水坑”的功能，尤其是在西北半湿润、半干旱地区更是如此。诚如《玉篇》中有云：“坑，堑也，壑也。”就道出了城壕作为大坑的本质所在。从河渠引水毕竟需要耗费大量人力、物力、财力，如能有效利用西安城本身作为巨大的汇水区而使雨水（主要是夏季）排泄入城壕，则既有利于城市的良性发展，避免水患，而且也使城市汇集雨水充分发挥了功用，同时减少了灌注城壕所需的引水量。雨水之外，两渠余水有时也可排入城壕，尽管大多数时期引水量可根据城市所需进行调节，并且常常不能完全满足城市所需，但在雨涝年份，渠水引水量激增，城壕即可发挥排注余水之功。通济渠开通之初即有此类情形出现，“（通济渠）穿城而过，尽勾居人之用，多余者泄出城壕。年复一年，积滞过多，水面与城脚相等。”① 由此可见城壕在排泄城市余水中的巨大功用。

① 《明经世文编》卷六一《余肃敏公文集》“地方事类”。

四、渠水、井水的利用与水域景观生态

明清西安渠水、井水在城乡生活中发挥着多样化的功能，包括生活用水、军事防御、园林美化、防范火患、风水应用乃至农田灌溉等。从景观生态学角度而言，明清西安城水系“廊道”主要指渠水以及城壕，在城区不同地段之间起着重要的连接作用，并衍生出“廊道”周边地带的相应水景观，如植被等。水域“斑块”主要指城区池沼及其周边园林环境，点状分布在城区各个地段，与街巷、市场、坊里等景观迥然不同。

1．生活用水

龙首、通济两渠开凿的一大宗旨，就在于供给全城官民日常饮用之需。明人王恕在《修龙首通济二渠碑记》中亦载，“陕西城中水苦咸不可用，故昔人凿龙首、通济二渠，引城外河水入城。由是城中王侯官僚以及军民百万余家，皆得甜水，以造饮食，厥功懋哉”[①]。洪武十二年（1379年）开凿龙首渠后，为更进一步便于城内居民汲引，洪武二十九年（1396年）复修时即逐渐完善饮水卫生设施。对城内渠道“覆以石”，“以障尘秽”，同时，又“计十家作渠口一，以便汲水”[②]。成化元年（1465年）疏凿通济渠入城，亦沿龙首渠旧规，规定“每二十丈留一井口”[③]。以王恕所载通济渠修浚数据2170丈计算，则应有108座井口；龙首渠虽然在城西部流路较短，但却流经东关城中部，而这又是通济渠所未流经的地区，粗略估计，两者渠道长度应相差不多，由此可粗略估算明代西安城内

① （明）王恕《修龙首通济二渠碑记》，《关中两朝文钞》卷一，道光十二年（1832年）守朴堂藏版。

② 《明太祖实录》卷二二四。

③ （明）项忠《新开通济渠记》，碑存西安碑林。

渠道井口共约316座，受惠民户至少在3160户左右，以每户5人计算，则约15800人直接由两渠供水。以大城、东关城共计14.19平方公里计算（此时西、南、北三关城尚未兴建），则城区渠道井口密度约每平方公里22座，可见渠道对日常供水的重要性。

城区各井口“各置锁钥，令当地看管人户收掌，量宜将闸以时启闭”。这是明初龙首渠所没有的措施。井口设置“锁钥”自然有利于维护饮水卫生，而水闸则可根据该井口汲水量的多少来调节井内的水量，使之能保持在一定的均衡状态，这就比单纯在渠道上作渠口前进了一大步。毕竟城内地势有高下起伏，虽同为一渠之水，但各井亦会因位置的不同而出现水量的差异，井口水闸的设置可使渠水得到最大程度地有效利用，从而避免城内不同地区引水井口水量的不均。

至弘治十五年（1502年），龙首、通济两渠均以砖甃，统一了建筑样式，“以砖为井栏，以瓷为井口，以板为盖，湛然通流无阻。”[①] 井口由此更为美观清洁。这次修砌，既是一次城市地下供水网的建设，又是一次大规模的市容环境建设。大街小巷整洁美观、形制划一的众多井台的出现，是明代西安城内的一道独特风景。

清代两渠城内渠道日渐湮废，但一有疏浚，便成为重要的生活用水来源。康熙初年陕西巡抚贾汉复疏浚二渠，引水入城，官民饮用赖之自不必言，即使至清后期，渠水也还发挥过短暂但却重要的供给汲引之功。光绪二十九年陕西巡抚升允疏浚通济渠，“自城外碌碡堰以下三十余里，逐段开浚，导水自

① （明）王恕：《修龙首通济二渠碑记》，《关中两朝文钞》卷一，道光十二年（1832年）守朴堂藏版。

西门入，曲达街巷”，便民汲引。[1]

2. **军事防御**

与明初开凿龙首渠时以“便民汲引“为主旨相较，成化元年开凿通济渠时则将护城河用水置于优先考虑的地位。项忠在《新开通济渠记》中云：“城贵池深而水环，人贵饮甘而用便，斯二者亦政之首也。若城池无水，则防御未周，水饮不甘，则人用失济。”[2] 在重视继续供给日常饮用水之外，更为重视引渠水发挥城池的防御之功。“沟池深于外，则城郭固于内，用其深以增其高也。”通济渠水引注城壕后，更有利于实现“金城汤池兮百二独雄”[3] 的城建防御目标。民国时期文献在追述时亦指出城河的重要作用，“西安城周围约四十里……城外又绕以幅十余公尺之构池，终年积水，可助防御”[4]。

在明代，以通济渠向城壕供水为主，龙首渠作为补充，城壕用水可谓充沛。有时还因连降暴雨，城市雨水排入城壕，以至于曾经出现过城河“水面与城脚相等”的危急情况，几乎有“浸倒城垣”之虞。在这种情况下，城壕发挥了排洪和小水库的作用，而城墙则又起了堤防之功，确保了西安城在雨季不受雨涝之灾。从这个意义上来讲，西安城墙和护城河又都是相互配套、相对完善的城市水利设施。

入清之后，虽然由于渠水水量减少，城内日常用水渠道渐为湮废，但是城壕用水始终受到当政者的重视，两渠每有修治，无不以灌注城壕为先。即使是在清朝后期引水量大幅减少

① 民国《咸宁长安两县续志》卷五《地理考下》。

② （明）项忠：《新开通济渠记》，碑存西安碑林。

③ （明）项忠《：新开通济渠记》，碑存西安碑林。

④ 民国《陕西交通挈要》第6章《重要都会》，中华书局，民国十七年（1928年），第30—31页。

的情况下，也在兼顾城外沿渠民田灌溉的同时引水入壕。如道光年间西安知府叶世倬疏浚通济渠之后，“乃请每年夏秋截流灌田，冬春放水灌壕。”[①] 又光绪二十九年陕西巡抚升允疏浚通济渠，同时使“城外近渠民田兼可灌溉，并浚城壕，引水环焉”[②]。两渠水尤其是通济渠水在清代灌注城壕，巩固城防方面发挥了重要的作用。清代中后期数次农民战争与回民起义屡屡对西安城构成较大威胁，但始终未能攻破城池，也从一个侧面说明拥有宽阔水面的护城河的重要作用。

明代秦王府城作为雄伟壮观的城中之城，亦同西安大城一样拥有高大坚实的城墙和深阔数丈的护城河所组成的城防体系。位于秦王府双重城墙——萧墙与砖城之间“阔五丈，深三丈”[③] 的秦王府城河在明代中后期虽然是作为府城内外环境美化的重点区域，但从根本上而言，护城河与萧墙、砖城一齐构成了严密的军事防御体系，其军事性能毕竟不能为红莲绿荷的美景所掩盖。秦府城作为城中之城，安全系数本已较高，再环绕以深阔各数丈的护城河，足以称固若金汤。明洪武十二年疏凿城东之龙首渠，引注秦府城壕以利防御无疑是其“便民汲引”之外的又一宗旨。

虽然清代西安城内未再出现如秦府城河一样规模的防御设施，但渠水仍被用作护城河性质的隔离带。慈禧太后与光绪皇帝于光绪二十六年“西狩”西安时的行宫（即北院衙署）周围曾引通济渠水绕护。光绪二十九年巡抚升允“奏设水利新军，疏浚通济渠，导水自西门入，曲达街巷，绕护行宫”[④]。虽然

① 民国《续修陕西通志稿》卷五七《水利一》。

② 民国《咸宁长安两县续志》卷五《地理考下》。

③ 《明太祖实录》卷六〇。

④ 民国《咸宁长安两县续志》卷五《地理考下》。

此时慈禧太后等人已回到北京，其驻跸过的行宫仍为护卫重地，因而引渠水环护其外，犹如城河一般。

3. **园林美化**

园林水域是明清西安城水环境的重要组成部分，也是城区水域景观的主体。王府、官署、寺观、私宅等各类园林特色迥异，但最重要的景观特征就是普遍在园林中兴修池沼，更有以水面风景为主体的园林。城区绿化带则以秦王府城河沿岸为代表。在明清西安广达约 15 平方公里的城区，还散布有大量池沼和井泉，它们既是整个城区“基质”景观的重要组成部分，同时又与周边景观环境共同构成“斑块”景观，并由水系廊道将其串联起来，由此构成城区水系景观的基本格局。

(1) 王府园林

明宗室以其政治上的显赫地位和经济上享有的诸项特权多在府宅内营建规模较大的园林，各城市中藩王府均有园林化建设。① 明代西安更以宗室园林为城市园林的主体。其中尤以号称“天下第一藩封”、“拥赀数百万”②、“今天下诸藩无如秦富”③ 的秦王府城中园林规模最大、布局构景最具匠心、景观层次最为丰富。

秦王府城从整体上看宛如一座大花园，秦简王朱诚泳在《小鸣稿》中描绘说“府城外内，水陆草木之花甚多”④。秦王

① 孔宪易校注：《如梦录》卷三《周藩纪》，周王府后园中山高五丈，山上“松柏成林”，“山下有洼地”，“沿岸上遍是水亭，各样游乐之处，奇石异花，重峦叠嶂”。府中有“四时不谢之花，八节长春之景”，可见园林化特征极为显著，中州古籍出版社 1984 年版。

② (清) 彭孙贻：《流寇志》卷八，浙江人民出版社 1983 年版。

③ (明) 倪元璐：《救秦急策疏》，四库全书集部别集类《明倪文贞奏疏》卷一〇。

④ (明) 朱诚泳：《小鸣稿》卷九《瑞莲亭记》。

府园林主要由三部分组成，砖城内东部书堂附近为秦王及其子弟读书之所，园林意境高雅清幽；后花园规模较大，花草树木种类繁多，充分体现了王府园林的风格；护城河园林则以广阔水面和莲花为主要特色。

明嘉靖年间陕西左布政使张瀚在《松窗梦语》中载秦府砖城内东部“台池鱼鸟之盛”云：“书堂后引渠水为二池，一栽白莲，池中畜金鲫，人从池上击梆，鱼皆跃出，投饵食之，争食有声。池后垒土垒石为山，约亭台十余座，中设几席，陈图史及珍奇玩好，烂然夺目。石砌遍插奇花异木。方春，海棠舒红，梨花吐白，嫩蕊芳菲，老桧青翠。最者千条柏，一本千枝，团栾丛郁，尤为可爱。”[①] 由此可见秦府园林中池塘的构景之功十分突出，池中鱼莲动静相映，池畔假山亭阁倒映水中，四周花树团簇，品类奇异。成化年间秦简王朱诚泳咏此池塘道：“朱明守夏熏风凉，花开正作黄金妆。红者惟红白者白，宫城十里飘清香。金鱼无数长过尺，出水荷翻尾摇赤。”[②] 对池旁假山亦赞云“好山四面画屏开，百斛青螺净如洗。……假山虽假有真趣，云影倒蘸涵天光”[③]。秦府虽处城中，但虽假亦真的山水风光却尽得自然之趣。书堂周围广植竹林，取意清幽，充分体现了园主的个人情趣与生活品味。

秦府城双重城墙之间开掘有护城河环绕，有明一代，其军事意义相对较弱，而成为秦王着力营造的大规模园林化区域。成化年间秦简王营造尤多，引龙首、通济渠水入城河中，形成

① （明）张瀚：《松窗梦语》卷二《西游纪》。
② （明）朱诚泳：《小鸣稿》卷三《临池》。
③ （明）朱诚泳：《小鸣稿》卷三《玩假山池亭》。

深三丈、宽五丈、周长超过五里的水面。[①] 城河中种植莲花，建造亭台阁榭，实为西安酷暑之季消凉纳暑的佳地。秦简王称其景色可与西湖相媲美，“予府第子城外，旧还以堑，引龙首渠水注焉。岁久渠防弗治，水来益微，堑遂涸矣。弘治壬子春，监司修举水利，渠防再饬，堑水乃通，盖一二十年，平陆复为澄波也。予喜甚，遂命吏植莲其中。复即体仁门外为亭，水中以寓目。亭之北则旧有长廊十余间，牖皆南向，与亭相对而连属焉。是岁夏季，莲乃盛开……花香袭人，端可与西湖较胜负”[②]。

秦府护城河园林化的一大特色在于以莲花和水景取胜，朱诚泳在《瑞莲亭记》中即云“予府城外内，水陆草木之花甚多，而莲品为尤甚。一日偶至体仁门之南廊，俯瞰清泠芳敷掩映朱华，绿带绿沟覆池，乃饰左右廊其室为亭，将与知音者赏之。亭成，有嘉莲产池中，两歧同干，并蒂交辉，光彩夺日，臣民观者为之色动。”[③] 明弘治七年（1494 年）永寿王朱秉欓《瑞莲诗图附清门帖》中直接将护城河称为莲塘，表明当时护城河的防御功能已经衰退，而园林美化成为主要功能。“秦藩体仁门外莲塘数亩，时花盛开，众中一茎并蒂两花，香清可爱，诚世之罕见者也”。永寿王赋诗云“雕槛朱闳瞰碧涟，绕亭云锦净芳妍。鹦鹦燕燕肩肩并，小小真真步步联。匀粉润沼荷上露，吹香晴散镜中天。分明瑞应宜男飞，麟趾螽斯不浪传”[④]。

---

① （明）王世贞：《弇山堂别集·史乘考误七》卷二六，《四库全书》史部杂史类，载许襄毅任陕西巡抚时“与镇守内臣同游秦王内苑，厮打堕水，遗国人之笑”，表明秦府城园林水面相当大。

② （明）朱诚泳：《小鸣稿》卷九《瑞莲诗序》。

③ （明）朱诚泳：《小鸣稿》卷九。

④ （明）朱秉欓《瑞莲诗图碑》，存西安碑林。

秦王不单在其府城内有内苑，在城区和近郊还有朝廷分封之离园[①]，供秦王及其宗室眷属游玩。在明代城西北莲花池、最乐园以及东关城内外九龙池一带同为秦王府专属离园[②]，而莲花池更因其专属性而兴建有供秦王及其王妃拜佛的莲池寺。

莲花池在宋元文献中未见记载，当是明代扩城后引龙首渠水入城，将城西北低洼坑地就其地势加以疏凿而成，至明成化元年（1465 年）之后，又有通济渠水灌注。清康熙初年陕西巡抚贾汉复曾撰文述其景致云“方其盛时，绿茨方塘，碧波数顷，绿舟映带，鸥鹭随行，乃游观之盛区也”[③]。莲花池水面广阔，水草浮萍随波逐流，红白各色莲花在水中摇曳摆动，竞吐芳馨；水面上鸥鹭一类水鸟时而飞入高空，时而低飞击水，水中鱼蛙与之相应成辉，泛舟于此，宛如置身江南水乡。池岸四周丛林掩映之中还有秦府香火院之一的莲池寺等精巧建筑。

莲花池不仅以其美景引人观赏，而且在当时还有利于排泄龙首、通济二渠的余水，不至过多渠水为患城市。另外，广达数顷的水面也对改善城市湿度、温度、减少风沙等小气候方面发挥着重要作用。莲花池宛如镶嵌在西安城内的一颗明珠，成为士民休憩游玩的好去处。

最乐园位于莲花池西南，规模虽小，但仍具台池之盛，为“明秦藩游宴之所，中有台池花榭”[④]，依其位置而言，其中池塘当是引城西通济渠水而成。

城东九龙池一带属唐长安南内兴庆宫遗址区，素以水色湖

① 孔宪易校注：《如梦录·周藩纪》中州古籍出版社 1984 年版。

② 民国《咸宁长安两县续志》卷七《祠祀考》。

③ 民国《续修陕西通志稿》卷一三一《古迹一》引贾汉复撰《放生池碑记》。

④ 康熙《长安县志》卷八《杂记》。

光著称。池东西约915米，南北约214米，面积约18万平方米，呈椭圆形状，景致颇富古意，唐时池南的花萼相辉楼与勤政务本楼等楼亭基址更易使观览者发思古之幽情，忆隋唐之雄风。明初即被朱元璋赐给秦愍王作为游赏之所，嘉靖初年何景明《雍大记》载云："我愍祖之国之初，圣祖赐给（九龙池）以为游赏之所。其间古藤老木，修竹流泉，四时花木甚盛，而牡丹尤多奇品。沉香亭故址犹存，而开元时花盎犹有在者。花萼楼余址尚岿然可观，以未陈请，未敢擅起台榭，姑存其迹而已。"[①] 有明一代虽几无建设，但作为古迹园林却更有韵味，一花一草仿佛都能让人领略到昔日大唐帝国的风采，时人多有入内游赏者。[②] 秦简王《兴庆池》诗咏其景致云："绿波流尽草离离，画舫声歌载昔时。海变桑田龙去远，云迷华表鹤归迟。歌台落寞俱陈迹，小殿荒凉有断碑。最恨沿堤杨柳树，临风依旧舞腰肢。"[③] 实际上此园景色古雅且具宫苑气象，并非如此荒废。明人李苏《游景龙池》诗亦以生动笔触描绘了其中风景，"和风动高树，烟光满南山。携彼同心友，濯缨绿水湾。遨游唐南内……俯仰寥廓间。亭台成芜没，流水自潺湲。藤松垂锦幕，花竹长斓斑。白鹭下寒渚，苍庚语绵峦。"[④] 九龙池正处于龙首渠入城必经之地，因此在西安诸园林中也以水景著称，"曲水引龙池，旧苑分花萼"即言此。[⑤]

明代西安城内郡王府在营建过程中多注意于府第中构建小

---

① （明）何景明：《雍大记》卷三四《志赍》。

② （明）袁宏道：《袁中郎全集》卷二《场屋后记》。

③ （明）朱诚泳：《小鸣稿》卷五《兴庆池》。

④ 康熙《咸宁县志》卷八《艺文》。

⑤ （明）张瀚：《奚囊蠹余》卷三《上巳景龙池宴集》，《丛书集成续编》144。

型园林，以美化居住环境，同时注意将园林与府宅融为一体。永寿王府即是王府园林化的典型一例，位于正学街之西、风雷巷以北、南广济街以东、西大街以南的区域内。府内以“涵碧池”和“涌金桥”为构景中心，建成了一处以水面风景为主的园林。据弘治年间秦简王朱诚泳《涵碧池引》文载：“予弟永寿王于所居西偏引水为池，种莲养鱼其中，以供游观之乐，士夫有过之者名曰涵碧。……予尝一再至池上，求所谓涵碧者，每淑气初回，冰澌略尽，则远山近树倒蘸于青铜镜中，此一涵碧也；又或秋雨既霁，水极澄澈，则天光云影，静沉于玻璃盘底，此又一涵碧矣。今王处富贵之中，而池以涵碧名，乃徒取诸远山近树，天光云影之倒蘸静沈焉。”[①] 秦简王又有《涵碧池》诗描绘池之美景云：“分得瑶池一镜开，翠光澄澈净无埃。雕阑画永眠春柳，文石秋深绣雨苔。菡萏多情红间白，鸳鸯有意去还来。”[②] 结合嘉靖、万历《陕西通志》“陕西省城图”及雍正《陕西通志》“西安府龙首、通济二渠图”，可知涵碧池之水系引自通济渠，池中水净澈似空，千百朵红莲、白莲竞相盛开，绿叶随风摇曳，成群游鱼倏忽往来，鸳鸯嬉闹浮游其中，而池岸边则垂柳依依，假山耸峙，亭阁雕梁画栋，隐现于树影花丛之中，池中、岸边动、静美景相互映衬，人行其中，不觉心旷神怡，这一园林规模虽并不很大，但确为游观之盛区，以至秦简王赞之曰：“最是风景无边好，丁宁莫向醉中看。”[③]

永寿王为便于宾朋更好地欣赏园林景致，同时丰富园中立体景观，遂于涵碧池上建“涌金桥”，其形制为拱式，远观若

① （明）朱诚泳：《小鸣稿》卷五。
② （明）朱诚泳：《小鸣稿》卷五。
③ （明）朱诚泳：《小鸣稿》卷七。

"彩虹高卧"[①]，从而使远山近树，天光云影，尽收眼底。涌金桥之名得之于"羲驭方升，水光受日，则金芒夺目，不敢俯视，是宜名曰涌金"，"碧空夜静，水月交辉，则金精融液，荡晃不停，是亦宜名涌金"[②]。此外，永寿王府还构筑了可供憩息饮酒的东轩，秦简王《东轩为永寿王作》描绘了东轩与园林其他部分的有机融合，"构得华轩府第东，搏桑朝影上梧桐。雨香砌草先交翠，气淑林花早放红。照眼帘栊迎旭日，满堂宾客坐春风。主人吟罢连枝句，流水心期万折同。"[③] 秦简王在《挹秀为宗弟永寿王东轩赋》诗中对永寿王府园林整体之美有生动描绘："垒石为山列画屏，方塘如鉴对幽亭。水含云影连天碧，风送岚光入座青。爽气逼人诗屡就，清风扑面酒微醒。等闲自有濂溪趣，芳草长流翠满庭。"[④] 可见涵碧池和涌金桥为永寿王府园林构景的灵魂所系。园中景观层次分明，虽然是人工雕琢、修砌而成，但水池、虹桥、红莲、游鱼、鸳鸯、亭榭、文石、长松、垂柳、修竹等各构景要素巧妙地结合在一起，虽由人作，宛若天成，使整个园林呈现出一种既充满活力与生机，又不失王府庄严肃穆景象的面貌。

临潼王府位于今解放路以西、东新街以北、人民大厦以东、西四路以南的区域内，府内有敕建园林，据嘉靖《陕西通志》载云："（临潼王府）殿后有假山水池，旧奉敕修。"[⑤] 临潼王府原为洪武年间蒲城郡主府第，其中"假山水池"既由天子敕修，因而规模及园林环境之胜可能还在永寿王府园林之

① （明）朱诚泳：《小鸣稿》卷五。

② （明）朱诚泳：《小鸣稿》卷九《涌金桥引》。

③ （明）朱诚泳：《小鸣稿》卷五《东轩为永寿王作》。

④ （明）朱诚泳：《小鸣稿》卷五《挹秀为宗弟永寿王东轩赋》。

⑤ 嘉靖《陕西通志》卷五《藩封》。

上，绝非“假山水池”四字可简单描绘。临潼王于其府第中还建有览秀楼、养性斋等楼阁。园中楼阁不仅能在花草池树中起到画龙点睛的作用，而且又与池塘等高下相应，使园中天际线生动起伏，不显单调。惜因史料缺佚，我们已不能复原其昔日盛景。

保安王府位于今东大街以北、西一路以南、北大街以东、案板街以西的区域内，亦以水景为主体构筑府宅园林。秦简王以诗赞之云：“构得幽亭瞰小池，四时风景总相宜。百年图史劳双眼，万里乾坤醉一卮。花雨扑帘红片片，玉山当户白差差。”[①]其池边之亭名曰“一览”，虽然保安王府中的池塘面积不大，亭阁也仅以形制小巧见长，但二者相互映衬，也营造出一种别致的风韵，所谓“路入名园景最幽，小亭入画枕寒流。……眼前便是仙家境，跨鹤宁须阆苑游”[②]。

(2) 公共园林

莲花池在有明一代为秦王专属，至清代则成为西安城内的公共游赏胜地。莲花池因其“碧波数顷”，需水量极大，井泉根本不敷其用，供水只能依靠龙首、通济二渠水，因而渠道的兴废直接关系到莲花池美景的盛衰。康熙《长安县志》云：“明末渠塞池涸，水利遂废。”城外水源的断绝导致莲花池干涸，贾汉复《放生池碑记》对此有形象描绘：“自渠阻淤，池久涸，瓦砾委焉。”这与明时渠水畅通时“缘舟映带，鸥鹭随行”的盛况形成鲜明对比。清时贾汉复于康熙六年疏浚通济渠之后，莲花池重又焕发出新的生机。据《放生池碑记》载云：“余既重浚三渠，资民汲引，因并凿斯池，易名放生。”[③] 表明

---

① （明）朱诚泳：《小鸣稿》卷五《一览亭为保安王肃斋题》。

② （明）朱诚泳：《小鸣稿》卷五《宴保安府池亭席上偶成》。

③ 康熙《长安县志》卷八《古迹》。

莲花池中放养有大量的鱼鳖类，水面宽广，莲叶满覆池面，鸥鹭一类水鸟无疑会翔集其上。莲花池宛如镶嵌在西安城内的一颗明珠，成为士民休憩游玩的好去处。但这一美景很快就因入城水门在乾隆年间被废弃而消逝。

（3）官署园林

明清西安城内官署也多有园林化建设的举措，渠水、井水在其中发挥了重要作用。明张瀚《松窗梦语》载“都察院近城西北，院有楼七间，遥望终南。而西有二池，水接终南龙首，城中灌汲，咸借于此。”位于西门外的琉璃局，因与通济渠相通，其中景致在官署中最为秀美，“西门琉璃局，台榭迤逦，花木繁茂，而渠水曲折，来自终南，由局入城，长流不竭。”[①]他亦有诗吟咏布政使署的风光，“官舍枕高冈，南山对郁苍。地偏人习静，政简日舒长。泉引天池液，花分玉井香。醉来狂较甚，乌帽狎红妆。”[②] 又据乾隆《西安府志》载“巡抚部院署（即今北院）在府治北，明宣德七年（1432 年）建，嘉靖二十一年（1542 年）巡抚赵廷瑞增修，复导通济渠由西垣入，东垣出。”[③] 通济渠水被引入其中，用途之一当是造池作塘，植树种花，美化署衙环境。

清代西安城内官署园林特色较为明显者当属北院衙署，后一度成为庚子之变时的“帝后行宫”。除前述行宫外围曾以通济渠水环护外，行宫内部的美化也较多地利用了渠水和井水。

清光绪二十六年（1900 年），八国联军攻陷北京，慈禧太

① （明）张瀚：《松窗梦语》卷二《西游纪》，第 42—43 页。

② （明）张瀚：《奚囊蠹余》卷四《自华山移莲花小池中花开对酒漫赋》。

③ 乾隆《西安府志》卷九。

后和光绪帝于农历九月初四（十月二十六日）[1] 仓皇逃来西安，先住南院，后以北院房屋较多，遂将陕西大学堂停办，经修缮后作为帝后行宫。于是北院成为全国的临时行政中心。行宫有前殿、后宫、东院之分，建筑庄严华美。光绪帝所居终南仙馆即是一典型园林，其中引水作池，种植莲花，池上建有乾隆时陕西巡抚毕沅题额之"小方壶堂"，亦有可供远眺之楼阁。"行宫惟终南仙馆植花木，德宗寝宫在焉。东有楼，颜曰'悠然见南山'。巡抚毕沅笔也。视朝之暇，时往登眺。""终南仙馆池水久涸，德宗命汲井水灌之。新种芙蕖，以水性过暖，不能开花，惟翠叶翩翻而已。"[2] 总体而言，北院衙署的园景因水源等的限制而略显单调，但在这一时期整体衰落的西安园林中以其水景而占有最为重要的地位。

（4）私宅园林

明代西安城内居住的许多社会上层官宦及士人在宅第中多建有小型园林，规模不大，但景色宜人，善于利用渠水、井水的构景之功，对当时造园手法的运用也相当成熟。其中以何中丞园林为代表。从张瀚《饮何中丞荷亭分得夏荷二字》诗二首可以约略看出其园林的布局与勾画，"玉井十丈莲，姹根从太华。归于谢麒麟，执此娱耕嫁。池阁隐城隅，南薰扇长夏。……"又"雨后芳园润，庭荫上绿莎。槿篱低粉堞，竹径带清波。碧散牵风荇，红凝挹露荷。林喧求友鸟，池狎换书饿。佳丽西都旧，人文甲第多。……同游总陶谢，共和采莲歌。"[3] 园林虽小，但池塘、莲花、小径、矮篱、竹林、亭阁等无一不备，游览其中，似又可见天地之宽，的确达到了造园手法中

---

① （明）张瀚：《松窗梦语》卷二《西游记》。

② （清）徐珂：《清稗类钞·巡幸类》，中华书局1984年版。

③ （明）张瀚：《奚囊蠹余》卷三《饮何中丞荷亭分得夏荷二字》。

"一勺代水，一拳代山"，高度浓缩自然风光的境界，使人身在城市，却又能享受到自然的山水之乐。

4. **防范火患**

明清西安城内规模较大的建筑群均为木结构，主要有秦王府城、都城隍庙、陕西贡院等王府、官署、祠祀建筑，遇到火灾时，若无便利、就近的水源，势必酿成大灾，明秦王府城就曾在嘉靖年间因火灾烧毁数百间殿屋，损失惨重。在消防系统尚不完善的情况下，建筑物内引水作池往往多兼具防火之功能，因此在这一时期较大规模的建筑群中都积极利用渠水、井水等构筑池塘，在美化环境的同时，发挥其防范火患的功用。

位于西门内北侧的陕西贡院，规模浩大，作为西北地区覆盖范围最大的科举考试核心之地，明代时西安贡院即已"崇垣千堵，缭外限内，短垣逾百，界内遐外"。清代同治年间最盛时其中号舍更多达一万一千余间，成为西安城内最大的建筑群。前揭《增修贡院碑》所载"浚池引水入内五星堂下"的另一功用即为"兼备不虞"①。"不虞"即指防范火患。贡院引通济渠水入注其中心建筑物"五星堂"前之池。每值科举考试之岁，士子云集于此，少者数千，多则万人，贡院内多达万间号舍又以木构为主，栉比相邻，火灾隐患严重，于其中心部位设一水池，作为防火之常备设施，以确保贡院内任何位置发生火灾时，能得到最及时的扑救。

城内众多宅第、官署等引水（渠水或井水）为池，亦均有防火的意义。

5. **郊区绿化**

明清西安城乡渠水和城壕作为水系的组成部分，具有连结各处水域景观的重要作用。由于渠水多沿街巷延伸，而街巷两

---

① 康熙《陕西通志》卷三二《艺文·碑》。

侧往往多植树木，于是水体廊道和绿色廊道相得益彰。

明代西安城外主要有两条绿化带，一是护城河沿岸，一是通济渠沿岸，均为成化元年（1465 年）项忠、余子俊等当政者主持造植，属于城市水利建设的附属工程。这一措施不仅美化了西安城周环境，而且有效利用了城河水面，种植各类水产品，供应西安市场，在收到生态环境效益的同时也取得了一定的经济效益。通济渠沿岸则以种植护岸保堤的柳树等为主，绿化长度达到约 25 里左右，即“自丈八头到城两岸栽树”。“所有两岸栽树及分水灌田，并置窑厂、木厂等项，悉依所拟按察司转行仪卫司晓谕校尉人等一体遵依施行。”[①] 这就将渠道绿化管理完全纳入城市水利管理体系当中。明隆庆间都御史张祉用砖甃砌城墙外侧，布政使曹金记其事云：“其楼宇台隍之倾者树，欹斜者正，塞者浚，植柳种荷。”[②] 可见疏浚、绿化城壕及其周边地区也是此次修城工程的一部分。

西安护城河沿岸的大规模绿化始自明成化年间，也是作为成化元年（1465 年）通济渠引水入城水利设施的辅助工程。之所以到成化元年才出现城河的大规模绿化，是因明前期西北地区仍有元残余势力及蒙古敌对势力的不断骚扰，西安作为西北军事重镇所要承担的防御任务甚重，城墙与城河外围必须保持视野的开阔以利于军事防御，而绿化势必会削弱这一特征。至明中后期，西北地区军政形势相对稳定，对城河的防御性要求降低，加之改善城市环境的需要，也都使城河的绿化有了可能。前述秦王府城河在成化年间的大规模绿化也有相同的内因。

项忠在其《新开通济渠记》中详载护城河沿岸绿化的分

① （明）项忠：《新开通济渠记》，碑存西安碑林。

② 康熙《咸宁县志》卷二《建置》。

段、分工及其收益的分配等，“本院定行事宜，自西门吊桥南起转至东门吊桥南止，仰都司令西安左、前、后三卫栽种菱、藕、鸡头、茭笋、蒲笋并一应得利之物，听都司与各卫采取公用。自东门吊桥北起转至西门吊桥北止，仰布政司令西安府督令咸宁、长安二县栽种，听西安府并布、按二司采取公用。若是利多，都司并西安府变卖杂粮，在官各听公道支销。”从这一记载分析，绿化工程由西安驻军与地方政府共同承担，但是从工程量上来看，咸宁、长安二县承担的绿化带长度约是三卫的一倍。因而地方政府是这一次绿化工程的主体，而军队则起了辅助作用。在护城河绿化带的建设中，通过“都司各卫”与西安府及咸、长二县，即军队与地方政府的明确分工，实现各自的绿化受益，就充分调动了绿化的积极性。

可以推定，城河的绿化不仅是河中栽植有菱、藕等水生植物，作为通济渠绿化工程的一个组成部分，城河两岸无疑也植有一定数量的柳树。护城河绿化工程已经突破了单纯环境美化的目的，而是达到了其从内到外整体绿化的效果，这一措施不仅美化了西安城周环境，形成一条环城的绿带，而且有效利用了城河大面积水域，种植各类水产品，供应西安市场，在收到生态环境效益的同时也获取了相应的经济回报。

城郊通济渠沿岸则以种植护岸保堤的柳树等树种为主，“自丈八头到城两岸栽树”[①]，绿化长度达到约 25 里左右。项忠《新开通济渠记》中曾规定“西安府呈行事宜，自浊河上源胡公堰起至西城壕长七十里，每长一里于沿河附近佥定人夫二名，通设老人四名分管，时常巡视，爱护修理。”这一措施虽然主要是针对渠道工程，但沿岸树木绿化无疑也在“时常巡视、爱护修理”的管理体系之中。

---

① （明）项忠：《新开通济渠记》，碑存西安碑林。

6. 农田灌溉

明清龙首、通济二渠在郊区部分均有灌溉之利，《关中胜迹图志》卷三《大川》记通济渠“现今水势疏通，长流不竭。既足以利田功，更可以资汲取”；龙首渠“康熙三年抚臣贾汉复复加修浚，今惟上流甫高村、江村等处灌田四百余亩，其入城故道尚佚集议修复焉”。两渠渠水灌溉了沿线的大片农田，但是由此也出现了农业灌溉用水与城市供水之间的矛盾，灌溉用水导致渠道引水的不足，因而加速了两渠在清代乾隆年间的废毁。

五、明清西安城水利体系的总体特征

明代西安城水利体系由供水系统（两渠、井）和排水系统（两城河以及城内池、坑）构成，前者提供城市水源，后者则在接纳前者水源之外，负责雨水和污水的排放。明代供水系统以龙首、通济二渠为主体，以井水为辅助。供水渠道东西两侧各一，分布均衡，全城基本都能受益，井水起到补充作用。排水系统包括秦王府城壕、大城城壕以及城区数量众多的大小水池、低洼坑地。两大带状城壕主要收纳两渠余水、雨水，池、坑洼地主要用于排泄生活污水、雨水（莲花池也用于排泄两渠余水）。容量巨大的城壕和容量较小但数量众多的池、坑共同发挥着排水之功能，延续性和稳定性较好。至清代，供水系统以西瓮城甜水井为重点，遍布全城各处的水井系统为主体，渠道为辅助。排水系统依旧由大城城壕和城内众多池、坑共同组成。原明秦王府护城河所在区域成为池、坑低地体系中的一员，依然有排泄雨水之功能，只是广阔水面再也未能出现。供水渠道清初时尚依赖城西通济渠，中后期则主要依靠井水，两渠功效衰微。综上所述，明清西安城市水利体系主要由供水与排水系统组成，但两代情形又各有不同。明代供排水系统是以城外地面径流引水（渠水）供给、城壕（主要依靠大城城壕）排泄、下渗为主的开放型、进出型开敞系统，而清代则是以城内地下水（井泉）供给、城内池、坑下渗、排泄为主的封闭系统。明代西安城市带状供水体系一变而为清代点状供水体系，由依赖渠水转为依赖井水，城市用水环境有所退化；排水体系则由于池、坑的稳定性较渠道为强而基本未变。

六、明清西安城水环境恶化的原因及其影响

1. 衰废原因

首先，城市地位的变化是城市水利建设趋于衰退的重要原因，并直接影响到城市水系及其景观生态的变迁。自唐末都城东迁，长安从国都一降而为区域中心城市。此后宋金、元各代西安虽仍为西北地区最重要的军政重镇，但终究难与都城时代地位相比。由明清以迄民国，西安城军政地位甚而有所增强，如明代西安城内有号称“天下第一藩封”的秦王府，众多官署辖域也涵盖西北大部。入清后，西安内筑满城，屯驻八旗重兵，1900 年“庚子国难”时更成为临时国都所在。1932—1945 年间西安又曾进行过“陪都西京”的规划建设。水利体系与景观生态建设也一度甚有起色，但终究未能与作为国都时可投入大量人力、物力、财力进行建设相比。

其次，自秦都咸阳、汉都长安以迄隋唐长安，都城建设以及庞大城市人口的生活对于秦岭水源地森林的破坏相当巨大。[①] 仅以唐都长安为例，有学者估计，仅长安人薪柴用木，年耗就达四十万吨左右。而这些薪炭，基本上都是来自南山。此外宫禁、寺观和私家园林中的殿阁、楼台、亭榭的建造则需

① 马正林：《由历史上西安城的供水探讨今后解决水源的根本途径》，《陕西师范大学学报》（哲社）1981 年第 4 期。

用大量成材林木。长安用林木主要取之南山，关中终南山等巨木滥伐净尽。玄宗时关中的原始森林因过度开采，就已消失殆尽，不得不到很远的岚州（今山西岚县北）和胜州（今内蒙古准噶尔旗东北）去采买。[①]

至清代中后期，随着赋税制度的变化、人口的迅速增加及土地兼并的日益加剧，深入秦岭垦荒伐林者日见增多，除来自关中地区外，还有“远从楚黔蜀，来垦老林荒”[②] 的人。加之木厂等大规模商业性采伐，“一处所多者数千人，少不下数百，皆衣食于供箱者，木逾山度涧，动赖人力，遇山水陡涨，木辙飘失。比年以来，老林空矣，采木者必于岭南，道愈远费愈繁”[③]。秦岭北麓水源地森林遭到前所未有的大规模砍伐，影响到各河和水源地峪口水量大为减少，泥沙含量骤增，洪涝灾害频发。渠道所引之水不敷城市需用，且易受季节影响，城市水系及其景观建设也逐渐由盛而衰。

再次，引水渠道流经西安城南黄土台原地带，渠岸时常崩塌为患，成化间陕西巡抚项忠即指出“堤倚高原，日见削损”，尤其夏季暴雨时节，渠水猛涨，流速迅急，多在拐弯处将渠道冲毁。同时龙首、通济两渠均长达数十里，维护不易，“年久渠道崩塌土崖，随修随坏，致水或断或续，利用日少，缺用日多，难以纪极，况城中之用，不能周遍”[④]。最终影响到城市水域景观的巨大变化。

2. **深远影响**

（1）市民日常用水趋于困难

① 马驰：《唐长安城流水与园林》，《寻根》2002 年第 2 期。

② （清）严如煜：《三省边防备览》卷一四《艺文下·棚民叹》。

③ 民国《续修陕西通志稿》卷三〇《征榷一·商筏税》。

④ （明）项忠：《新开通济渠记》，碑存西安碑林。

与明代较长时期内以渠水作为主要生活水源相比，清代西安市民基本依赖井水。井水水质从整体上来说要逊于渠水，在汲引的便利上深井也远不及渠道水口。即使是在西瓮城甜水井启用之后，城市饮用水质有了很大改善，但其供水量仍难以满足全城市民日常所需，而且由于路途遥远、经济条件等的限制，广大中下层市民并不能每日买甜水井之水，不免仍会有饮用苦咸井水的情况出现。这就给人民生活用水造成很大的不便。

（2）城市水环境恶化

在各历史时期，城市水系的兴废都会直接影响到城区水域及其景观生态的盛衰。在渠水畅通时期，渠系“四散于街市，居民门前流过”，城区园林水域如兴庆池等则“隔花皆戏艇，满目尽游人”。由引水渠道、城壕等构成的水域“廊道”将散布城区的池沼陂塘等水域“斑块”连接起来，使得城区景观层次极为丰富，西北重镇也一度有江南“水乡”风韵，西安城得以充分融入“荡荡乎八川分流”的水环境之中。在渠水断绝之际，不仅居民难得饮用甜水，而且城区园林水域也随之出现“池久涸，瓦砾委焉”的衰颓景象。[①] 城市因无水引入而“气象枯燥，风景减色，无以资市民游览而调剂其精神”。

作为水域“廊道”，引水渠系的断绝使得西安城与八水水系之间的联系相形减弱，小城区与大区域之间能量的交换和流动受到严重影响。城区水域“斑块”的消失也使西安城景观面貌变得单调而缺乏活力，人居环境渐趋恶化。

有鉴于历史时期的经验教训，今后西安城在利用灞河、浐河、沣河等构筑城市水系景观时，一方面宜适度发展城区水系“廊道”和水域“斑块”，丰富城市水域景观面貌，改善人居环

① （清）贾汉复：《放生池碑记》，民国《续修陕西通志稿》卷一三一《古迹一》引。

境；另一方面，应充分注意秦岭北麓水源地植被的养护，从源头上确保“有水可引，引水足用”。

第三节　民国西安的水利建设及其规划

一、陪都西京的城市水利建设

陪都西京的城市建设主要由西京筹备委员会（以下简称筹委会）以及由筹委会与全国经济委员会和陕西省政府合组产生的西京市政建设委员会共同组织实施。[①] 在《西京筹备委员会工作大纲》中即明确规定工作重点包括城区饮料、井泉、自来水以及水利、水力的开发、设计。[②]

1. 城市供水

(1) 西龙渠

在从隋唐长安城至明清西安城的发展过程中，西安城市地位虽由国都一降而为区域重镇，规模缩小，人口减少，但有鉴于城区地下水质苦咸状况，城市水利建设尤其是引水工程建设一直未曾断绝。隋唐长安城有清明渠、永安渠、龙首渠、黄渠以及漕渠等引水入城，宋元长安城则有城东龙首渠引水，至明清时期，西安城东有龙首，西有通济，[③] 均对城市发展产生深远影响。

古都西安

① 《西京市政改革意见书》（中华民国三十年十月十四日），《西京档案》第369页。

② 《西京档案》第153页。

③ 史红帅：《明清西安城市水利的发展变迁》，朱士光编《西北地区农村产业结构调整与小城镇发展论文集》，西安地图出版社2003年9月版，第202—221页。

民国时期亦沿明清通济渠之故道，从西安城西南丈八沟处引潏水入城，称龙渠（或西龙渠，以其位于城西，而与隋唐以来城东龙首渠相对应而得名）。西龙渠流路在民国《西京胜迹全图》(1936 年)、《西安市行政区域略图》(1948)[①] 等图上标注明确，与明清时期流路基本一致。在由“筹委会”专门委员陈云路所拟《西京规划》中即指出西龙渠的上源与大致流路，“洈河，亦名藻河，上游即潏河，西北流至丈八沟南会碌轴堰水立闸，又分为二：一东北流入城，名西龙渠，亦名通济渠；一由闸口放水南流，复自西而折北，为洈河正身，经汉古城入于渭。其上游水多因灌田，下游遂常淤塞焉”[②]。

西龙渠对于城市景观改善具有重要作用，因而在西京建设时期作为重要引水工程加以筹划。基于“龙渠关系本市树木之灌溉及水利方面，至为重要”，1932—1933 年西京筹备委员会即“函陕西建设厅并派员商洽修浚龙渠，引水入城”，力图“植树引水，以资改进城市风景”、“调剂市民精神”。并指出引西龙渠入城对于环境景观改善的重要性，“本城莲湖、建国等公园之水，皆来自潏河，由碌碡堰引水入龙渠，经丈八沟、南窑头等村流入城内，灌注建国公园池塘，复转注于莲湖。故此渠之通塞，关系城市风景及市民卫生至为重要。乃年来淤垫，水流断绝，致公园内池沼涸竭，气象涸燥，风景减色，无以资市民游览而调剂其精神”。1933 年起开始重修西龙渠。[③] 西龙渠引水入城后，由于常常出现“阴雨连绵，水无归路，致龙渠

① 西安市档案局，西安市档案馆编：《西安市政统计报告（1947—1948)》(内部资料)，1997 年。

② 《西京档案》第 103 页。

③ 《西京筹备委员会成立周年报告（节录)》(中华民国二十一年七月至二十二年六月)，《西京档案》第 154 页。

崩溃，渠水漏溢，民宅被淹”等情况，为“期市民之永久安全”，西京市政建设委员会于1935年决议再次整修。[1]

概括而言，由于自明清以来秦岭北麓水源地植被破坏以及黄土地带渠道难以维护等因素影响，渠道引水稳定性较差，民国时期西龙渠的利用时限也相对较短，难与明清时期相比。这一时期城市供水还主要依赖地下水，即井水的开发。

（2）水井

民国时期有较多文献资料详细记述了西安城地下水质“苦咸”的状况。民国《西北导游》载“西京水有甜苦之分，甜水井仅西门有之，全市人民饮料多取购于西门，取价颇昂，且含泥汁，除西门外其余各井水均属苦汁，不能取饮”[2]。“西安多为苦水，味检而气臭，不堪为饮料”[3]。《西京快览》亦载西安城“居民饮用均汲取井水，井水有甜水苦水之分，在西城多属甜水，尤以西门之大甜水井最为著名，余区均为苦水。”苦水中含有碱质，因而味苦。《西北考察记》就称井“水中含有碱质，用水吊吊出，少时即成白色”[4]。更为详细的资料显示，西安“市内水脉，南甜北咸，以东西大街分解，愈北愈苦，愈南愈甜。全市以西门瓮城大井，水味最甜”。[5]

近代陇海铁路通达西安后，新兴产业日渐增多。自1934

① 《西京市政建设委员会第四十四次会议记录（节录）》（1935年11月20日），《西京档案》，第280页。

② 胡时渊：《西北导游》第4章《西京之金融业与食宿》，《中国西北文献丛书·西北民俗文献》第11卷，第127册，1990年。

③ 民国《陕西交通挈要》第6章《重要都会》，中华书局，民国十七年（1928年），第37页。

④ 卞文鉴：《西北考察记》，《中国西北文献丛书·西北民俗文献》第11卷，第127册，兰州古籍书店1990年版。

⑤ 《西安解放档案史料》第7—8页。

年10月集成三酸厂（厂址香米园）凿建机井（俗称“洋井”）后，一批工厂陆续凿建机井，机关、团体、学校、驻军及权贵公馆也多改凿机井，水井数量遂迅速增加。

据《西京快览》载，至1936年前后西安“城内外住户，家家有井，全市约有土井数万口”。由于西式凿井正在试办期间，已凿成的水井为数较少，陕西省建设厅报告称有“自流井四眼，灌田井十眼，饮用井二十七眼”①。用西式方法开凿的“洋井”也逐渐普及。在“革命公园、尚仁路的珍珠泉澡塘南面及雍兴公司，各有一洋井，可供人民饮用。惟珍珠泉、雍兴公司二处，均系私人凿置，须出资购买”。陕西省建设厅在西安城区主持开凿的15处公共水井地点分别位于：开元寺、炭市街、东县门街、正学街、南院门二处、建国公园、西仓门街、新西街、雷神庙街、西九府街、莲湖公园、平民巷、后宰门、民乐园。“以上水井，人民可自由取用，惟须付少数钱给管井人。”② 这些公共水井的分布较为均衡，便于城区各处市民用水。

1949年解放前夕，西安城区共有公、私机井64眼，其中人力手压唧筒机井42眼，用电力或蒸汽机抽水机井22眼。西京冰厂、华清池浴堂、德记铁工厂为主要售水机井。公用“甜水”土井有西门大井、西安市临时参议院门前（今儿童公园）、东城真武庵红十字会、南城清凉寺及南城七、八、九、十道巷及书院门等9处。城区“甜水”土井和机井出水量除工业用水外，每日可供市民饮用的“甜水”约500立方米，按当时城区

① 鲁涵之，张韶仙编：《西京快览》第1编《概要》，西京快览社，1936年。

② 《西安解放档案史料》第7—8页。

人口估算，饮用“甜水”者约为城区人口的一半[①]，这对于身处地下水质“苦咸”的西安市民日常生活而言具有重要意义。

民国西安城区水井按其开凿取水方式可分为土井和机井（西式洋井）两类，机井比土井开凿较深，出水量较大，有的机井深逾百米，但多数机井所达深度仍属浅表地下水层。多数机井以手压唧筒，少数采用动力机械；[②] 按照用途主要分为生活、消防以及工业用水井三类；[③] 按照所有权的不同，又有公共水井和私有水井之分。

始凿于康熙年间的西门瓮城甜水井在民国间仍水源充沛，并促进了卖水业的兴盛。《西京快览》载“甜水井在西门，西安离河道远在二十里外，全城饮用之水，全取给于井。以地质关系，东北城井水均咸苦，西南城井水味淡，尤以西门之大甜水井最为著名，每日水车丛集，用四辘轳汲水，取之不竭，专以运水为业者，达数百人，井旁有木铺数家，专制水桶为业，足见此井益人之多矣”[④]。这表明西安城内甜水井主要分布在西瓮城及西南隅局部，而卖水在民国已然成为非常兴盛的行业。《陕西交通挈要》载云“唯西门内瓮城之大井及甜水井车家巷一带之数小井水为佳，故水之买卖甚盛。市中推车、大车

① 西安市地方志编纂委员会编：《西安市志》第2卷《城市基础设施·公用事业·供水》，西安出版社2000年版，第160页。

② 西安市地方志编纂委员会编：《西安市志》第2卷《城市基础设施·公用事业·供水》，西安出版社2000年版，第159页。

③ 《西京市政建设委员会第一二一次会议记录（节录）》（1939年），《西京档案》第313页。

④ 鲁涵之，张韶仙编：《西京快览》第4编《名胜古迹》，西京快览社，1936年。

之搬运者。络绎不绝，煮沸者每杯价约六七厘”[①]。《西京快览》载西安城“有专以运送甜水为业者，每车约大洋五角。西门甜水井旁每日水车蚁集，不断向城内输送。该井终日汲取不竭，赖以营生者，达数百人之多”。虽然“城内外住户家家有井，全市约有土井万数口”，但卖水业的兴盛正反衬了这一时期城市供水的窘迫。

1934年后甚至出现了西京冰厂等以卖水为业的厂家。拉车卖水者从公用甜水井汲水或从水厂、私人甜水井买水，走街串巷售给城市居民。水车有独轮人力车、双轮人力车（也叫“架子车)、驴车、马车等多种，民国年间城市铺修路面后一律改用架子车。每车载水桶（木桶或铁桶）6—12个，每桶水四五十斤。拉车卖水者称“水车夫”，多为外地来西安的贫民，抗日战争期间，沦陷区难民逃来西安，多有以此为业维持生计者。

1941年10月，陕西省政府“指定水价每元四车出售，不得稍违”。1945年9月，西安市政府批准“大车每桶远处80元，近处六十五元；小车每桶远处三十元，近处二十五元”。至1947年，因通货恶性膨胀，水价不断上扬，但当年全市仍有水车夫523人，并组建了维护水车夫权益的水车公会。1947年7月水车公会呈西安市政府请愿书称：“西京制冰井园（即西京制冰厂）……半年内竟涨价五次，十余日间涨水价二次，七月四日每车水方由一千元涨至一千三百元，又自廿二日起复涨至二千二百元。每日一人拉水五六次，每车水售价三千至四千元，每日最多进入二万元，除付井园水价一万三千元外，所余六七千元生活实难维持。”自1941年至1947年，出厂水价由每元4车涨到每车2200元。这虽然主要是由通货膨胀引起

① 民国《陕西交通挈要》第6章《重要都会》，中华书局，民国十七年(1928年)，第37页。

的，但也说明随着人口增加，城市用水供需矛盾进一步加剧的状况。

1952年西安市建立自来水厂后，卖水行业迅速衰落。1956年水车工会尚有216人，1957年减至135人。随着自来水安装入户及普遍设立自来水站，城区各处水井陆续填埋，拉车卖水行业于1958年最终退出了历史舞台。

2. **城市排水**

在从封建城市向近代城市的转型过程中，民国西安城市排水系统的建设也取得了相当大的进展。

（1）水沟与渗井

水沟与渗井是西京建设时期排水体系建设的重点内容，这对改变城区污水横流、雨水四溢，“脏、乱、臭”的面貌起到了积极作用。城市的供排水问题，大致从1934年夏逐渐引起西京市政建设委员会的重视。鉴于马路积水“对于市容的整饬、市面的繁荣，影响很大”，遂在当年11月间成立了测量队，并于1935年5月间完成了全市水准测量和设计。由于经费紧张，全市的水沟工程首先从东大街开始，“渐次推进”[①]。1935年8月，首先将商贸繁华的东大街马路两旁阴沟盖板采用“加添十四号铁丝网于混凝土盖板内”的办法进行加厚，以便保护下水道。[②] 10月成立了“沟渠工程处”（不久改为下水道工务所），专司全市下水道建设事宜。

1935年11月刘祝君起草《西京水沟之兴建》规划，指出“本市地势，除了局部的不平外，大概东南高而西北低，所以

① 刘祝君：《西京水沟之兴建》（中国民国二十四年11月），《西京档案》第280—283页。

② 《西京市政建设委员会第三十一次会议纪录（节录）》（中华民国二十四年八月七日），《西京档案》第264—265页。

水流方向，也就随着地势而由东南流到西北。因此全市总出水的地方，大概可分为两处：一由北大街向北出北门，一由莲寿坊西出玉祥门，均泄入城壕，以及其他几处出口如西门、南四府街等处，以补上述两处之不足”。在这一重要文献中，刘祝君还对水沟分为干沟、支沟、窨井以及根据降雨量大小计算水沟容量等问题进行了深入阐述。1935 年 11 月发布的《西京市暂行建筑规则》第五章《建筑限制》第三十八条即对阴沟建设有详细规定：“(一) 新建筑房屋，应具有极完备之阴沟，或以渗井宣泄雨水及污水，其地位大小，均须详载建筑物图上。”①

1935 年东大街水沟工程即将完成之际，专门于水沟盖之水孔处各设铁篦一个（共 86 个），以防止杂物随水入沟。② 接着又陆续开始了北大街排水暗沟③、炭市街至西华门段干沟（全长 1450 米）④、龙渠⑤、北院门水沟、端履门与南新街一带水沟⑥、尚仁路、崇耻路、后宰门街、崇孝路水沟⑦ 的建设。

---

① 《西京档案》第 396 页。

② 《西京市政建设委员会第四十二次会议纪录（节录）》（中华民国二十四年十月三十日），《西京档案》第 271—274 页。

③ 《西京市政建设委员会第四十四次会议纪录（节录）》（中华民国二十四年十一月二十日），《西京档案》第 276—280 页。

④ 《西京市政建设委员会第四十九次会议纪录（节录）》（中华民国二十五年一月八日），《西京档案》第 290—292 页；《西京市政建设委员会第五十一次会议纪录（节录）》（中华民国二十五年一月二十九日），《西京档案》第 294—295 页。

⑤ 《西京市政建设委员会第五十三次会议纪录（节录）》（中华民国二十五年二月十二日），《西京档案》第 296—299 页。

⑥ 《西京市政建设委员会第五十六次会议纪录（节录）》（中华民国二十五年三月十一日），《西京档案》第 299—301 页。

⑦ 《西京市政建设委员会第一二〇次会议纪录（节录）》（中华民国二十八年四月五日），《西京档案》第 312 页。

截至1939年，市内各铺设碎石路面的重要街巷两侧基本上都开挖了水沟，而各煤渣路则尚无水沟，替代行采用“路面拱背加高、并规定全路水准”的方法以便排水。[1] 基于详细的水沟与渗井建设规划方案，西京筹备委员会与市政建设委员会在1940—1941年以“清除下水道”、“修筑水沟”为城市水利建设的重点，大量街巷两侧的水沟和与之连通的渗井得以兴建或改造，从而使大部分城区雨水、污水的排放得到合理控制。

由于日军飞机的频繁轰炸，全市下水道工程多有损坏，从1940年开始，西京市政建设委员会又致力于修补下水道。当年陆续将太阳庙、东大街、建国公园、西城墙、平民坊、红埠街、麦苋街、大油巷、崇廉路、东关长乐坊、报恩寺街、书院门、梁家牌楼、开通巷、教养院、柏树林、三学街、尚朴路等处下水道均补修完好。此外，又修补了各街窨井盖，以木质井盖更换损坏、被盗之混凝土或铁制井盖，并由工作分队随时掏除下水道淤积物，以便下水流通。[2] 1941年1月至6月又数度补修被炸水沟，清除全市下水道，并新修开通巷、卧龙寺巷、天福楼等处水沟。[3]

（2）涝池与坑地

① 《西京市政建设委员会谈话会纪录（节录）》（中华民国二十八年七月十二日），《西京档案》第319—320页。

② 《西京筹备委员会及市政建设委员会二十九年工作实施报告（节录）》，《西京档案》第337—343页。

③ 《西京市政建设委员会三十年二月份工作报告》（中华民国三十年）、《西京筹备委员会及市政建设委员会三十年四月工作报告（节录）》、《西京筹备委员会及市政建设委员会三十年五月工作报告（节录）》、《西京筹备委员会及市政建设委员会三十年六月工作实施报告（节录）》，《西京档案》第355—357、358—361、361—363、363—366页。

民国西京建设时期还对城区涝池统计数目、测量深阔，统一由政府招标填平，以利城区开发。1935年西京市政建设委员会第17次会议记录即决议“由市政工程处会同本会工务科派员测量所有涝池宽深；测量告竣即行招标填平，并植木桩以资标记”[①]。这一措施对城区涝池景观改变甚大，虽然在城区建设方面有所裨益，但大量涝池就此消失，城区自然排水系统在一定程度上受到破坏。填平涝池的工程在城东北区新市区的建设中进展最快。据1935年西京市政建设委员会第24次会议记录称“查二十三次会议记录临时提议关于龚委员贤明提议新市区二、三等地内深坑、涝池不一而足，有碍标卖案，决议派刘科长详细查明，限两星期报会案。决议：（1）所有修路等工程余土，酌加运费，尽量移垫新市区深坑、涝池；（2）凡坑池深度距地面下二公尺半以上者，得利用垃圾移垫，惟垃圾上至少垫盖净土二公尺半”[②]。

由于大量涝池被填平，而相应水沟建设未能同时跟进，因而城市排水一度更为困难。1939年西京市政建设委员会委员龚贤明即在该会第123次会议上提议“恢复本城所有涝池”，委员会决议该会“会同警察局查明未填平之涝池及其他水池之地点、大小、深浅”[③]，力图恢复。在此会议基础上，至1940年，西京市政建设委员会谈话会议决议“全市涝池一律辟为公园，交工程处查明报会，并函省府备案”[④]。嗣后西京筹备委员会转达了中央政府命令“西京市各官涝池辟作公园，准予备

① 《西京档案》第250页。

② 《西京档案》第256—257页。

③ 《西京档案》第319页。

④ 《西京档案》第331页。

案”[1]。这一举措在很大程度上保存了城区涝池，并以涝池为基础开展了城市环境改善的相应工程。不过，限于政府财力和抗战等因素，“官涝池”作为公园的决议并未完全得到实现。

(3) 城壕

西安城壕与秦王府城壕虽迭经变迁，但至民国时仍是西安城重要的排水地。1935年11月《西京水沟之兴建》规划中就指出“本市地势，除了局部的不平外，大概东南高而西北低，所以水流方向，也就随着地势而由东南流到西北”。并概括全市排水“大概可分为两处：一由北大街向北出北门，一由莲寿坊西出玉祥门，均泄入城壕”[2]。又“查本会八月七日决议，东大街雨水在刘科长水渠计划未完成之前，暂泄入新城城壕”[3]。可见，民国时期的大城城壕与秦王府城壕虽然已经基本失去了军事防御价值，但作为城市排水体系的一部分仍发挥着防涝排水的作用。

3. 城市其他水利建设事业

(1) 水文测量

为了从发源于秦岭北麓的河流引水，西京筹备委员会先期开展了水文测量工作，为城市引水奠定了一定基础。1932年《西京筹备委员会成立周年报告》称“本会所需德国流速计及各种测水量附件，已于本年七月间在沪采购，即将在终南山各水源设置水文站，测量沣河、滈河、灞河各水量”[4]。1940年

① 西京市政建设委员会谈话会记录（节录）（中华民国二十九年十月九日），《西京档案》第337页。

② 刘祝君：《西京水沟之兴建》（中华民国二十四年十一月），《西京档案》第281页。

③ 《西京市政建设委员会第三十五次会议纪录》（节录）（中华民国二十四年九月四日），《西京档案》第266页。

④ 《西京档案》第160页。

《西京筹备委员会工作概况》载，自1932年4月至1937年6月完成了马河滩及库峪等河图测量以及沣河水文测量，“曾迭请专家查勘测量（沣河），拟根据之以建水库，引入城关，以供市民饮水之用”。1940年1月至5月鉴于“西京西南之沣河、东南之大峪、库峪、汤峪等河水源，均极旺盛，亟应设法利用，俾使之灌溉各地民田及供及市民饮料”①，西京筹备委员会“特商同黄河水利委员会、陕西省建设厅、陕西水利局共同进行导引以上各水入城工作，所需经费由西京筹备委员会、黄河水利委员会、陕西省政府三机关共同筹摊；所需测量人员由四机关分别指派合组”。引水进城设计测量队从1940年6月1日起开始进行设计测量工作，至1940年底止，已将各河入城导线测量完毕，进行绘制图幅及设计等工作。

（2）桥梁建设与维护

从1932年至1940年，西京筹备委员会配合修路工程，对城郊的众多桥梁进行了大规模的建设和维护。其中1932年4月至1937年6月修建了药王洞桥、杜曲河桥、马河滩桥、库峪河桥、沣峪河桥、祥峪河桥、嘉里村桥、香积寺桥、滈河桥、李子新村河桥，而“其他桥工之在各路者，片沟断堑所在多有，皆随路兴修”。自1937年7月至1939年12月又修建了太平河滩桥，并“沿路尚修大小之桥梁涵洞二十二座，均于路工完工时竣工”②。

与筹委会保护古迹的一贯做法一致，1936年3月17日筹委会就灞、沣、浐桥牌楼的保护向建委会发布公函，“查沣桥牌楼，建自前代，饶有古意。灞桥及其牌楼，为西京八景之

---

① 《西京档案》第196—209页。

② 《西京筹备委员会工作概况》（1940年6月），《西京档案》第196—209页。

一；浐桥牌楼，意义亦同，似应与沣桥牌楼一律保留，以符前人用意之雅。如虑桥楼朽坏，发生危险，自应酌加修理，以保行旅安全”[①]。

此外，1939年两委会还对被雨水冲毁的中山桥以及跨越城河的桥涵等加以重修，“中正门外中正桥及中山门外中山桥，因本年淫雨连绵，坍塌甚多，关系交通运输极为重要，故经即时兴工补修，先后完竣。又南四府街新开城门之桥涵亦由本会处修建、放宽、加高。其他各路涵洞均随时修筑”[②]。这些桥涵建修工程对于沟通城乡联系，促进城市交通发展产生了深远影响。

二、陪都西京的城市水利规划

西京建设时期，除两委会付诸实施的大量水利工程之外，还出现了一些具有先进规划思想、蕴涵科学理念的城市水利规划，这其中以城区自来水建设和城市引水规划最为引人瞩目。

1. 自来水建设规划

1935年何幼良撰拟了《西安自来水工程初步计划书》，深刻指出了西安建设自来水的重要意义，“西京为吾国陪都，人口已超过十二万五千以上，饮料庞杂，水质恶劣，且转运不便，疫疠时生，危害市民已久。欲冀今后工业、商务之发展，创置自来水尤宜视为急务也”。通过对沣河水源地、水质、西安需水量预测、建坝地点、自来水厂选址、测量工作、工程设计及估价等问题逐一分析，探讨了沣河引水和建设自来水厂的可行性。这一计划书以当时的科技工程理论知识为基础，吸收

① 《西京档案》第180页。

② 《西京筹备委员会及市政建设委员会二十九年工作实施报告》，《西京档案》第340页。

了上海等先进城市自来水厂建设实践经验，结合西安地区实际状况，所作出的各项规划具有很强的可行性和实际操作性。但由于抗战全面爆发、经费受限等原因，这一计划并未能付诸实施。

1935年2月6日，在西京市政建设委员会第十次会议上，刘景山委员亦提议“引用南山沣河水量，以充本市市民饮料及发电用途”，会议决定“即行召集特别会议并邀请关系方面出席研讨”[①]。从当月开始，西京市政建设委员会与中央卫生试验所、陕西省防疫处、陕西省水利局等经多次踏勘、取水样化验，确定西安自来水水源取自长安县西南50里之沣河。并相应地对西安需水量、沣河全年流量、坝址、厂址之选择、土地之收买、测量工作、工程设计及估价等问题都进行了细致研究。并计划在自来水取给于沣河的同时，“拟于西门外旷地凿数人造井，井旁置抽水机，藉井之出水量供全城之需用”[②]。

1940年6月至9月，由西京筹备委员会、陕西省建设厅、陕西省水利局、黄河水利委员会合组的设计测量队又对西安城市引水工程进行了重新测量和论证，提出了大峪口（东线）、沣河（西线）两条引水渠线设计[③]，比原来的引水规划设计更为周全。惜因时局所限，从秦岭水源地引水的计划在经营陪都时期一直未能动工兴建，西安城区居民的生活、生产用水仍主要依赖于开采地下水。

---

① 《西京市政建设委员会第十次会议纪录（节录）》（1935年2月6日），《西京档案》第249—251页。

② 何幼良：《西安自来水工程初步计划书》（1935年），《西京档案》第284—290页。

③ 《西京市引水进城计划书》（1941年1月），《西京档案》第343—353页。

2. **城市引水规划**

西京筹备委员会于1941年1月颁布的《西京市引水进城计划书》是为改善西安城区生活、工业、生态等用水环境而制定的。即使以当今的评判标准去审视，仍具有相当多的闪光点，操作性也较强，可资今日城市水环境建设借鉴。

《西京市引水进城计划书》指出，“西京市为陇海铁路之中枢，西兰、西荆各公路之起点，地势冲要、交通畅达，贸易逐渐繁盛，人口日趋稠密，自抗战以来尤为发展。匪特为军事上之重地，抑亦为工商业之要埠”。与西安军事、政治、商贸重镇地位不相适应的是城市供水的窘迫状况，不仅“惟以雨量稀少，负郭水道大多干涸”。而且“人民饮料夙仰给井水，井深约二十公尺，汲取困难。除城西南隅及少数自流井外，水质苦涩，饮用颇不相宜”。由于缺水的原因，城市水域景观生态也大受影响，“即园艺植物亦不堪灌溉，以致池沼干涸、尘埃弥漫，对于市民之健康及工商业之发展影响至巨，如遇火警尤为可虑”。在此情况下，西京筹备委员会认为，“开发西北，增加后方生产，西京市为西北陪都，实有建设新都市之必要，而给水问题尤为目前之急务”。在西京筹备委员会的协调倡议下，“本市各工程机关有鉴于斯，乃共同集议导引清洁水源流入城市，以供给居民饮料、园艺及卫生、消防等公共事业之用”，其目标就在于“俾市容整丽，景物日新，工商各业亦得长足之发展，奠定新都市之基础”。筹委会对于引水入城、建设新都市的重要意义阐明得极为透彻，也深刻认识到引河水入城对于改善城市水环境和水域景观面貌的重要性。

设计测量队由西京筹备委员会、陕西省建设厅、陕西水利局、黄河水利委员会派员合组，于1940年6月成立，至9月底完成野外测量工作。在对大峪口、浐河、沣河、潏河水量、含沙量以及沿途土质与渗透等分析的基础上，提出引大峪渠线

(31公里)、引大峪并入浐河渠线（24公里)、引沣河渠线（27公里)、引潏河渠线（46公里）等引水线路方案。“给水区域”包括“西京市护城河及市内重要街道”，计长23公里。其中以引大峪口及引沣河两渠线为主，前者为东渠线，后者为西渠线。通过两渠优劣的比较，计划书认为“总以上两渠优劣各点观之，西渠利益较东渠为厚。虽增设抬高水位之设备，用费亦无多，而将来工成，一举而数得具备，似更有采取之价值也”，倾向于引沣河水入城。

此外，1935年拟订的《西京水沟之兴建》也都是民国西安改善城市水环境的重要文献，就排水沟规模、经费预算以及工程可行性等问题进行了深入分析，对于今天的城市引水、排水系统的规划建设仍不失参考价值。

3. **渭河航运状况及其规划**

(1) 渭河航运状况

渭河横穿关中盆地，从咸阳和西安近旁流过。渭水—黄河—汾水航路和渭水—黄河—运河航线，在秦、汉、隋、唐时期，对于都城的发展起过重要的作用。五代以后，长安失去国都地位，渭河漕运衰落。北宋前期，全国以汴梁为中心的漕运分四路，其中河渭运路顺渭河、黄河而下，陕西诸州租赋多经渭河航道运往汴京。朝廷在渭河上游秦风路设置采造务，大量砍伐林木，浮渭入河。西安境内秦岭山间薪炭亦经渭河入黄河，运往汴京。据《宋史·食货志》载，仅宋英宗治平二年(1065年)“繇京西、陕西、河东运薪炭至京师，薪以斤计一千七百一十三万；炭以称计一百万”，渭河运量仍相当巨大。元代仍延续利用渭河航运之功，元文宗天历元年（1328年）“安丰（今安徽寿春）等郡之粟，溯黄河运至于陕”，以供军食。除粮食外，明清渭河航道运输的物资还包括木材、薪炭、食盐及土产品等。

1934年底陇海铁路通车西安以前，由于西潼公路路况差，货运汽车少，关中东、西部的物资转运，主要依靠渭河航运。渭河“宝鸡以上，河行峡中，水势甚急，宝鸡以下，水势较缓。平均深度两公尺，河幅在宝鸡峡宽五十至二百公尺，在宝鸡郿县间宽一千公尺，郿县咸阳间宽一千五百公尺，咸阳以下宽二千公尺。每年一月及十二月结薄冰，三月间至十月可通航”①。渭河在宝鸡至咸阳一段，平水时能行木筏，丰水时可通行木船。这一段水道最重要的码头为虢镇（今宝鸡县）、咸阳两处，凡陇南的药材，四川的卷烟，汉中的茶叶，多于虢镇码头装船或木筏东下，兴平、武功一带的棉花、小麦，亦多自咸阳装船下运至西安。② 1936年《西京快览》载渭河“咸阳以下，流量渐增，流势亦缓，可通一万斤至八万斤之民船，以咸阳、草滩、三合口为起卸场所”③。

自西安城北的草滩镇以下，河水较深。从咸阳到渭南的水道上，有行船二百五十艘，每船载重六万斤，圆船二百，每船载重一至二万斤。④ 这些船只可由龙门经三河口至咸阳，或由陕县经潼关三河口（指黄河、渭河、北洛河交汇处）至咸阳，三河口至咸阳距离约为三百里，上水每日行四十华里，多运煤炭、食盐；下水每日行百华里，多运棉花。渭河作为“舟楫可通，转运甚便”的航线，在当时有“关中水运交通枢纽”⑤ 的

① 陕西省银行经济研究室编：《陕西经济十年1931—1941》（1942年）第9章《交通》，西安市档案局、西安市档案馆编（内部资料）。

② 陕西省地方志编纂委员会编：《陕西省志》第26卷《航运志》，陕西人民出版社1996年版，138—139页。

③ 鲁涵之，张韶仙编：《西京快览》，西京快览社，1936年。

④ 陕西省地方志编纂委员会编：《陕西省志》第26卷《航运志》，陕西人民出版社1996年版，138—139页。

⑤ 马景援：《气象》，《西京档案》第102页。

赞誉。1937 年《陕西水利概况》亦载“渭河航运最著关中”。

民国渭河航运货物中，“上行货物以盐、炭为最多，洋广杂货次之。下行货物以棉花为最多，药材、牛羊皮次之”。

陇海铁路通车西安后，渭河航运日渐衰落。自 1962 年三门峡水库蓄水后，泥沙迅速淤积渭河河道，造成渭河航运中断。1971 年宝鸡峡引水工程竣工，渭河流量已经难以承担水运之功，完全失去了航运能力。

（2）草滩水陆联运与渭河码头规划

明清以来，北临渭河的草滩镇因其地利之便，商贸繁荣，以至有山西商帮在此修建山西会馆，作为联络晋商之地。至民国时期，草滩镇内有货栈、行店十余家，经办粮食、棉花；另有金银首饰店 5 家、棺材店 5 家、绫罗绸缎布匹店 4 家、杂货铺（经营糕点、南糖、水烟、火纸、黄表、酒类等）22 家，是北郊的商业重镇。

1934 年 2 月，民间学者季平在提交给西京筹备委员会的《西京市区分划问题刍议》中，将城北草滩港视为水陆联运枢纽而加以特别关注。在论证火车站以东铁道线南北两侧会发展成为未来的工商业中心时，理由之一即“据一般计算，水运费用与铁道运输相较，为一与四之比例”。“现车站东北一带，北与草滩码头相去咫尺，水陆交通，俱甚便利”。同时他认为汉城旧址三桥镇以西，夹于铁道线与渭河中间一带地区，也适宜发展为工业中心。理由在于“渭河疏导之后，自草滩镇而西，处处可为码头，步步可停轮舶，陆运即便，水运亦畅。如再自三里桥南，引沣河而东之，使横贯工商两区，下行至草滩镇入渭。控制得宜，小轮船可以直接驶入市内。交通益便，风景弥增。”这一渭河码头建设和北郊工商业区规划即使今日读来，仍令人振奋鼓舞。作为西北内陆城市，若能城中通行轮船，确能使“交通益便，风景弥增”。虽然规划者雄心勃勃，论证颇雄，但终究带有强烈的理想化色彩，加之时局原因，终遭搁置，但由此规划可见时人观念中草滩镇与渭河航运同西安城发展之间的紧密关联性。

第五章

有容乃大：重镇时代西安城人口规模及其变迁

人口是城市的灵魂所系，能给城市带来无尽的生机与活力。城市则以坊里街巷、官署、市场、学校、寺宇等空间单元给居民提供活动的空间和舞台。城因人而大，人因城而生。在封建时代，人口规模是衡量城市规模、地位、等级的重要尺度，人口数量的增减也可以反映城市发展的盛衰。重镇时代的西安城人口因城池扩大、驻军增多、商贸发展以及难民涌入等多种因素而处于波动之中，在此过程中，“包容”和“吸纳”就成为城市人口变迁最鲜明的特征。西安城不仅在宋、元、明、清之际成为回族、满族、蒙古族等聚居的中心城市，而且在民国抗战时期容留接纳了无数外省籍移民、难民，西安成为他们的第二家园。重镇时代的西安城在为各族、各地人口提供生存空间的同时，也因各族、各地大量人口的加入而得以延绵发展。有容乃大既是重镇时代西安城的胸怀和气魄，也是各族、各地人口与本籍人士共同推动西安城发展的写实反映。本章着重对明清以迄民国西安城人口规模、特征、空间分布和民族聚居区等进行论述，以期深入揭示西安城有容乃大的城市人口变迁过程，进一步理解城与人之间互相依存、共同发展的关系。

第一节　明清西安城人口规模与民族聚居区的发展

一、明清西安城的人口规模

据杨德泉先生研究估测，宋长安城人口约有十余万之多。[①] 以唐长安城人口最盛时100万之数与83平方公里的面积而言，宋长安城占地面积约5.2平方公里[②]，约为唐长安城十六分之一。以此粗略比照，人口十余万也当与实际状况相近。宋熙宁七年（1074年）《京兆府长安善感禅院新井记》中载长安城人口聚居盛况云，“长安寔汉唐之故都，当西方之冲要，衣冠豪右错居其间……官府佛寺道观又将逾百，计其井不啻乎万也”。这一记述虽然简略，但仍可反映当时城区人口数量众多，由此大量的官府、佛寺、道观才有管理的基础和信仰的受众，而城区的大量水井也是人口集聚的重要指征。杨德泉先生还指出，北宋中期以后，长安地区的人口甚至超过了当时开封一带京畿地区，这其中无疑也包含有长安城区人口在内。此后金、元时期城市人口数字缺乏记载，但不会与宋长安城人口相去太远。

明代人口一般按户籍分为民、军、匠三类。嘉靖《陕西通志》载明代前期“长安县编户五十五里，今四十九；咸宁县编

① 杨德泉：《试谈宋代的长安》，《陕西师范大学学报》，1983年第4期。

② 中国科学院考古研究所西安唐城发掘队：《唐代长安考古纪略》，《考古》1963年第11期。

户八十二里，今六十六”[1]。又载“长安县户五千三百九十一，口二万七千六百三”，“咸宁县户一万二千四百一十，口七万四千七百八十四”。两县合计户数17801，口数102414。明清西安城区分由咸宁、长安两县管辖，同时两县在北至渭河、南达秦岭、西界沣河、东临灞河的区域内亦分辖东、西两郊，因而两县人口数字包括城区居民和城郊农民在内。

由前述两县所辖里数和口数可以推算出长安县城乡平均每里约辖563人，咸宁县平均每里约辖1133人。康熙《咸宁县志·疆域》载明景泰年间（1450—1457）咸宁县城区共32坊，康熙《长安县志·建置》载明代后期至清前期长安县在城坊共8里。据前述每里人口平均数推算，长安县城区8里约辖4504人，咸宁县城区32坊约辖36256人，两县合计40760人。这一数据仅为城区“民”数。明代西安城乡有前、后、左、右四卫驻守，每卫为5600人，共约22400人。虽然无法确知城区驻扎军队数量，但军队人口在城区人口数字中占有很大比例，明代陕西都御史项忠《新开通济渠记》记载西安城“军民杂处，日饱菽粟者亡虑亿万计”。另外，有研究者估计，秦王府人口至嘉靖年间至少约有1.5万人，而此数字不在上述民、军人口数字当中。[2] 由此粗略估算，明代西安城区包括民、军、秦王府人口等在内约7万至8万人左右。

由于资料记载的缺漏，利用上述数据计算时存在较多问题。首先，城市坊和乡村里的人口数量往往存在较大差异，一般而言，城区每一坊里的人口数应多于郊区每里的人口数，因此用平均数进行计算，会在一定程度上使城市人口总量减小；

① 嘉靖《陕西通志》卷七《土地五·建置沿革》。

② 薛平栓：《陕西历史人口地理》，陕西人民出版社2001年版，第164页。

其次，用咸宁县景泰年间（1450—1457）的坊数、长安县在明末清初的坊数与清嘉靖年间（1522—1566）的两县坊里人口均数进行计算，只能是对城市人口总量的一个大致反映。

据乾隆《西安府志》、民国《续修陕西通志稿》等记载，清乾隆年间（1736—1795）咸宁、长安两县人口为499437人，嘉庆二十一年（1816年）为530304人，道光三年（1823年）为574100人，这些数字均包括城区和郊区人口，总量也在逐渐增加，可以推知清代西安城区人口也当有增加的趋势。

据曹树基先生推算，乾隆四十三年（1778年）西安城实际人口应为5.5万人，这一数字与山西、山东等北方城市省会太原、济南城人口的标准规模相一致。[①] 但是由于该推算数字仅包含了长安、咸宁两县在城辖区人口，未将满城人口计算在内，因此所谓的“西安城实际人口数”5.5万人仅是城区两县“民”数。满城作为清代西安城区最大的组成部分之一，虽然并不属于长安、咸宁两县辖区，但其中八旗驻防兵丁及其眷属毫无疑义应视为城市人口。曹树基先生所推算的5.5万人不仅在区域上没有涵盖整个西安城区，就是在类型上也未能反映实际的城市人口状况，要远远小于城区实际常住人口数。明清之际，西安作为军政重镇，军队自然是城市人口的重要组成部分，若将其排除在城区人口之外，势必会影响到对城市人口规模和城市地位的准确评判。

曹树基先生还依据同治初年（1862年）西安城“节署前后左右迤北一带，教门烟户数万家，几居城之半”的记载[②]，推测同治年间“西安城总户数可能达到6万户，合计人口约

① 曹树基：《清代北方城市人口研究——兼与施坚雅商榷》，《中国人口科学》2001年第4期。

② 民国《续修陕西通志稿》卷一七五。

30万。如果更多，则可能达到40万”。并因此估计光绪十九年（1893年）西安城市人口最多达到30万人。需要指出的是，据1938年底陕西省民政厅调查，“西安城区”人口为248304人[①]，这尚且是抗战爆发，移民大量涌入，城市人口迅速增加的结果。因此，曹树基先生所推算的同治年间西安城区人口30万，尚需更多的文献加以证实。

清后期西安城人口数字在民国《续修陕西通志稿》和《咸宁长安两县续志》中有详细记录，由此可据以推算西安城人口总数。民国《续修陕西通志稿》载省城保甲局统计光绪十三年（1887年）城关有23265户，人口为83967，户均3.6人。《咸宁长安两县续志》载宣统三年（1911年）两县城区人口为111628，户均4.7人。清代满城作为独立军事管辖区域，驻扎满蒙八旗马甲5000名，按每户4至5人计算，满城内的八旗眷属及其仆役等当还有2万至3万人左右。八旗兵之外，西安城还驻有“督标营”、“抚标营”共5395名绿营兵。以宣统三年的城区民数合计军队及其眷属数，全城人口约在15万人左右。从民国西安城区人口规模也可看出上述人口规模的估算结果当与实际状况较为接近。

封建时代城市人口规模的变化与朝廷的军事、政治策略的调整以及战争、灾害、饥馑、瘟疫等有紧密联系。西安作为西北军政重镇，明代秦王府的庞大人口及其下辖军队的驻守，大大增加了城区人口规模。而至清代，满蒙八旗入驻西安，在建立西安满城之初，驱散东北隅居民，城市人口会相应减少，但同时又开始增加大量满族、蒙古族人口。战乱之际，大量人口会基于“小乱避于城，大乱避于野”的规律流动，西安城人口

① 陕西省编制委员会、陕西省档案馆编：《民国时期陕西省行政机构沿革（1927—1949）》，陕西人民教育出版社1991年版，第14—15页。

受战火影响也会有相应的增加和减少。

二、清代西安的汉城、回城与满城

在封建时代后期，城市中的民族聚居区日益发展壮大，发育更加完善。民族社区成为清代西安城人口居住空间和聚居形态的主要特征，这不仅反映在时人的社区认识观念上，也反映在汉城、回城与满城的实体空间分布上。

在清代编纂的《陕西乡土地理教科书》第三十四课“西安府四”中称“城内居民分为三大区，汉人居城南，回民居城北，驻防旗人则居东北隅子城之内”，虽然记述不尽精确，但已描摹出清代西安城人口区域分异的基本状况，并反映出民族社区的分区概念。与居住满族、蒙古族的满城相对应，清代西安的汉城则专指满城之外的区域。《续修陕西通志稿》中载八旗昭忠祠“嘉庆八年建于西门外，与汉城同。二十一年西安将军成德分建于驻防城内厢红旗地，并刊石以记之”[①]，亦具体反映了民族社区的观念。民国三十年初的《长安回城巡礼记》中载云：“回城，城之西北一带，俗称‘回城’，为大部回民聚居之地。多数教堂均在此方，称清真寺。”[②]可见，回城的空间概念至少从清代中后期已经出现，并有此名称，沿用至民国初年。汉城、回城与满城就是按照不同民族属性逐渐形成的民族社区，因受宗教信仰、民族习俗、经济与军事生活等的不同影响而在街巷坊里、文化景观、管理制度等方面呈现出各自鲜明的特征。

① 民国《续修陕西通志稿》卷一二四《祠祀一》。

② 王曾善：《长安回城巡礼记》，李兴华、冯今源编《中国伊斯兰教史参考资料选编》（下册），宁夏人民出版社1985年版，第1383页。

1. **回族聚居区**

自宋以来，西安城内回族逐渐聚居在城市西北隅，通过对现存碑刻资料的比照分析可知，宋代长安城中已随回族的聚居而兴建了化觉巷清真寺，以“围寺而居”为主要特征。[①] 元代又创建大学习巷清真寺，以满足穆斯林民众的信仰需求。[②] 至明初城池扩展后，回族聚居区在西安城西北隅逐渐扩展。明清西安回族人口的增加和不断聚居于城区西北隅，最为显著的表现即是清真寺的稳定增加。自北宋京兆府城内兴建化觉巷清真寺（即东大寺）后，由于回族人口日益增加，为满足其宗教信仰需求，明代西安城内又相继修建了三座清真寺，即大学习巷清真寺、大皮院清真寺和小皮院清真寺。

明人马之骐所撰《重修真教寺记》在论述小皮院清真寺扩建原因时，对西安城内清真寺的兴建、扩建和回族人口增加之间关系的论述实为点睛之笔。碑文称回族自元以来“生齿日繁，人文渐盛，其规模、其制度说老病与狭隘，安得不为一扩充一开拓耶”[③]。大学习巷清真寺在明代的扩建也是由于“但归教益众，隘不能容”[④]，回族人口的不断增加对清真寺的新建、扩建提出了迫切要求，而清真寺的增加又会促进人口的聚居和不断增长。到明末之际，西安城内回族大致已占有西北隅的大部，其间虽仍分布有较多官署和郡王府住宅，但回族聚居区已较宋元时期大为拓展。宋、元、明时期形成的回族聚居区，与城内汉族居住区相较而言，在人口族属、文化景观等方

---

① （明）刘序撰：《重修清净寺记》，碑存大学习巷清真寺。

② （明）刘序撰：《重修清净寺记》，碑存大学习巷清真寺。

③ （明）马之骐撰：《重修真教寺记》，碑存小皮院清真寺。

④ 明嘉靖二十四年（1545 年）曹兰撰：《增修清真寺记》，碑存大学习巷清真寺。

面具有显著差异，这也奠定了清代西安城人口分区的基础。

清代陕西回族广泛分布于关中平原中部的西安、泾阳、三原，西部的凤翔以及“东府十大县”（即谚语所称“二华关大水，三城朝合阳”，指华州、华阴、潼关、大荔、白水、韩城、澄城、蒲城、朝邑、合阳），至同治初年回民起义之前，全省回民人口约达二百万，仅从西安北门外马家堡直达泾阳塔底下一带即有大、小清真寺百余所，人口达五十万之众。关中之地有“八百余坊寺，驰名者及半”①。这一时期陕西省回族人口众多，但绝大多数聚居于乡村，在府、县城区甚少形成回族聚居区。位于西安城西北隅的回族聚居区因此具有格外重要的意义，并有“城回”之称，同治年间约为二万人左右。马光启先生在《陕西回教概况》中指出“陕西止此城回，平日与汉民各安各业，互相交好”，就直言西安城回族聚居区在促进汉、回族友好交流中的重要地位。

清代西安城回族在城西北隅的聚居区范围逐渐扩大，也更为巩固。光绪末年执教于陕西大学堂的日人足立喜六在《长安史迹考》中载回族聚居区域称，“在西安城内西大街之北，与北门大街西面之间，皆属回教徒之居住地。其廓内之小皮院巷、大皮院巷、花角巷三处，各有宏大清真寺一所。按清真寺即回教徒彼等之会堂，每周参集寺内一次，以行礼拜，故又名礼拜寺”②。很明确地将回族聚居区的范围用“廓”来描绘，而廓通常是指建有城墙的围和区域，可见回城的概念在清末也已深入人心。核实而论，回族聚居区实际并未完全占有西北

① 马光启遗著，冯增烈校正：《陕西回教概况》，马长寿等：《同治年间陕西回民起义历史调查记录·西安市长安县调查记录》附，《陕西文史资料》，第26辑。

② 〔日〕足立喜六：《长安史迹考》。

隅，回民学者有更为详细的记述，“回民所居之地位，在省城内西北隅之中部，分东、西两大段。街衢毗连，中有回、汉商人杂居之一街（指城隍庙后街，其街中段是汉民居住）为东西两段往来之孔道。旧时有清真寺七座，向称七寺，东四西三”[①]。表明回族聚居区由东、西两个区域组成，庙后街为两区之间的重要通道，将两部分连接起来。后有学者直称西安回族聚居区为“长安回城”，这也从一个侧面反映了回族聚居区的围和性与相对独立性。[②]

回族作为清代西安城区人口较少的民族，聚居一处不仅有宗教信仰上的便利性，而且也有利于同族之间的协助与联络，亦便于清朝统治者和地方政府的管理。同治元年（1862 年）五月关中回民起义处于高潮之际，西安城内回民曾被官府限定在西起洒金桥，东到北院门的街坊内，设木栅为界，立栅门出入。这一措施虽然在很大程度上阻碍了回族聚居区的扩大，但同时也大大强化了时人观念中关于西北城区作为回坊、“回城”等回族社区的空间概念。民国间《陕西交通挈要》的记载就反映了城西北隅作为“回族社区”空间概念的加强，称“城之西北隅多为回坊，居住之面积、人口约占全城五分之一，其居民悉营商贾生活”。西北隅回族社区在城区格局、居住空间、人口职业等方面都呈现出相对的独立性。

2．满蒙族聚居区

在明代，西安城内形成西北隅回族聚居和其他城区汉族居

① 马光启遗著，冯增烈校正：《陕西回教概况》，马长寿等：《同治年间陕西回民起义历史调查记录·西安市长安县调查记录》附，《陕西文史资料》，第 26 辑。

② 王曾善：《长安回城巡礼记》，李兴华，冯今源编《中国伊斯兰教史参考资料选编》（下册），宁夏人民出版社 1985 年版，第 1383 页。

住的“二元”民族社区格局。清代则在满城兴建后，形成东北隅满、蒙族，西北隅回族、其他城区汉族聚居的“三族”鼎立格局。就民族分区的复杂性而言，西安城在封建时代后期区域中心城市中也属典型。

随着清顺治二年（1645 年）至六年（1649 年）西安满城的兴建，满、蒙八旗官兵及其眷属驻防其中，西安城内满、蒙族聚居区随之形成，占据了整个东北城区。满、蒙族聚居区既是军事驻防区，又是特征极为鲜明的民族分区。有清一代，满族、蒙族、回族与汉族聚居区共存一城，彼此之间虽有着千丝万缕的联系，但更主要的却是文化、心理乃至管理制度等各方面的差异和隔膜，由此在各民族分区中也形成差异较大的文化景观。基于满、蒙族聚居区（即八旗驻防城）的军事堡垒性质，以及满、蒙族所承负的防范汉、回族反抗的基本任务，满、蒙族人口始终处于人口等级的上层，这在一定程度上阻碍了城市民族社区之间的交流。

清代西安满城“五千马甲”并不都是满族，其中包括满族兵 3586 名，蒙古兵 1414 名。满洲八旗兵奉调西安除顺治、康熙和乾隆年间三次以外，咸丰年间还有零星派驻的，属于增补缺额的性质。西安八旗兵丁始终保持“五千马甲”之数，直至清末。[①] 满城中居住满、蒙族之外，还有部分从事杂役、服务性劳动的汉族。从这一点而言，满城又是一个满、蒙、汉族杂居区，这对满族的文化发展起到了积极的促进作用。[②]

与回族聚居区主要通过宗教、文化以及经济等原因“渐变

① 《陕西省西安市满族社会历史调查报告》，《满族社会历史调查》，辽宁人民出版社 1985 年版，第 139 页。

② 《陕西省西安市满族社会历史调查报告》，《满族社会历史调查》，辽宁人民出版社 1985 年版，第 140 页。

缓进”逐渐形成的模式不同，满、蒙族聚居区的形成主要是基于军事和政治原因，因而带有“突变急进”的特征，在短短的四五年间，即闪电式构建了一个人为隔绝出的民族居住区。这种主要基于军事、政治因素而迅速形成的民族分区，虽然诞生迅速，但其生命力却因此而大打折扣。正是由于缺乏在一个区域长期融合而与之发生紧密联系，“闪电式”诞生的满、蒙族聚居区在清政府覆亡之际，也就随之不复存在，其消亡的速度与诞生的速度同样迅速。辛亥革命爆发后数年间，全国各地满城聚居的满、蒙族人口也大都逃散一空。

第二节　民国西安城人口规模及其分布

民国西安正处于一个时局动荡、人口变动剧烈的时期，由不同组织、机构统计的人口统计数字较多，但是由于统计口径的差异和标准的不一致，也使准确判断西安城市人口方面有相当大的困难。1942 年的文献就曾指出“陕西人口素乏精密统计。自清末民初起，每年数字各异，且多不可信”[1]。在这一时期，西安大城区和四关城仍然是城区的主体，居住在这一地区的人口可视为城市人口。以往的一些研究往往将西安市辖区和城区、西安城区和长安县郊区人口数字未加区分，令人对民国西安城区人口数字大感困惑。本节将基于档案文献和时人游记等资料，来甄别不同年份西安城区人口规模，并分析抗战期间西安城人口特征，以期对民国西安城区人口发展状况有更为深入的认识。

① 《十年来之陕西经济》，陕西省银行经济研究室特刊，1942 年，转引自《西安市志》第 1 卷《总类·人口志》，西安出版社 1996 年版，第 447—448 页。

一、民国西安城人口规模

民国时期，西安城区人口变化趋势大致呈现民国初年缓慢增长，1926—1929年前后减少，至抗战爆发后再增长的特点。

据1924年以前的调查数据，西安城区总人数约为12万。经过1926年围城和1929年大旱，1931年6月调查所得的市区人口数减少到108000人，这当为民国西安城区人口的最低值。当年9月调查的人口数字开始回升，城区共计25463户，114149人。[①]

1932年7月，西安市公安局统计的城区人口数为男72714，女42127，合计114841；住户20428，商户5255。顾执中在1932年《西行记》中记述道，“据公安局云，今年西安的人口，较去年约增加一万人左右”[②]。上述统计数字和记载表明，在1931—1932年间，西安城区人口在11万—13万左右。虽然城区人口从1931年就开始增加，但这还低于清代后期西安城约15万左右的人口规模。1931年日军侵占东北后，继续蚕食华北、东部各地，西安城人口随各地移民、难民的日渐融入而逐渐增加，1936年底，西安城区人口突破20万。1938年底陕西省民政厅调查“西安城区”人口为248304。[③]

据西京筹备委员会制定的《西京规划》载，自抗战开始至1940年前后，“西京城关内原有人口二十余万人，近因敌机时

---

① 田克恭：《西安城的过去与现在》，《西安文史资料》第1辑，1981年，第229—230页

② 顾执中：《西行记》，商务印书馆，1940年4月，第18—20页。

③ 陕西省编制委员会、陕西省档案馆编：《民国时期陕西省行政机构沿革（1927—1949）》，陕西人民教育出版社1991年版，第14—15页。1941年数据原文为825255，以前后年份数据相对照分析，疑为285255之误。

扰，积极疏散，市民时来时往，呈战时不安定状态。据省会警察局之调查，最近人口尚不满二十万人”[①]。据陕西省民政厅调查1941年3月西安城区人口增长至285255人。从1945年抗战结束直至1949年西安解放的四年中，西安人口大体仍保持增长趋势。1946—1947年前后，人口增长的速度比起抗战时期有所减慢。据1948年4月西安市政府统计室调查，西安市共有人口559127人，其中第一至第八区城关人口为423612人。需要指出的是，这一数字所包含的人口已经突破明清以来西安大城和四关城的城区空间，还包括四关城周边地区、火车站周围以及道北一带逐渐形成的城区。1948年后由于一部分移民陆续回迁和原驻西安的国民党军政人员及其家属纷纷撤离等原因，城市人口有下降趋势。1949年西安城市人口为39.6万人。[②]

二、民国西安城人口特征

民国初年，西安城人口增长缓慢。受1934年陇海铁路通车西安和1937年抗战全面爆发的影响，西安城涌入大量外籍移民，导致贫困人口数量大为增加，男女性别比例失调，这些构成民国三四十年代西安城人口的基本特征。

1. 外籍移民、难民涌入

1934年陇海铁路修通，接着又修筑了西安至宝鸡段铁路，在促进西安经济发展的同时，也推动了城区人口的快速增长。1937年抗战全面爆发后，鲁、冀、晋、豫诸省相继沦陷，各地难民沿陇海铁路向西移徙，在陕西境内多分布于铁路沿线城市。西安作为郑州以西的第一座火车枢纽站，其北侧地区逐渐

① 《西京档案·西京规划》第2章《西京现状》第七节，第126页。

② 陕西师范大学地理系编：《西安市地理志》，陕西人民出版社1988年版，第196页。

聚集了大批难民，这其中尤以来自黄泛区的河南籍难民为多。抗战时期，西安成为移民、难民集中之地，城区贫困人口迅速增加。此外，东北、华北、华东大批军政机构、工厂、学校等内迁西安，也使城区人口大为增加。外来移民、难民集中分布在火车站周边及其以北一带（俗称的道北地区）、东北城区等地，从事手工业和商业活动，他们也为新市区的发展作出了一定的贡献。[①] 据1938年4月西安市人口统计数据，城内六区人口中唯第四区（今解放路以东、东大街以北、火车站以南之城内地区）和第五区（今解放路以西、东大街以北、北大街以东之城内地区）的外来人口比例最高，分别占98.6%和97.0%，大大高于全市73.4%的比例。这反映了东北城区外来人口大量集聚分布的特点。

由于抗战胜利后的一段时间内，西安的社会环境较为稳定，故难民潮依然流向西安，城区人口大体仍保持增长趋势。1947年前后，西安接纳的难民仅来自晋南、豫西两地的就达43919人，其他各地16224人，共计60143人。西安市该年度总人口统计为559127人，其中外省人口就有410229人，占全市人口的70%左右。[②] 据1948年民国西安市政府社会科一份档案资料称："在抗战中，各省逃至本市之难民，胜利后，曾由善后救济总署加以疏散，大多因交通梗塞，未能即时成行，……而陆续来者尚未停止。"[③]

① 阎希娟，吴宏岐：《民国时期西安新市区的发展》，《陕西师范大学学报》2002年第5期。

② 西安市政府统计室编：《西安市政统计报告（1947—1948）》（内部资料），1948年，第65页。

③ （民国）西安市政府统计室编：《西安市政统计报告（1947—1948）》，第65页。

1948年4月统计，西安市559127人中，外省籍人士竟然多达410229人，占到73.4%，本籍人士仅为148898人，占26.6%。[①] 将近四分之三的人为外来移民，西安显然成为一座移民为主的城市。

在西安的各地移民、难民多从事简单的体力劳动或摆摊设点，经营小本生计。据1949年8—10月由西安市政府组织的工商业调查资料，在西安市区共有摊贩14795人，其来源涉及24个省区，河南籍商贩最多。

这一时期，还有大量外籍移民、难民和本地贫困人口处于无业状态。以1948年4月的统计数据进行分析，当年西安市十二区人口为424967人，其中无业者为171466人，占40.3%，即约有将近一半的人口没有生计来源。

西安作为移民性城市的特点也可由城郊设有大量外省籍义园得以反映。作为慈善事业的一种，义园是用于葬埋客死异乡的同乡人墓地，在联络乡情方面，与会馆有共通之处。截至1936年前后，西安就共有多达12座外省义园，涉及的地域包括四川、河南、甘肃、安徽、湖北、湖南、浙江、山西、广东、江苏、北京、河北、辽宁、山东等14个省区。移民义园主要集中在南关外，东关、西关外也有分布。各义园分布如表5-1。

① 西安市政府统计室编：《西安市政统计报告（1947—1948）》（内部资料），1948年。

表 5-1　民国西安 12 座外地义园一览表[①]

名　称	地　址	名　称	地　址
四川义园	西关南廓门外麋家桥	三晋义园	刁家村
河南义园	南关外西火巷外	山西义园	刁家村
甘肃义园	南关外小寨村	广东义园	南门外刁家村
安徽义园	南关外吉家村	江苏义园	东关东廓门外
湖广义园	南关外草场坡村	京直燕奉义园	东关东廓门外
全浙义园	南关外李家村	山东义园	东关东廓门外

移民和难民的大量涌入促进了民国年间众多慈善机构的设立，这些由政府、民间团体、慈善组织等设立的慈善团体，主要负责解决移民、难民的生计问题。民国西安所设的 18 所主要慈善团体及其研究机构列表如下。

表 5-2　民国西安 18 所慈善团体分布一览表[②]

名　称	地　址	名　称	地　址
赈务会	五味什字	育婴所	端履门
中国济生会长安分会	大皮院	残废养老所	西关八家巷
世界红卍字会	盐店街	孤儿教养所	新市区民乐园北
红十字会	东大街	灾童教养院	同上
华北慈善联合会	新市区	养老院	西门外基督教自立会
华洋义赈会	东木头市	灾童教养院	东关崇道中学内
文教会	红埠街	万字会妇女分会	城隍庙巷
孤儿所	小雁塔	陕西弭灾水利促进会	王家巷
妇女教养所	东羊市	宗教哲学研究社	大皮院

① 鲁涵之，张韶仙编：《西京快览》第八编《杂俎》，西京快览社，1936 年。

② 鲁涵之，张韶仙编：《西京快览》第六编《公共事业》，西京快览社，1936 年。

2. **性别比例失调**

1937年抗战全面爆发以来，西安城人口除了数量上有较大增长以外，人口构成还呈现出男女性别比例悬殊的特点。由于城区从事工业、手工业、商业的人口和战时外地迁来的军政人员中以男性为主，因而城区男性人口数远多于女性人口。这一人口性别构成特征，一直持续至抗战结束后。据1948年调查资料，全市人口共有59万，男占36万，女占23万。[①] 同期西安市15岁以上人口中，有配偶的男性占所有男性的63.50%，而女性中有配偶的比例达75.5%[②]，这也显示了男女性别比例悬殊的人口状况。

① 西安市档案局，西安市档案馆编：《西安解放档案史料》，陕西人民出版社1989年版，第7页。

② 西安市政府统计室编：《西安市政统计报告（1947—1948）》，第17页。

第六章

方城正街：重镇时代西安城坊里街巷的发展变迁

坊里作为城市的基层管理单元和人口的居住空间，其管理模式自隋唐长安一直沿用至民国西安。虽然重镇时代西安城区坊里数量、名称等因城市规模的盈缩和内部行政区域的变动而有变化，但其对于城市的长期稳定发展却始终起着至关重要的作用。街巷作为连接西安城内部空间的经脉，官署、学校、寺宇、民宅、园林等均分布其中，是市民栖居往来的主要空间要素，其数量的变化、命名的原则、形制和朝向均与城市空间格局的变动息息相关。在长达千年的重镇时代，方城正街是西安城空间格局和交通架构的主要特征。本章主要对宋、元、明、清以迄民国西安城坊里街巷的数量、规模、城乡交通建设和规划等进行论述，以期深入理解重镇时代西安城内部空间的发展变迁。

第一节　宋金京兆府城的城厢街巷

宋金京兆府城区以城厢为基本空间单元进行分区管理，宋代长安城厢因史料匮乏，难以考实。金代城区各厢名称及其管辖地域见载于金章宗明昌五年（1194 年）上石的《京兆府提学所帖碑》[1]，由此也大致可一窥宋长安城分区情况。依据碑文所载，金京兆府城内共分五厢。安上街以东、景风街以南为"左第一厢"，景风街以北为"左第二厢"；银巷街以西、指挥街以南为"右第一厢"，广济街以西、指挥街以北为"右第二厢"；安上街与银巷街和广济街之间为"子城厢"（包括今钟楼东西街以南地区）。这一碑文对于后世了解宋金京兆府城内部行政区域划分及其格局至为重要，当然，各厢辖域的划分、数量和名称在宋金不同时期当有所变化，而非依碑文所载如此言简意赅。

就城厢辖域规模而言，宋金京兆府城继承唐代皇城基址，占地面积约5.2平方公里[2]，以此进行推算，城区五厢平均每厢辖域约为1平方公里。唐长安城面积达83.1平方公里，外郭城约占88.8%，即约73.8平方公里，以108坊平均计算[3]，每坊约为0.68平方公里。相较之下，宋金京兆府城的厢辖地区较唐长安城坊的面积为大。可见，宋金时期虽然城市整体占地规模较唐代大为缩小，但由于内部行政分区数减少更多，遂使得各分区基本辖域扩大。

各厢在命名原则上，显然已经不再采用隋唐长安城饱含传统文化内涵的坊名命名体系，而直接以方位加序号命名，基本遵循"自东而西、先南后北"的原则。这一简洁明了的分区命名方法，一方面当与城区大为缩小有关，由方位加序号能够清晰反映街区的具体位置，对于市民而言，指向性明确且易于记

① （清）陆增祥：《八琼室金石补正》卷一二六。

② 中国科学院考古研究所西安唐城发掘队：《唐代长安考古纪略》，《考古》1963年第11期。

③ 唐长安城坊的数目亦有109、110坊的说法。在长安城发展过程中，坊的数目当有变化，今以得到更多认同的108坊进行计算。

忆；另一方面，金代女真统治者也有可能有意摒弃隋唐以来的传统城坊名，而以这种带有军事区域划分意味的名称命名，隐约可见京兆府城的军事重镇性质。

综合《类编长安志》《京兆府提学所帖碑》与嘉庆《咸宁县志》等文献舆图的记述，可知宋金京兆府城区主要街巷共32条，其中东西向15街，南北向17街。东西向15街分别为：左第一厢（草场街、曹官巷、枣行街、□院街、□酒务街）、左第二厢（景风街、九耀街）、右第一厢（水池街、指挥街、南坡子街、□子院街、西城巷、台院街、南巷）、子城厢（正街）以及厢属不详的广济街；南北向17街分别为：左第一厢（安上街、银巷街、东菜市街）、左第二厢（太仓巷、北城巷、章台街）、右第一厢（掖庭街、录务街、漆器市街、铁炉巷街、含光街）、子城厢（通政坊街、光华门街）以及厢属不详的蓬莱坊街、渠河街、城南镇街。

宋金京兆府城街巷命名主要呈现出以下特点：以附近的官署、市场等为名，如指挥街、台院街、漆器市街；以所在城区方位为名，如西城巷、北城巷；以所在坊里名为街巷名，如通政坊街；以附近标志性环境要素为名，如水池街、渠河街；以原有或现存城门为名而省却“门”字，如含光街、安上街等。

在前述32条街巷中，以街为名者27个，以巷为名者5个。虽然街多巷少并不一定准确反映了城区交通网络状况，而与文献多记大街，忽略小巷的取舍原则有关，但仍然可以看出这一时期城区交通构架中街占的比例较大，而巷相对较少。一般而言，街为宽阔官道，两侧多布局官署、学校等大型、重要职能建筑，而巷狭窄短小，多为普通居民日常所居之地，因而街多巷少的状况也可从一个侧面反映出宋金京兆府城政治、商贸功能较为突出，居民聚居区尚在不断发育当中。就街巷朝向而言，宋金京兆府城内东西向和南北向街巷数分别为15、17，较为均衡，显示城区道路网络体系仍然呈现方格网状。一方面这是长方形城区街巷发展的必然趋势，另一方面，宋金京兆府城基于唐皇城改建，街多巷少、横平竖直的街巷状况也与唐皇城内多宽阔大道，无百姓聚居街巷的道路网有关。

第二节　明清西安城的坊里街巷

一、坊里数量与规模

明清西安城以坊、里为城区基层管理单元和聚居空间。民国《咸宁长安两县续志》载西安城坊里制度传承过程云，“按坊名始于汉，汉宫阙名曰洛阳，故北宫有九子坊。隋唐为盛，隋初改里，唐仍为坊。……今以两县合计，坊亦最伙，犹存古意焉。坊名非旧，而通政、兴庆、含光今仍不改。其泰半有卫所字样者，疑自明时已然”[①]。由于宋金元时期城区厢坊名称经历了较大变化，至明清时期，西安城坊、里又采用了新的命名体系，大部分坊里名与隋唐长安城坊名迥然不同，仅存个别坊名还带有“煌煌都城”的印痕。虽然《明史·食货志·户口》中载城乡不同区域名称有“在城曰坊，近城曰厢，乡都曰里”的惯例，但明清西安城一般坊、里互称，两者之间实无差别，如指大学习巷清真寺位置，就有“长安新兴里清真寺”[②]和“长安新兴坊清真寺”[③] 两种说法。

---

① 民国《咸宁长安两县续志》卷五《地理考下》。

② 明嘉靖二十四年（1545 年）曹兰撰：《增修清真寺记》，碑存大学习巷清真寺。

③ 清咸丰七年（1857 年）立（明）冯从吾撰：《敕赐清真寺碑记》，碑存大学巷清真寺。

明中期西安城坊、里的数量、名称在康熙《咸宁县志·疆域》中记载较为齐备，景泰年间（1450—1457）咸宁县城区共辖32坊，“在城者以各坊序，凡三十二，曰九耀、北景、南熏、六海、宣义、宣平、归义、通政、安仁、无伸、常宁、永宁、光得、景贤、东苑、兴庆、金花、长乐、忠孝、得辛、永辛、通义、降得、清安、青楼、书院、马巷、文昌、崇德、南布、北布”。而民国《咸宁长安两县续志·地理考上》则载“明咸宁县共领府城区忠孝、新城、九耀、通义、六海、马巷、北京、南京、通政、书院、文昌、归义、南勋”共13里。两者记述有别，坊里数量差距甚大。仔细分析，康熙《咸宁县志》所记“在城坊”名包含了东关城坊里，如东苑、兴庆、金花、长乐等，而民国《咸宁长安两县续志》显然仅记述了咸宁县辖大城内东南隅以及南北大街临近地区的里名，而未记载城东北隅、东关城内里名。民国《咸宁长安两县续志》的编纂者在记载明代咸宁县辖城区“里”数时，依照的却是清代咸宁县辖域范围，这就导致了清代和民国方志记载的差别。由于清代东北隅满城区不属咸宁县管辖，满城内坊里街巷重新按照八旗制度进行了规划和命名，原来明代东北城区的坊里名在清代早已废止，这也是民国《咸宁长安两县续志》记述咸宁县在城里数少于康熙《咸宁县志》的一个原因。

康熙《长安县志·建置》载清前期长安县在城坊共8里，分别为伞巷里、安定里、市北里、双桂里、水池里、含光里、广济里、京兆里。[①] 由于明清两代西安城内西半部空间格局变动和缓，清代长安县城区坊里名称仍基本沿用明代坊里名。

到清代中后期，由于西安城商贸的发展、人口的增加以及加强管理的需要，城区坊里数大为增加，大坊多分为若干小

---

① 清康熙《长安县志·建置》。

坊，并设“路”级区划，统管各坊。据嘉庆《咸宁县志·地理志》和嘉庆《长安县志·土地志》可知清中后期咸宁县辖城区由明代的32坊增至41坊，长安县辖城区亦由原8坊增至53小坊（见表6-1）。清代坊里数目的增加使得每坊管辖地域继续缩小，同时坊里命名按照一定数目进行排列，便于将明代较大坊里再细分为若干小坊，这是清代西安城市管理制度趋于完善和细化的结果。

清嘉庆年间两县“在城坊”数量共计94，几乎接近唐长安城108坊之数，但清代西安城坊的面积要远小于唐长安城坊的规模。前已述及，唐长安城每坊约为0.68平方公里，即68万平方米。明清西安城区（含关城）约为15平方公里，除去满城所占4.7平方公里，其余约11平方公里共分为94坊，每坊面积大致在0.12平方公里，即12万平方米，仅相当于唐长安城坊的六分之一左右。

作为治安管理的基本单元，与隋唐长安城坊有坊墙、坊门相似，明清西安城坊里多设置有栅门，有些街巷出入口亦有大门和门楼，定时启闭，以加强城市治安和对市民的管理。民国《咸宁长安两县续志·地理考》载“隋制坊有墉，墉有门，逋亡奸伪无所容足，吕氏大防叹为一代精制。近世保甲已成具文，而坊有栅门，击柝者以时启闭，犹沿古制也”。设栅门以强化城区治安、强调分区概念在同治初年回民起义期间表现最为鲜明，在东起鼓楼大街，西至洒金桥的西北隅回族聚居区，官府就曾经设置围栅，以防范城区回族揭竿响应。光绪三十一年(1905年）西安始设立警政制度，将城区分为22个警区，以便治安管辖。具体划分为：咸宁、长安两县分为东、西、南、北四城，城各四区，东关二区，西关、北关、南关各一区，满城别为一区，统隶巡警道。由此之后，“于是诸坊仅有其名，

表6－1　清代嘉庆年间西安城行政空间分区表①

县域	路别	坊名
咸宁（41）	城内东路（9）	通化坊、新立坊、钱局坊、东耳窝坊、柳巷坊、顺城坊、六海坊、两廊坊、五伦坊
	城内西路（7）	府前坊、通政一坊、通政二坊、通政三坊、归义一坊、归义二坊、归义三坊
	城内南路（7）	马巷坊、南勋坊、外陋坊、中卫二坊、永宁北坊、永宁南坊、新城小坊
	城内北路（6）	北京坊、左所一坊、左所二坊、左所四坊、中所二坊、宣平坊
咸宁（41）	东郭（12）	更衣前坊、更衣后坊、长乐东坊、长乐西坊、兴庆坊、长乐坊、柿园坊、董元康坊、罔极寺坊、古迹坊、冰窖小坊、吊桥坊
长安（53）	城内西路（11）	铁炉一坊、铁炉二坊、市北坊、伞巷一坊、伞巷二坊、伞巷三坊、广济一坊、南顺一坊、南顺二坊、安定二坊、贡院坊
	城内南路（10）	卫水池一坊、卫水池二坊、卫水池三坊、伞巷四坊、县水池一坊、县水池二坊、含光坊、枣茨坊、水池六坊、水池四坊
	城内东北路（10）	后卫右所一坊、右所二坊、右所三坊、右所四坊、中所一坊、王家巷坊、北城小坊、东西怜孤坊、水月寺坊、曹家巷坊
	城内西北路（9）	保定一坊、香米园坊、后所一坊、后卫二坊、后卫三坊、后所四坊、后所五坊、土城坊、教场东西坊、
	城内中北路（13）	保定坊、新兴坊、广济二坊、广济三坊、前所一坊、前所二坊、前所三坊、京兆三坊、京兆四坊、铁炉三坊、铁炉四坊、第八小坊、南右所一坊

① 清嘉庆《长安县志》卷三《城郭图》上可见的坊名共20个：后所坊、中所坊、前所坊、右所坊、第八小坊、铁炉坊、安定坊、满坊、保宁坊、新兴坊、京兆坊、广济坊、伞巷坊、南顺坊、水池坊、含光坊、卫水池坊、王家巷坊、北城小坊、铁炉坊，可与表中所列坊名互证。

惟乡约、地保应役者仍隶于县而已”。作为城区治安和管理单元，封建时代的坊里制终为凸现近代化特征的警区制度所替代。

二、街巷数量与名称

随着城区的扩大，明代西安城区街巷格局和数量较之宋元长安城有了很大变化。明代西安城街巷格局是以大城内侧环形马道和“十”字形四条大街相互连通、共同组成的“田”字形架构，同时在城区四隅中又形成较多重要的次干道，以连接各坊里小巷。明代方正竖直的街巷体系逐步形成、完善，奠定了清代以至今日大城内交通网络的基本格局。至清代，由于东北隅满城和南城的相继兴建，破坏了“田”字形街巷交通构架，城区交通由畅通一变而为阻滞，但在东北城区、东关城内又因此形成了较多新的街巷。

1. 明代西安城街巷格局及其类别

明初西安城在元奉元路城基础上向东、北两个方向扩展，从而形成新、旧城区之别。在旧城区（即西南隅）中，宋元以来已形成较多街巷，《元奉元城图》上就标注称“此隅巷陌委曲，不能详记”。明代这一地区的街巷在继承元代的基础上又不断增加，使之成为城区四隅中面积最小，但街巷、人口最为稠密的地区。城内东北、东南、西北三隅大部分属于新扩城区，因而街巷多为明代形成，并构成了清代街巷的基本骨架。四关城中的主要大街在明代末期随四关城的相继建设也已初具雏形。

从整体上看，明代西安城由四条大街构成全城的骨干大道，“东西南北门相通者有四大街，其交点在钟楼下，其他街道均依此四街而列为羽状式”[1]。四隅和四关城中的大街均与四条大街相连，各区中又有本区的主干街连接本区巷道。大城城墙内侧的马道为内环城大道，主要用于军事调动，但亦发挥城区干道交通的作用。环形马道与十字形四条大街构成“田”字型的全城交通骨架。

明代西安城区街巷继承了自隋唐长安城以来划分道路等级的传统，主要街巷可分为主干道（官街）、次干道（四隅及关城内部干道）及小街巷三级道路系统。官街均较普通街巷长、宽，道路质量亦相应较佳。东、西、南、北四条大街及其在四关城中的延长部分无疑均为官街，同时与秦王府及重要官署相通的大街也为官街。永乐三年（1405 年）所立《敕谕南京西安建寺碑》在记述化觉巷清真寺范围时即载“本寺四至，东至大门官街一十三丈；南至司墙五丈，阔三丈五尺；至司墙中间十丈，阔三丈五尺；北至官街一十七丈五尺。”[2] 就明确以巡抚署前鼓楼大街为“官街”。

概括而言，官街包括东、南、西、北四条大街及其延长线（即关城内的主干道）、内环城道路、通往秦王府和重要官署的大街，具有沟通全城和外部交通的重要作用，是城市交通的大骨架；次干道构成城市内部四隅的道路框架，并且与官街（主干道）相互连通，构成城市的主体道路架构，将城市的重点区域和建筑物连接在一起，是城市空间连接的经脉，如南、北广济街、鼓楼大街等；小巷则是城市社区内部的道路，又与次干道相互连接，延伸到城市的每个角落，是城市空间连接的微小血管，如化觉巷、粉巷等。

---

① （民国）刘安国：《陕西交通挈要》第 6 章《重要都会》，中华书局，民国十七年（1928 年），第 32 页。

② 碑存化觉巷清真寺。

2. 清代西安城街巷数量、朝向的统计分析

随着城市人口逐渐增多、商贸活动日益频繁以及城市军政地位的变化，清代西安城街巷数量较明代又大为增加。光绪十九年中浣舆图馆所绘《清西安府图》对清代后期街巷标注甚详，从而为对清代街巷进行数据统计和分析奠定了基础。

今据《清西安府图》民国《咸宁长安两县续志·城关图》《陕西省西安市地名志》等图志对清代西安城街巷进行列表统计，城区四隅和四关城所属共有313条街巷，统计如下。

表6－2　清代西安城各区街巷数量统计表

类型 城区	街	巷	什字	合计	分布密度 （条/平方公里）
东北	9	69	5	83	19.9
西北	21	35	3	59	14.6
东南	13	55	68	39.5	
西南	16	38	4	58	34.7
东关	6	24	2	32	15.8
西关	1	5		6	8.3
南关	1	3		4	23.5
北关	1	2		3	11.5
合计	68	231	14	313	全城平均 密度：21.6

就城区街巷分布状况来看，城东北区街巷数量最多，与其面积在八区中居首成正比关系，这也是因为满城作为八旗驻防城，其中八旗防地和军营划分细致，街巷比几乎达到1:8。东南城区街巷数量居于第二位，反映了清代东南城区在作为居住区方面发展较快。西北城区面积小于东北城区而大于东南城

区，但由于较多地区为新扩城区，街巷数量反不及东南城区多。西南城区占地面积大致相当于西北城区的一半，但街巷数量非常接近，也反映了西南城区作为老城区街巷较多、人烟稠密的特点。四关城中以东关街巷数量最多，亦与其面积在关城中最大相一致。当然，街巷的数量在一定程度上可以反映不同城区人口集聚的状况，但并非存在一一对应的关系。

对清代西安城街巷（不含什字）进行朝向和形制的分类，可以很明显地反映出西安城街巷的方位特征与城市整体形态相一致，即东西向街巷占55%，拐形街巷只占7%，这主要是受到西安城东西向长方形形态的影响，街巷排列相当规整，这突出体现了重镇时代西安“方城正街”的空间格局特征。

3．明清西安城街巷名称的统计分析

封建时代城市街巷名称是人文因素与地理环境交汇融合的产物，带有强烈的区域性和本土化特征，是反映城市文化、经济、军事、政治等景观面貌的重要载体。街巷名称本身就在一定程度上记录了城市历史的发展过程，以下对清代西安城313条街巷名称进行归纳、分析，以期深入了解西安城空间特征。虽然这是基于清代文献和地图进行的统计，但是由于城市街巷地名具有很强的承继性，因此也可借以推测明代西安城街巷地名的大致情况。明清西安城街巷地名大致可分为以下10种基本来源类型：

（1）以地理环境和典型景观命名

明清西安城区自然地理环境、人文景观和地标建筑等作为城市人居环境的重要组成部分，是城市景观中最为突出和醒目的标志物，易于辨识和记忆，因而在这一时期街巷地名中得以大量出现，如池、坑、岭、坡、陵、牌楼、鼓楼、钟楼等。

（2）以方位命名

明清西安城街巷的方位指向性极为鲜明，大量街巷以前、后、东、西、南、北等方位字命名，城区居民和外来初到者往往通过街巷名称就可辨识方向。如东一道巷、东二道巷一直到东九道巷，西一道巷、西二道巷直到西九道巷，东号口、西号口、东羊市、西羊市、南大院巷、北大院巷等等。以方位命名街巷与西安城的方正形态相适应，这在形态不规则城市中就表现模糊。

（3）以街巷形制特点命名

街巷在形成过程中，由于种种原因会出现长、短、横、顺、拐等形态特征，这些特征作为街巷名称也较为多见，如辘轳把巷、十三拐、长巷等名称均来源于街巷自身形制特点。由于西安城绝大多数街巷均为横平竖直的规整行制，一旦有小巷呈现“拐”或不规则的形状，在这一时期的城市空间中就显得相对特殊，而用其特殊形态命名街巷也便于市民记忆。

（4）以行业命名

宋元以迄明清时期，西安城中多种行业、商业往往集聚发展，同一街巷常成为同一行业、商贸经营的集中分布地，商业市场、手工业作坊密集区以及货栈、行店等多集中出现。长此以往，行业集聚地便以行业命名街巷，如骡马市、菜市、水车巷、印花园、油店巷等，由此也可一窥不同行业、商业逐渐集聚发展的状况。

（5）以数字命名

数字化名称是清代西安城街巷命名的一个显著特色，这主要与西安城军事堡垒的性质紧密相关。由于清代八旗驻防城和南城本身就是两个庞大的军营，内部布设十分规整，因而东北城区和东南城角街巷以“数字+方位”命名较为普遍，如头道巷、二道巷……九道巷，东一道巷、西一道巷等等。满城和南城内“数字化”街巷的排列规律在于以东大街为轴心，向北、向南均为自小至大顺序排列，在东大街以北者自南而北为自小至大，在东大街以南者自北而南为自小至大。

（6）以邻近寺宇命名

明清西安城中寺宇众多，且多成为社区活动的中心，因而邻近街巷便以寺宇命名，如湘子庙街、五岳庙门、三官庙巷、武庙巷、土地庙什字、圪塔寺巷等。寺宇名与街巷名相互指引，两者兴建顺序也并非一定寺宇在先，有的街巷形成时间在前，寺宇兴建在后，亦可因寺命名。

（7）以官署、仓库等职能建筑命名

官署、仓库、教场等城市职能建筑以其权力空间的威严性和在城市中的高知名度多为街巷名称所借代，如北院门大街、县坡巷、粮道巷等。

（8）以门命名

门在封建城市中多以其通达性和权力象征而成为街巷名称用字，清代西安城中以门为名的街巷颇多，如西华门大街、新城门大街、端履门、后宰门、教场门等。以门命名的街巷，一般而言，原先此处均有实体的大门存在，只是后来建筑消失，门随之湮灭，但作为地名便保留下来，往往亦同时指代一片区域，而非单一街巷。

（9）以吉祥含义命名

就城市居民心理而言，一般均希望能以吉祥、喜庆的字词作为居住街巷的名称，如吉昌巷、中和巷、德福巷、太平巷、永寿巷、慈福巷、包吉巷等。吉祥街巷名称在封建城市中较为多见，一定程度上体现了传统文化习俗和民众心理。

（10）以住户数量、姓氏、等级、民族等状况命名

街巷中住户的数量、姓氏、等级、民族成分等反映市民自身特点的地名在清代西安城中较为常见，此类地名特点突出，指向性强，如八家巷、六十家巷、王家巷、曹家巷、四府街、二府园、回回巷等。这些地名可以反映街巷形成初期或发展中

的居住民户规模与聚族而居状况等。

上述10种类型的地名，大致占到清代西安城313条街巷的90%以上。重镇时代的西安作为西北和北方的典型区域中心城市，街巷名称的命名和分类在同类型城市中也具有普遍意义。

第三节 民国西安城的街巷及其交通

一、民国西安城市分区与街巷

民国西安城分区既有对明清时代城市分区原则、理念和区域的继承，也同时适应现实情况有了很大的变化，行政和治安分区往往相互叠合。

1. 城市分区

民国初期，西安城关仍沿清制以坊为基层政区，坊设乡约，管辖本坊行政乃至治安各项事务。民国《警声创刊号》载"本市保甲组织，在民国十五年前，系由坊绅乡约分掌各坊一切地方事宜。"[①] 坊下管辖街巷，街有街长，巷有巷长，并设有编查员[②]。1930年11月撤销西安市建制后，长安县于西安城关设城关区公所[③]，这是西安城关首次设区级建制，但为时

① 西安市地方志编纂委员会编纂：《西安市志》第一卷《总类·行政建置志》，西安出版社1996年版。第244页引民国三十二年《警声创刊号》："本市保甲组织，在民国十五年前，系由坊绅乡约分掌各坊一切地方事宜"。

② 民国二十年《公安月刊》（第二期）省会公安局呈省民政厅文："西安各街巷市民组织向有街长、巷长以及编查员之编制。"

③ 民国二十年《公安月刊》（第二期）省会公安局训令：各分局长于长安县城关区区公所调查户口时协助办理。

不长。1933年全省实行保甲制度，西安城区亦设区、联保、保、甲四级行政和治安机构。具体而言，西安城关治安管理由省会公安局负责，以各分局辖地为区（实际并无区级建制），区以下设联保、保、甲。1936年西安市为7警区、27联保，287保，2938甲；1937年为7警区，27联保，279保，2876甲；1938年为7警区，27联保，289保，2968甲；1941年为11警区，30联保，205保，3674甲。①

民国三十年代西安7警区的具体治安辖域，在1936年《西京快览》中记载甚详，"省会城郊治安分七区分治，属于省会公安局直接管辖。即由城之东南角，北至东新街，西至南大街，是为第一分局；毗连南大街迤西，至北四府街等连同城厢南关，是为第二分局，再迤西至西门连同西关，是为第三分局；又由西北城角东至新城，南至第二、三分局边界，北至城墙连同城厢北关，是为第四分局；东门外东关全界，为第五分局；东北城角属于新市区者，为第六分局；中正门外，火车站为第七分局"。② 7个分局下共设15个分驻所，其中第六分局没有下辖分驻所。1936年前后西安市共有34所警察机构，职责包括治安、消防、卫生、税收等。

1942年6月，省会警察局奉省政府训令，将30联保改为30镇，下辖205保、2653甲，并由警察分局长兼任区长。③1943年《警声创刊号》载"区设区长，以各警察分局长兼任区长"。同年，省会警察局下达各分局公文，称分局局长为兼区长。但仅有区长名义，并无区级行政机构。

① 《西北研究》第3期，《十年来陕西经济》和省民政厅统计资料制成。

② 鲁涵之，张韶仙：《西京快览》第1编《概要》，西京快览社，1936年。

③ 《西安市志》第一卷《总类·行政建制志》第244页引。

这一市辖区、区辖镇的行政分区模式，有其深厚的渊源，隋唐长安城坊里制是这种“分区治城”理念的基础，镇实则是坊的变形，区的设立无疑受到了清代中期在坊之上设立路一级行政区的启示。清嘉庆年间咸宁、长安两县除东郭外，还将在城坊分为9路，而民国西安城区仅为第一至第八，共8区；嘉庆年间两县在城坊共计94，而民国西安城8区仅下辖24镇，并且清代两县在城坊辖区不包括满城，远小于民国城区，所以民国西安的区、镇比明清路、坊辖区大。

30个镇在命名时，古名与当时名称共用，体现了城市近代化过程中的转型特点，既沿用旧有城门、街巷、沟渠、官署、寺宇等名称，又采用了一些民国时期新的语汇，如崇廉、民乐。绝大多数仍然沿用了城市发展过程中的地名，体现了城市文脉的一贯延续性。

1944年9月再次设立西安市建制后，市政府辖西安城关30镇、192保。1945年11月撤镇设区，以城关8个警察分局辖地设8个城区，由长安县新划入的4个乡设4个郊区，共12区，按序数命名。下辖185保、3222甲，1948年4月整编为187保、2356甲。[①]

2. **街巷**

清末至民国初年，西安城内新拓街巷数量有所增加。1932年7月西安市公安局调查数据显示，城区街巷共有344条，比清末313条增加了约30条街巷。[②] 随着西京筹备委员会和西京市政建设委员会将街巷建设、维护列为工作重点后，西安城区街巷不仅数量大幅增加，而且道路质量也有较大程度提高。

① 西安市政府统计室：《西安市政统计报告·西安市人口统计（1947—1948)》(内部资料)。

② 顾执中：《西行记》，商务印书馆1940年版。

1949年西安大小街巷约有四百余，较清末增加近100条。这也与城市建成区日益扩大，城区范围突破大城和四关城地域相关。

(1) 街巷数量及其规模

民国初年，满城被拆除后，东大街重新开通，并得以修整。民国《陕西交通挈要》载东大街“两侧为民国初元官家营造之楼房，道幅约五丈，分人道、车道，旁设排水之沟，沟滨植树，与西、南、北三街之敷石而崎岖且隘者不同”①。新修东大街宽畅通达，两侧又修有排水沟，便于雨天排水，也有利于路面护养。沟侧植树，形成城区的绿色廊道，街道景观面貌焕然一新。东大街两侧新建房屋高低尺寸、样式格局等如出一辙，“各房檐下都有走廊，门面以九间为一组，整齐划一，甚为壮观”②。东大街成为当时市内最宽敞的街道，而新建的铺面也成为后来众多商家的新址。东大街的重开、改造促进了民国西安城商贸格局的重心由南院门、西大街向东大街和东北城区的转移。

1926年末，长乐门北侧开辟中山门，为原满城地区增加了一个东出西入的孔道。1927年7月，陕西省政府由北院门迁红城办公并改名为新城以后，相继在新城四周开辟了东新街、西新街、南新街、北新街等四条道路，沟通了原满城地区与城内主要大街的联系。东新街西起新城广场，东至中山门(东城墙中山门和西城墙玉祥门为1927年新辟)；西新街东起新城与东新街相连，西至西华门街；南、北新街亦发端于新城

① 刘安国：《陕西交通挈要》，中华书局，民国十七年（1928年），第32—33页。

② 陕西师范大学地理系编：《西安市地理志》，陕西人民出版社1988年版，第240页。

广场南北两侧，南新街南接端履门于中山大街（今东大街），北新街向北延伸交于后宰门街偏东侧。这四条道路今天仍在发挥作用，其名称也一直沿用下来。

由于正处于一个新旧交替的城市嬗变期，民国西安城区绝大多数街巷名称仍沿袭明清以来旧名，但同时若干街道又有新、旧两名并行使用，如南四府街——井上将街（纪念井勿幕）；梁府街——青年路；竹笆市——景翼路（纪念胡景翼）；北桥梓口——大麦市街；民政厅——社会路；尚仁路——中正门大街；玉祥门路——玉祥门大街。[①] 在街巷命名中，除原有街、巷之外，这一时期增加了较多以路、道为名的街道，尤其集中在东北隅新市区以“崇”和“尚”为街名字首，如崇礼路、崇义路、崇廉路、崇耻路、崇忠路、崇孝道、崇仁路、崇悌路、尚仁路、尚朴路、尚平路、尚智路、尚德路、尚勤路、尚俭路、尚爱路等 16 条街道。以尚字开头的为南北向道路，以崇字开头的为东西向道路。其中“崇”字号道路的名称排列最为规整，自东大街至北城墙之间自南向北按照孝、悌、忠、信、礼、义、廉、耻依次命名。这些街道的命名贯彻了国民党政府宣扬传统儒家文化中“忠孝仁爱、礼义廉耻”、“孝悌忠信、德爱勤俭”等思想，也生动地反映了当时的城市文化与心态。

（2）西京时期街巷的维护与建设

1934 年 8 月西京市政建设委员会成立后，即积极参与陪都西京的各项建设工作，城市道路修筑与维护便是其中重要的一端。与西京筹备委员会专注于城郊道路的修筑工作不同，西京市政建设委员会与陕西省建设厅、省会公安局、西安市政工

① 西安市档案局，西安市档案馆编：《西安解放档案史料》，陕西人民出版社 1989 年版，第 6—7 页。

处等共同负责城关区道路修筑、维护与管理工作。[①] 1935年初，西京市政建设委员会工务科商同省会公安局拟定了《城厢道路系统图》，并陆续开始市内各主要马路的修筑与添加路牙。[②] 同年5月，初步确定了各马路等级（宽度）并设置各路路牌。[③] 7月份又重新改定参府巷等33条马路的等级。[④]

全市道路宽度划定为甲、乙、丙、丁及通巷各等级。甲等路总宽为三十公尺，路面宽为二十公尺，人行道各宽五公尺。乙等路总宽为二十公尺，路面宽为十二公尺，人行道各宽四公尺。丙等路总宽为十六公尺，路面宽为十公尺，人行道各宽三公尺。丁等路总宽为十公尺，路面宽为六公尺，人行道各宽二公尺。其他通巷一律规定为五公尺。当时东、西、南、北四大街、尚仁路、大差市路、东新街、崇礼路、玉祥门路、王家巷、莲寿坊、西北三路、老关庙街、洒金桥、北桥梓口、琉璃庙街、南北四府街等，以贯通各城门为交通干线，均定为甲等路；其他各街、巷则按其交通需要，分别确定等级。因战时财力、物力所限，市内各重要街巷仅可铺设碎石路面，交通较次者则分别采用煤渣、碎砖等材料铺筑[⑤]。1935年《长安巡礼》中用文学笔触描绘这一时期西安主干道维修状况，生动入微：

“汽车飕地从我的车边驶过，卷起了街道上许多的灰土，

① 吴宏岐，严艳，阎希娟：《抗战时期西京市政建设委员会的城市建设工作与都市规划》，待刊稿。

② 《西京市政建设委员会第十次会议纪录（节录）》（中华民国二十四年二月六日），《西京档案》第249—251页。

③ 《西京市政建设委员会第十七次会议纪录（节录）》（中华民国二十四年五月一日），《西京档案》第240—243页。

④ 《西京市政建设委员会第二十六次会议纪录（节录）》（中华民国二十四年七月三日），《西京档案》第258—261页

⑤ 《西京规划》第二章第十节，《西京档案》第129—130页。

好像放了一个烟幕弹，把我笼罩在烟幕中。……修筑马路的工人，从沙堆或碎石堆上，一锹锹地掘起沙石，洒掷在未修筑好的马路上。牛车、马车忙忙碌碌地搬运修筑马路的材料，牲口的嘴边，挂着两行白沫，不住地喘气。压路机辘辘轳轳，像野兽怒吼似的压榨新铺上沙石的道路，这是正在修筑的东大街，不久以前，才改称为中山大街。"①

为维护新筑路面，1935 年 2 月西京市政建设委员会还悬赏征求改良车轮办法以及关于车体长宽、载重及高度的限制方案。② 改良车轮办法在 1935 年 3 月公布后，便禁止载重大车入城。后又宣布"本市轿车及人力推车仍用旧式车轮者，拟令于五月一日起一律禁止通行"，并电请陕西省政府分令民政厅、建设厅转饬省会公安局、市政工程处遵照执行。③ 后来又请西京电厂在重要路段和交通岗亭上装置电灯，并函请警察局自 1939 年 7 月 12 日起使用大号牲畜洒水车，往来喷洒路面，整天不断，防止各马路尘土飞扬，妨害交通和市容卫生。④ 这些措施对于城区交通的改善起到了积极作用。

据不完全统计，截至 1940 年 10 月，西京市政建设委员会在全市城关已筑成碎石马路计有 90 余条；修筑夏家什字等煤渣路 20 余条，新修白鹭湾路、龙渠路 2 条碎砖路，修整西北三路等 29 条土路。另外，当年还与陕西省会公安局、长安县政府合组"西京环城路征工筑路委员会"，修筑环城路 16 公

---

① 镜东：《长安巡礼》，《申报月刊》（下），1935 年第 4 卷第 12 号。

② 《西京市政建设委员会第十次会议纪录（节录）》（中华民国二十四年二月六日），《西京档案》第 249—251 页。

③ 《西京市政建设委员会为保护已成各马路致陕西省政府快邮代电》（中华民国二十四年三月三十日），《西京档案》第 245—246 页。

④ 《西京市政建设委员会谈话会纪录（节录）》（中华民国二十八年七月十二日），《西京档案》第 319—320 页。

里；邀同西京筹备委员会、陕西省政府及长安政府合组“省市公路工程处”，修筑南四府街至子午镇，及柏树林至大雁塔二线省、市公路。同时中正门外中正桥及中山门外中山桥先后补修完竣，南四府街新开城门之桥涵及其他各路桥涵均随时得到修筑。[①]

由于北关工业日渐繁盛，除了前述城关道路以外，1941年4月起西京市政建设委员会在北门外辟筑东、西自强路8条，南、北抗战路9条以及建国路8条，共长40余公里之土路。尽管这些道路均系用碎石、土和煤渣筑成，路况简陋，但北郊的交通状况得到很大改善。[②]

二、民国西安城交通建设及其规划

1. 城区交通

陇海铁路是贯通我国东西的一条交通大动脉。它从1905年由东向西修建，1915年通到河南灵宝附近的观音堂，直到1931年12月方修至陕西潼关。1932年12月，国民政府铁道部开始将这条铁路线向关中延伸。1934年12月27日，陇海铁路通车西安，西安站正式发售车票。此后陇海线继续向西延伸，1937年3月1日宝鸡通车。至此，陇海铁路关中段全线畅通。畅通的交通运输系统是城市发展的基本条件之一，陇海铁路的开通促进了西安与中、东部地区的联系，也大大提升了西安在军政、商贸、文化等各方面的重要地位，促进了城市人口增长、城区扩展、商贸繁荣，对西安的城市发展意义重大，

① 《西京筹备委员会及市政建设委员会二十九年工作实施报告（节录）》，《西京档案》第337—343页。

② 阎希娟，吴宏岐：《民国时期西安新市区的发展》，《陕西师范大学学报》2002年第5期。

影响深远。西安火车站的选址就对东北城区的开发、人口的分布、商贸重心的转移等产生巨大影响。

除铁路交通外，民国西安城区公共交通体系的建设也颇为引人瞩目，是城市近代化过程中的亮点之一。西安公共汽车的出现，最早可追溯至 1922 年 1 月。此前，西安城内的交通工具主要靠马车、轿车和人力车。当时的陕西长潼汽车公司拟发展城区公共交通系统，开办城内由钟楼至东、西、南、北四门的“环城汽车”，即市内公共汽车。因遭到人力车工人的强烈反对和抵制，该公司仅抽两辆车于 1922 年 1 月 27 日开行钟楼至东门一路，以大差市为界，分东西两段，票价每段 5 分，全程 1 角。[①] 由于开行路线仅此 1 条，而且交通里程较短，因此这一时期的城市公共交通仍主要依赖马车、轿车和人力车。尽管如此，东大街公共汽车的开行仍可视为西安城市近代化过程中的标志之一。

随着西安人口增多，商业繁荣，市内公共交通难以满足民众出行需求。陕西省汽车局再次提出开办西安市区公共汽车。1934 年 7 月，以美国 1933 年产的小道奇和雪佛兰客车各一辆及技术优良司机二名，投入市内运营。路线选定城内东门至西门的东、西大街，沿途主要站点有桥梓口、鼓楼、骡马市、菊花园、大差市等，票价每人每站铜板 5 枚。两辆汽车各由东、西两门对开，每早 5 时发车，晚 8 时收车。这条线路后称第 1 路，且正式定名为公共汽车。同年 9 月 3 日，又以客车两辆开行第 2 路。路线几经修改，后为配合火车站旅客运输，定为从南院门出发，经粉巷，入南大街至钟楼，向东至大差市后北达火车站。

① 陕西省交通史志编写委员会：《陕西公路运输史》第 1 册，人民交通出版社 1988 年版，第 28 页。

公共汽车开行后，颇受各界称赞。省汽车局为扩大业务，于1934年底从上海购回客车主要部件（雪佛兰12部，司蒂倍克8部），装配了20辆客车。车身均漆为米黄色和草绿色，并首次招录了50名男女青年，作为司乘人员进行培训。1935年4月，原有1、2路公共汽车全部改换为新车，同时又增加新车两辆，增开南门至北门一线，列为第3路。三条线路的营业里程总长达17公里。公共汽车还首次开展了招登广告的业务。路线的增多、车辆的更新、司乘人员的扩充等，使西安市的公共交通得到改善。

1936年西安事变发生后，西安的公共汽车多被充作军用，一度停开。1937年抗战全面爆发后，军事运输紧迫，汽油短缺，公共汽车更难开展营运。到1941年，西安市内的公交车已停运四年之久，陕西省公路局拼凑了10辆旧客车，又因汽油奇缺，将这十辆车全部改装为木炭代油炉车。准备就绪后，即恢复运行原先的1、2路公交车，但由于木炭炉供气不足，车辆经常抛锚停运。又因物价飞涨，公交票价几经调整，仍然入不敷出，再加上日军飞机空袭骚扰，公交车在1943年底再度停开。此时，西安的人力车约为4500余辆，城区四关的马拉轿车也不断增多，公共交通又恢复到主要依靠人力和畜力的状况。

抗战结束后，西安市区公共汽车自1945年底重新开始运营。陕西省公路局管理科在原有的客车中经挑选修整拼装成8辆公共汽车，1946年3月和7月，分别恢复1、2路公交车。1947年3月，又开辟了中正门（今解放门）经大差市、钟楼到井上将门（今小南门）的第4路和西稍门到钟楼的第5路。10月，又恢复了北门至南门的3路车。至此，西安公共汽车已发展到五条线路，交通状况为之改观。1946—1949年间，虽物价飞涨，通货膨胀严重，城市经济受到影响，但市内公共汽车尚能维持开行。1949 年 5 月 20 日西安解放时，可行驶的公共汽车尚余六七辆。

2. **郊区交通**

西安城郊公路如通往临潼等地有汽车开行，“坐汽车到华清池，先出中山门，再沿公路向东缓缓而行，顺便可以浏览两边的风景，约摸十里路光景，就到了浐桥”。[①] 蒋维乔在 1932 年《长安及终南山纪游》中，详细记述了自潼关至西安的长途客车运输以及公路状况，移录如下：

> 余等幸购得头等票，自潼关至西安七元二角五分，所谓头等者，亦是装货之车，仅多车顶可以蔽日。两旁空洞无窗，风沙侵入，对面不见人。至于二等即装货之敞车，拥挤时客人植立其间，俨然牛马。晴则日烈沙飞，雨则周身淋湿。头等座位可坐十二人，站中非满此数，不肯售票。然满额以后，又必尽量出卖，使客人挤至十八人至二十人，彼此不得转身方止。我国人办事绝不为旅人计安全。惟知榨取金钱。昔在浙江，乘袁化至海宁之汽车，已感受此种痛苦。然犹不似潼关车站之变本加厉也。且汽车路极不平，时时有颠覆之危险。车之行动，极尽跳跃之能事，但见旅人前俯后仰，东倒西斜。虽余之老于旅行，亦不堪忍受。而坐凳则为木板，上无褥垫，余虽以铺棉衣。及至长安，臀部为之皮破血流矣。亦无定时，客人挤足方行。[②]

关于西安郊区道路状况，《长安及终南山纪游》亦载“（9

① 蒋迪雷：《长安华清池之游》，《旅行杂志》1949 年第 23 卷第 11 号。
② 蒋维乔：《长安及终南山纪游》，《旅行杂志》1933 第 7 卷第 4 期。

月 4 日游终南）经过韦曲、黄甫村、王曲而至留村。时已十二时半。汽车路皆就原有土路略加修筑而成，高低不平，与临潼至长安者无异。适经大雨之后，土松易崩。至险窄处，乘车者均下车，帮助车夫，在车后协力推车前进。昔在报端，见中央委员吴稚晖赴泾渭渠行开工礼时，杂入人丛中帮助推车，以为笑谈。今亲临之，乃知系习见之事，不足奇也。……终南在长安县南五十里，汽车本一点余钟可达，今因沿途周章，耗去两小时尚未至留村”。

西安城郊道路的建修主要是在西京建设时期。1932 年西京筹备委员会成立初期，由于人力、财力有限，工作重点集中于城市规划论证和地形测量与土地估价方面，对于筑路修桥与水利建设诸项事情主要是函请陕西建设厅、陇海路潼西段工程局解决。截至 1934 年 2 月，由西京筹备委员会完成的相关工作只限于在茂陵前筑一停车场及建筑“自官道至陵前长约五里”的短路一段。[①] 1934 年 9 月西京筹备委员会与陕西省政府、全国经济委员会西北办事处合组成立了西京市政建设委员会后，经费、人员大为充实，筑路修桥与水利建设的工作才大规模开展起来。

从 1935 年 11 月至 1938 年 3 月，西京筹备委员会在西京四郊及其附近之重要地带，先后修筑了汤峪路、仓颉路、樊川西路、樊川东路、濛西宫至留村路、草堂寺路、何家营至子午镇路、造字台至香积寺路、未央宫环宫路、唐宫路、上古村至昭陵路、烟霞洞路、五台山至穷汉窑山路、太乙峪到翠华山山路、汉京北路、汉京南路、木塔寺路、杜陵东西路、杜陵东川路、曲江池路等 20 条公路并以通汽车，其宽度均在 5 公尺以

---

① 《西京筹备委员会成立周年报告（节录）》（中华民国二十一年七月至二十二年六月），《西京档案》第 154—163 页。

上，总计修筑公路长度超过367华里。为配合修路工作，又新筑有沣峪河桥、祥峪河桥、滈河桥、曹村河桥、香积桥共5座，新筑桥身总长度为127丈，同时还重修了李子新村河桥、马河滩桥和库峪河桥。①

其他资料显示，截至1939年9月，西京筹备委员会“已筑成公路网七百余里”②。至1940年12月，又完成了汉京便路、紫阁路、引驾回路、青龙寺路、清凉寺便路、杜曲桥至兴教寺便路、西京至引驾回路、西京至子午路、西南路、造字台丈八沟段、大兆至杜曲镇路、东郊大车路、翠华山什字院至穆家桥山路、太平河滩桥的修筑，累计修路总长度已达751华里。③ 1941年4月间，为适应西安城工商业发展之需要，又开辟东、西自强路8条，南、北抗战路9条，建国路8条，共新筑土路40余公里④。截至1942年5月，西京筹备委员会“历年在西京四郊修筑公路，共八百余里，设有四郊工程队及公路警察，专司养护及补修各该线事宜，遇有损坏，随时补修；各路之桥梁漏洞，亦均随坏随补，以利后方交通”⑤。如果加上1942年10月至12月新筑大峪口至太峪口公路30华里⑥，1943年9月至1944年4月新筑浣尔垛至十里铺公路6里，天

① 《西京筹备委员会工作报告》（中华民国二十四年十一月至二十七年三月），《西京档案》第183—188页。

② 《农村建设计划大纲》，《西京档案》第95—97页。

③ 《西京筹备委员会抗战以来工作概况》（中华民国二十六年七月至二十九年十二月），《西京档案》第209—216页。

④ 《西京规划》，《西京档案》第97—150页。

⑤ 《西京筹备委员会工作报告》（中华民国三十年十一月至三十一年五月），《西京档案》第226—229页。

⑥ 《西京筹备委员会工作报告》（中华民国三十一年十一月至三十二年八月），《西京档案》第229—233页。

池寺公路10里和天池寺通翠华山公路10里。[1] 到1945年4月奉命撤销时，西京筹备委员会在其存在的13个年头里，至少在西京市内及四郊修筑公路920余里[2]，为西安城市的交通建设确实作出了不可磨灭的贡献。

3. 交通规划

1947年，陕西省建设厅在总结西京筹备委员会有关城市规划经验的基础之上，重新对西安市有关道路、分区、绿化、建筑、文物保护等诸多方面进行规划，拟订《西安市分区及道路系统计划书》，并绘制了相关图纸。这份规划就未来城市道路系统、建筑物高度、城市分区、绿化美化与文物保护及其他有关城市发展的问题进行了比较详尽的阐述。

关于道路系统，规划认为“一市前途之发展关系道路系统甚巨。盖道路为全市之骨络，举凡下水道、自来水管、电气网及地上一切建筑物，均依路网而设列计划…… 计划之初，既顾及现状，尤应瞻估将来，百年计划，固属奢望，而五十年之发展，应为吾人之责任”[3]。鉴于西安当时狭窄的街道已不能满足新式交通工具汽车的行驶，交通事故时有发生，遂规定将来街道最小宽度为旧市区甲等路45公尺、乙等30公尺、丙等26尺及16公尺、丁等10公尺，最小通巷不得小于5公尺。郊区为甲等50公尺、乙等40公尺、丙等30公尺、丁等20公尺，最小通巷不得小于16公尺。

① 《西京筹备委员会工作报告》(中华民国三十二年九月至三十三年四月),《西京档案》第233—237页。

② 《西京筹备委员会工作报告》(中华民国三十二年九月至三十三年四月),《西京档案》第233—237页。

③ 陕西省建设厅:《西安市分区及道路系统计划书》(1947年),陕西省档案馆藏内部资料。

规划还对路旁建筑物高度做了规定，主要结合西安所处纬度及太阳偏角，确保街道能够终年照到阳光。规划称“西安为北纬 34 度 16 分，太阳之偏角为 23 度 27 分，合为 57 度 43 分。冬至时物影之长度为其高度之 1.6 倍，若按冬至前后各 45 日计算，则为其高度之 1.23 倍。道路宽度若小于建筑物高度，全街阳光（就东西街而论）将有三月之沉埋。若建筑物最低为 10 公尺，则路面宽度不宜小于 10 公尺（按 45 度计算)”[①]。这种规划思想显然是借鉴了西方城市道路规划的方法，具有科学性。

至于路线曲直，该规划遵从西安历史上遗留下的棋盘式格局，认为“应尽量定为直线，以减少距离，且通风较利，战时易于消防毒气。铁道及延渠堤道路，因限于地势，难求全直。公园古迹为供游人散步，不妨为曲线。如是全区路网成为棋盘式辐射混合制”。道路交义点“概取盘旋式，中为广场，装以伟大建筑物，绕以停车场及草台”[②]。对广场、停车场、草坪等设计，就充分考虑到了市民公共活动、交流以及美化城市景观的需要。依当时的社会经济情况而言，停车场的设计颇具有超前的意识，显示规划者的确具有“五十年之发展，应为吾人之责任”的长远眼光。

① 陕西省建设厅:《西安市分区及道路系统计划书》（1947 年），陕西省档案馆藏内部资料。

② 陕西省建设厅:《西安市分区及道路系统计划书》（1947 年），陕西省档案馆藏内部资料。

主要参考文献

史志舆图

史书、政书、类书

（后晋）沈昫：《旧唐书》，中华书局，1975年。

（宋）司马光：《资治通鉴》，中华书局，1976年。

（元）脱脱等撰：《宋史》，中华书局，1977年。

（元）脱脱：《金史》，中华书局，1975年。

（明）宋廉：《元史》，中华书局，1976年。

（清）张廷玉等撰：《明史》，中华书局，1974年。

（民国）赵尔巽撰：《清史稿》，中华书局，1977年。

（明）朱元璋：《皇明祖训》，四库全书存目从书，史部，264/165。

（明）胡广：《明太祖实录》、《明宪宗实录》、《明孝宗实录》，江苏国学图书馆传抄本。

（明）申时行等修：《明会典》，中华书局，1989年。

（清）龙文彬：《明会要》，中华书局，1956年。

（清）谷应泰撰：《明史纪事本末》，中华书局，1977年。

光绪《清会典》，中华书局，1991年。

（清）刘锦藻撰：《清朝续文献通考》，浙江古籍出版社，2000年。

（清）鄂尔泰总纂：《八旗通志初集》，台湾学生书局，1968年。

（清）徐珂：《清稗类抄》，中华书局，1984 年。

《中国野史集成》编委会、四川大学图书馆编：《中国野史集成》，巴蜀书社，1993 年。

（清）陕西清理财政局编：《陕西清理财政说明书》，1909 年排印本。

（清）佚名：《陕甘水陆转运备览》，不分卷，北京大学图书馆藏本。

（清）希元等纂，马协弟、陆玉华点校：《荆州驻防八旗志》，辽宁大学出版社，1990 年。

（清）张大昌辑，白辰文点校：《杭州八旗驻防营志略》辽宁大学出版社，1994 年。

文集、游记、日记

（明）陈子龙选辑：《明经世文编》，中华书局，1962 年。

（明）朱诚泳：《小鸣稿》，四库全书集部，1260—1269。

（明）陆容：《菽园杂记》，中华书局，1985 年。

（明）朱国祯：《涌幢小品》，中华书局（上海），1959 年。

（明）佚名著，孔宪易校注：《如梦录》，中州古籍出版社，1984 年。

（明）张瀚《松窗梦语》，上海古籍出版社，1986 年。

（明）都穆：《游名山记》，丛书集成第 2999 册。

《关中两朝文钞》，道光十二年（1832 年）守朴堂藏版。

（清）严如熤：《三省边防备览》，光绪刻本。

（清）卢坤：《秦疆治略》，道光刻本。

（清）臧励龢编：《陕西乡土地理教科书》，陕西学务公所图书馆，光绪三十四年（1908 年）。

〔日〕足立喜六著、杨铢译：《长安史迹考》，中国西北文献丛书编辑委员会编《中国西北文献丛书》第 113 册《西北史地文献》第三十八卷，兰州古籍书店，1990 年。

〔德〕福克著:《西行琐录》,《小方壶斋舆地丛钞》第六帙。

(清)王士禛:《秦蜀驿程记》,《小方壶斋舆地丛钞》第七帙。

(清)潘祖荫:《秦辅译:《长安史迹日记》,广文书局,1971年。

(清)伍铨萃:《北游日记》,吴湘相主编《中国史学丛书》,台湾学生书局,1976年。

(清)佚名:《兰州风土记》,《小方壶斋舆地丛钞》,第六帙。

〔日〕吉田良太郎、八咏楼主人编:《西巡回銮始末记·两宫驻跸西安记》,台湾学生书局,1973年影印本。

(民国)卞文鑑:《西北考察记》,中国西北文献丛书编辑委员会编《中国西北文献丛书·西北民俗文献》第127册,兰州古籍书店,1990年。

(民国)刘安国:《陕西交通挈要》,中华书局,1928年。

(民国)鲁涵之、张韶仙编:《西京快览》,西京快览社,1936年。

(民国)王荫樵:《西京指南》,中国文化服务社陕西分社印行,1941年5月。

(民国)蒋维乔:《长安及终南山纪游》,《旅行杂志》1933第7卷第4期。

(民国)庄泽宣:《西京小游》,《新中华》1936年第4卷第24期。

(民国)顾执中:《西行记》,商务印书馆,1940年4月。

(民国)孤鸿:《长安访古》,《旅行杂志》1947年第21卷第5号。

(民国)何正璜:《终南山寻梦》,《旅行杂志》1948年第

22卷第3号。

方志

（宋）程大昌撰，杨恩成、康万武点校：《雍录》，陕西师范大学出版社，1996年。

（宋）王存：《元丰九域志》，中华书局，1984年。

（元）骆天骧撰，黄永年点校：《类编长安志》，中华书局，1990年。

（明）赵廷瑞修，马理、吕柟纂：《陕西通志》，王希隆主编《中国西北文献丛书续编·西北稀见方志文献卷》第二册，甘肃文化出版社1999年。

（明）李思孝修，冯从吾等纂：《陕西通志》，陕西省图书馆藏明万历三十九年（1611年）刻本。

（明）何景明：《雍大记》，四库全书存目丛书，史部，184/1，齐鲁出版社，1997年。

（明）曹学佺：《陕西名胜志》，四库全书存目丛书，史部，168/1。

（明）彭时：《寰宇通志》。

（明）顾炎武：《肇域志》，上海古籍出版社，2004年。

（明）李贤：《大明一统志》，三秦出版社据明天顺刻本影印，1990年。

（清）贾汉复修，李楷纂：《陕西通志》，陕西师范大学图书馆藏康熙六年（1667年）刻本。

（清）刘於义修，沈青崖纂：《陕西通志》，陕西师范大学图书馆藏雍正十三年（1735年）刻本。

（清）梁禹甸修纂：《长安县志》，陕西师范大学图书馆藏康熙七年（1668年）刻本。

（清）黄家鼎修，陈大经、杨生芝纂：《咸宁县志》，陕西师范大学图书馆藏康熙七年（1668年）刻本。

（清）蒋廷锡等纂：《古今图书集成·方舆汇编·职方典》，巴蜀书社，1986 年。

（清）舒其绅等修，严长明等纂：《西安府志》，陕西师范大学图书馆藏乾隆四十四年（1779 年）刻本。

（清）毕沅纂：《关中胜迹图志》，上海古籍出版社，1993 年。

（清）张聪贤，董曾臣编纂：《长安县志》，嘉庆二十年（1815 年）刻本。

（清）高廷法等纂：《咸宁县志》，嘉庆二十四年（1819 年）刻本。

（清）王志沂纂：《陕西志辑要》，道光刻本。

（清）焦云龙修，贺瑞麟纂：《三原县新志》，光绪六年（1880 年）刊本。

（清）樊增祥修：《富平县志稿》，光绪十七年（1891 年）刊本。

（清）刘衮官修，周斯亿纂：《泾阳县志》，宣统三年（1911 年）铅印本。

（民国）杨虎城，邵力子修，宋伯鲁，吴廷锡纂：《续修陕西通志稿》，民国二十三年（1934 年）铅印本。

（民国）翁柽修，宋联奎纂：《咸宁长安两县续志》，民国二十五年（1936 年）铅印本。

（民国）张道芷等修，曹骥观等纂：《续修醴泉县志稿》，民国二十四年铅印本。

（民国）赵葆真修，段光世等纂：《鄠县志》，民国二十二年（1933 年）铅印本。

（民国）赵本荫修，程仲昭纂：《韩城县续志》，民国十四年（1925 年）石印本。

（民国）庞文中修，任肇新纂：《盩厔县志》，民国十四年

(1925年）铅印本。

（民国）刘安国修，吴廷锡，冯光裕纂：《重修咸阳县志》，咸阳市秦都区城乡建设环保局编印，1986年。

（民国）佚名编：《鄠县乡土志》，北大图书馆藏清光绪末年抄本。

陕西省地方志编纂委员会编：《陕西省志》第二卷《行政建置志》，三秦出版社，1992年。

陕西省地方志编纂委员会编：《陕西省志》第二十六卷《航运志》，第二十九卷《商业志》，陕西人民出版社，1996年。

陕西地方志编纂委员会编：《陕西省志》第七十九卷《人物志》，三秦出版社，1998年。

西安市地方志编纂委员会编：《西安市志》，西安出版社，2000年。

长安县地方志编纂委员会编：《长安县志》，陕西人民出版社，2000年。

舆图

（清）洪亮吉：《乾隆府厅州县图志》，《续修四库全书》史部第625－627册。

《清西安府图》，光绪十九年（1893年）中浣舆图馆测绘本。

清《陕西全省舆地图》，光绪廿五年（1899年）石印本。

民国二十四年（1935年）《西京胜迹图》（1:200000）。

史念海主编：《西安历史地图集》，西安地图出版社，1996年。

国家文物局主编：《中国文物地图集·陕西分册》，西安地图出版社，1998年。

金石碑刻

（清）王昶辑：《金石萃编》，中国书店，1985 年。

（清）陆增祥：《八琼室金石补正》，文物出版社，1985 年。

北京图书馆金石组编：《北图藏中国历代石刻拓本汇编》，中州古籍出版社，1989 年。

国家图书馆善本金石组编：《历代石刻史料汇编》第一册，北京图书馆出版社，2000 年。

文史、地名与档案资料

马长寿等：《同治年间陕西回民起义历史调查记录·西安市长安县调查记录》，《陕西文史资料》第 26 辑，1988 年 8 月。

西安市政协文史资料编辑委员会编：《西安文史资料》第二、四、五、六、七、九、十、十一、十二、十五、十八辑。

西安市碑林区政协文史资料编辑委员会编：《碑林文史资料》第一、二、三、四、七辑。

西安市莲湖区政协文史资料编辑委员会编：《莲湖文史资料》第一、二、三、八辑、。

西安市新城区政协文史资料编辑委员会编：《新城文史资料》第六、七、十一辑。

西安市雁塔区政协文史资料编辑委员会编：《雁塔文史资料》第二、三、四辑。

西安市地名委员会，西安市民政局编：《陕西省西安市地名志》（内部资料），1986 年。西安市莲湖区地名办公室编：《西安市莲湖区地名录》（内部资料），1984 年。

西安市档案局，西安市档案馆编：《筹建西京陪都档案资料选辑》，西北大学出版社，1994 年。

陕西省银行经济研究室：《西京市工业调查》，内部资料，1940年。

西安市档案局，西安市档案馆编：《西安解放档案史料》，陕西人民出版社，1989年。

陕西省编制委员会，陕西省档案馆编：《民国时期陕西省行政机构沿革（1927—1949）》，陕西人民教育出版社，1991年。

铜川市政协文史资料委员会编：《铜川城区文史》第二辑，1989年6月。

今人论著

著　作

宁越敏，张务栋，钱今昔：《中国城市发展史》，安徽科学技术出版社，1994年。

马止林：《中国城市历史地理》，山东教育出版社，1998年。

隗瀛涛：《中国近代不同类型城市综合研究》，四川大学出版社，1998年

刘金声，曹洪涛：《中国近现代城市的发展》，中国城市出版社，1998年

何炳棣：《中国会馆史论》，学生书局，1966年。

一丁等：《中国古代风水与建筑选址》，河北科学技术出版社，1996年。

朱士光：《黄土高原地区环境变迁及其治理》，黄河水利出版社，1999年。

〔美〕施坚雅（Skinner, George William）主编，叶光庭等合译：《中华帝国晚期的城市》，中华书局，2000年。

天津社会科学院历史研究所，天津市城市科学研究会编：《城市史研究》第15～16辑，天津社会科学院出版社，1998

年。
严中平等编：《中国近代经济史统计资料选辑》，科学出版社，1955年。
彭泽益编：《中国近代手工业史资料》（1840—1949），三联书店，1957年。
王圣学，刘科伟：《陕西城市发展研究》，西安地图出版社，1995年。
王家广主编：《陕西风物志》，陕西人民出版社，1985年。
陈全方，李登弟主编：《陕西古代简史》，陕西人民出版社，1996年。
秦晖，韩敏，邵宏谟：《陕西通史·明清卷》，陕西师范大学出版社，1997年。
戴应新：《关中水利史话》，陕西人民出版社，1977年。
薛平栓：《陕西历史人口地理》，人民出版社，2001年。
王崇人：《古都西安》，陕西人民美术出版社，1981年。
马正林：《丰镐—长安—西安》，陕西人民出版社，1983年。
武伯纶：《西安历史述略》，陕西人民出版社，1984年。
周生玉，张铭洽编：《长安史话·宋元明清分册》，陕西旅游出版社，1991年。
向德等主编：《西安文物揽胜》（续编），陕西科学技术出版社，1997年。
张永禄主编：《明清西安词典》，陕西人民出版社，1999年。
定宜庄：《清代八旗驻防制度研究》，天津古籍出版社，1992年。
〔韩〕任桂淳：《清朝八旗驻防兴衰史》，三联书店，1993年。
〔法〕让·德·米里拜尔（Jean de Miribel）著，郭太初等译：《明代地方官吏及文官制度：关于陕西和西安府的研究》，陕西人民出版社，1994 年。

辽宁省编辑委员会编：《满族社会历史调查·陕西省西安市满族社会历史调查报告》，《民族问题五种丛书》，辽宁人民出版社出版，1985 年。

李兴华，冯今源编：《中国伊斯兰教史参考资料选编》，1985 年。

王亚荣编著：《大兴善寺》，三秦出版社，1986 年。

陈景富编：《大慈恩寺志》，三秦出版社，2000 年。

李国信：《西安市基督教会历史简编》，陕西人民出版社，1988 年。

朱有瓛主编：《中国近代学制史料》第二辑上册，华东师范大学出版社，1987 年。

陕西省教育厅编：《陕西教育志资料选编》，陕西人民出版社，1988 年。

西安市教委教育志编纂办公室编：《西安市教育志》，陕西人民出版社，1995 年。

陕西省教育委员会编：《陕西教育志资料续编》，三秦出版社，1996 年。

路远：《西安碑林史》，西安出版社，1998 年。

刘兰香，刘新科：《西安教育史》，西安出版社，2005 年。

〔日〕寺田隆信著、张正明等译：《山西商人研究》，山西人民出版社，1986 年。

姜守鹏：《明清北方市场研究》，东北师范大学出版社，1996 年。

田培栋：《明清时代陕西社会经济史》，首都师范大学出版社，2000 年。

穆文瑛主编：《晋商史料研究》，山西人民出版社，2000 年。

陕西省交通史志编写委员会编：《陕西公路运输史》第一册，人民交通出版社，1988年。

王开主编：《陕西古代道路交通史》，人民交通出版社，1989年。

田克恭，白浪：《四十里长街——西安街巷话古今（一）》，三秦出版社，1989年。

王鸿绵：《西安梨园轶闻》，三秦出版社，1989年。

韩光辉：《北京历史人口地理》，北京大学出版社，1996年。

侯仁之主编：《北京城市历史地理》，北京燕山出版社，2000年。

尹钧科：《北京郊区村落发展史》，北京大学出版社，2001年。

中国古都学会编：《中国古都研究》第二、四辑，浙江人民出版社，1986年。第十一辑，山西人民出版社，1994年。第十四辑，三秦出版社，2000年。

论　文

马正林：《汉长安城总体布局的地理特征》，《陕西师范大学学报》，1994年第4期。

王社教：《论汉长安城形制布局中的几个问题》，《中国历史地理论丛》，1999年第2辑。

史念海：《龙首原和隋唐长安城》，《中国历史地理论丛》，1999年第4辑。

中国科学院考古研究所西安唐城发掘队：《唐代长安考古纪略》，《考古》1963年第11期。

中国社会科学院考古研究所西安唐城工作队：《唐长安皇城含光门发掘简报》，《考古》1987年第5期。

吴宏岐：《论唐末五代长安城的形制和布局特点》，《中国历史地理论丛》，1999年第2辑。

杨德泉：《试谈宋代的长安》，《陕西师范大学学报》1983年第4期。

马得志：《西安元代安西王府勘查记》，《考古》1960年第5期。

章巽：《西安元代“安西王府”的创建年代》，《考古》1960年第7期。

薛正昌：《元代六盘山与开城安西王府》，《内蒙古社会科学》1995年第2期。

吴永江：《关于西安城墙某些数据的考释》，《文博》1986年第6期。

尚民杰：《明西安府城增筑年代考》，《文博》2001年第1期。

辛玉璞：《试解西安半圆城角谜》，《华夏文化》2003年第1期。

王长启：《明秦王府遗址出土典膳所遗物》，《考古与文物》1985年第4期。

陕西省考古研究所北门考古队：《明秦王府北门勘查记》，《考古与文物》2000年第2期。

卢晓明，景慧川：《明秦王府建置考暨现状调查》，1989年油印本。

王翰章：《明秦藩王墓群调查记》，《陕西历史博物馆馆刊》第二辑，三秦出版社，1995年。

景慧川，卢晓明：《明秦王府布局形式及现存遗址考察》，《文博》1990年第6期。

祁恒文：《秦王·秦王府·新城》，《三秦文史》1990年第3期。

吴宏岐，党安荣：《关于明代西安秦王府城的若干问题》

《中国历史地理论丛》1999 年第 3 辑。
武复兴:《“新城”春秋》,《汉唐长安风采》,陕西人民出版社,1993 年。
王翰章:《一方记载明秦王府几次更名的碑石》,《说古道今》1994 年第 2 期。
单修治:《难忘新城》,《西安晚报》2004 年 6 月 15 日第 23 版。
郗琳:《西安的城门》,《说古道今》1996 年第 3 期。
葛慧:《“西京市”始末》,《说古道今》1996 年第 2 期。
王璞子:《燕王府与紫禁城》,《故宫博物院院刊》1979 年第 1 期。
马正林:《由历史上西安城的供水探讨今后解决水源的根本途径》,《陕西师范大学学报》(哲社版)1981 年第 4 期。
李健超:《汉唐长安城与明清西安城地下水的污染》,《西北历史资料》1980 年第 1 期。
马驰:《唐长安城流水与园林》,《寻根》2002 年第 2 期。
王其祎,周晓薇:《明代西安通济渠的开凿及其变迁》,《中国历史地理论丛》1999 年第 2 辑。
刘清阳:《明代泾阳洪渠与西安甜水井的兴建》,陕西省文史研究馆编《史学论丛》,陕西人民出版社,1998 年。
李昭淑,徐象平,李继瓒:《西安水环境的历史变迁及治理对策》,《中国历史地理论丛》2000 年第 3 辑。
曹树基:《清代北方城市人口研究——兼与施坚雅商榷》,《中国人口科学》2001 年第 4 期。
李利安:《康寄遥居士在近代陕西佛教复兴中的作用》,陕西省文史研究馆编:《三秦文史》第 7 期,1994 年。
杨豪中,陈新:《西安基督教会建筑及其城市文化历史意义》,《西安建筑科技大学学报》(自然科学版),2003 年第 4

期。

解良才：《西安的第一所教会医院》，《说古道今》1995年第2期。

吴宏岐，史红帅：《关于清代西安城内满城和南城的若干问题》，《中国历史地理论丛》2000年第3辑。

史红帅：《明清西安城内教育设施的发展变迁》，《中国历史地理论丛》，2000年第4辑。

史红帅，吴宏岐：《明清西安园林绿化的初步研究》，《历史地理》第十八辑，上海人民出版社，2002年。

史红帅：《明清西安城市水利的发展变迁》，朱士光编《西北地区农村产业结构调整与小城镇发展论文集》，西安地图出版社，2003年。

阎希娟：《民国时期西安交通运输状况初探》，《中国历史地理论丛》2002年第1期。

阎希娟，吴宏岐：《民国时期西安新市区的发展》，《陕西师范大学学报》2002年第5期。

后记

2006年12月底，《西北重镇西安》修订完稿。作为《古都西安》丛书之一，其之付梓，既是笔者对重镇时代西安城市空间发展加以探讨的一个初步总结，也是今后从城市历史地理角度更进一步研究的开始。

回想本书的写作缘起，顿觉时光之快。1997年，我进入陕西师范大学历史地理研究所跟随吴宏岐教授攻读硕士学位。基于西安城市历史地理研究一贯重视汉唐都城时代，而对宋、元、明、清以迄民国的重镇时代（或称后都城时代）研究甚少的状况，吴老师嘱我以明清时代西安城市空间格局发展为研究对象，着力于揭示西安作为西北重镇的城市地位与面貌。那时吴老师业已发表了有关唐末五代长安城、明代秦王府城等专题研究论文，使得重镇时代西安城研究在学界引起了更多关注。至2000年，我撰写完成《明清时期西安城市地理若干问题研究》的硕士论文，开始涉足于西安城研究领域。2000—2003年，我在北京大学环境学院历史地理研究中心师从于希贤教授攻读博士学位，继续以重镇时代的西安城为研究重点。所申报的《10—20世纪西安城市地理研究》项目获得2000—2001年度北京大学和台湾中流与喜马拉雅基金会资助，随后顺利完成了这一课题的研究。在前述基础上，于2003年完成《明清时期西安城市地理研究》的博士学位论文。现在想来，这些以明清时代西安城发展为重点的前期探讨，为后来《西北重镇西安》的撰写奠定了较好的基础。在此期间，吴老师亦指导朱永杰、阎希娟分别以《五代至元时西安城市地理的初步研究》《民国西安城市地理初步研究》为题撰写完成硕士学位论文；由陕西师范大学西北历史环境与经济社会发展研究中心朱士光教授指导的任云英亦完成《近代西安城市形态及其空间结构研究（1840—1949）》的博士学位论文。这些以五代、宋、元、民国时期西安城为重点的研究也对本书的撰写具有重要参考价值。2006 年，现在暨南大学历史系工作的吴宏岐教授又出版了《西安历史地理研究》一书，其中对后都城时代西安城市历史地理的若干问题亦作了进一步阐述。由此，重镇时代西安城研究已取得了一系列丰硕的成果。

2003 年，我进入陕西师范大学工作后，吴老师即告知我关于《西北重镇西安》的合作撰写任务。我们先后多次讨论撰写大纲，一边继续搜集史料，一边就相关题目撰写论文。这期间，吴老师关于民国陪都西京城市建设的系列论文，亦引起广泛关注。目前，我的博士学位论文也正在进行修改、充实之中，将于年内付梓。由于选题的紧密相关性，《明清时期西安城市地理研究》中最新的相关成果会实时反映在《西北重镇西安》当中，而在撰述涉及时段更长的《西北重镇西安》时，长时段的研究也给了我更开阔的视野来审视、完善《明清时期西安城市地理研究》一文。2004 年，我参与了朱士光教授主持的《西安水环境的历史变迁》课题，在实地考察、撰写课题文本的过程中，对于重镇时代西安城市水系与水域景观的变迁又有了更多的认识和思考。

书中引用的碑石资料，绝大多数来自于近年来的实地踏勘。笔者在撰写硕士、博士学位论文过程中，历寒暑数载，深入到城乡各处寺宇、遗址、遗迹，抄录了百余通宋至民国碑刻文献。工作以后，利用承担陕西师大人文社科重点项目《西安宗教碑刻辑录与研究》之机，又前后搜集到较多散见碑石资料，这些石质文献大大促进了笔者对西安城微观空间的认识。

本书力图从城市历史地理学所强调的空间视角来彰显西安作为西北重镇的城市地位与特征，但由于这一命题时间跨越千年，内容涵盖城市社会生活的各个方面。希冀各章前后连贯、紧扣主题而又自成一体，着实驾驭较难。笔者仅能选取最能体现西北重镇特征的城市空间要素进行探讨，分为城市形态、文教、商贸、水利、人口、街巷等六章进行论述。在分工方面，吴宏岐教授先后提供了多篇专题论文，书中第一章第一、三、四节、第七章第三节等内容就是在此基础上合作撰写而成的；笔者在构建全书框架之外，撰写了其余章节，并修订终稿。

本书在撰写中参考了大量论著，作者中既有慕名已久的专家师长，也有曾同窗共读的同门学友，他们的研究成果使本书的撰写受益匪浅，特此谨致谢忱。感谢所有在资料搜集和实地考察过程中给予帮助的人们，他们热情、无私的襄助是本书顺利完成不可缺少的。最后还要特别感谢陕西师范大学西北历史环境与经济社会发展研究中心朱士光教授对本书编著出版的大力支持。

《西北重镇西安》虽然计划写作较早，前期又有较多的研究积累，但在撰述成书时，仍屡经挫折，几经调整思路，方得以渐进而行，直至2006年3月方始完成初稿。随后我于2006年9月来到美国华盛顿大学进行访问、研究，在这里所接触到的欧美城市历史地理和城市史的研究方法、内容以及理论体系，大大拓展了自己的视野，让我对重镇时代西安城的发展有了更为深入的思考。在修订书稿的过程中，也融入了相关的认识与心得。但书稿几经修订，觉得不足之处仍多。很深的感触是，五代宋元时期有关长安城资料缺佚零散，往往仅只言片语，其内容在全书中所占篇幅就少，而民国时期西安在文教、宗教、商贸、人口等方面资料又甚为浩繁，各类记述往往多不一致，相互矛盾，取舍不易，分析的深度就有待加强。

西安作为西北重镇长达千年，笔者深感倾心竭力，但仍或许仅可描绘出其全景之一角。由于书里涉及像人口、工商业等一些为笔者所不甚熟悉的领域，因而认识上的偏颇和方法上的谬误，一定在所难免。凡此种种现在已经觉察和尚待认识的不足之处，除了需要笔者今后进一步作努力研究之外，尚望读者在阅读之余，多多批评指正。

史红帅

2006 年 3 月完稿于西安南郊明德门

2006 年 12 月修订于美国华盛顿州爱伦斯堡